孙子兵法新解

刘君祖 著

花山文艺出版社
河北·石家庄

图书在版编目（CIP）数据

孙子兵法新解/刘君祖著.—石家庄:花山文艺出版社,2020.7
ISBN 978-7-5511-5150-4
Ⅰ.①孙… Ⅱ.①刘… Ⅲ.①兵法－中国－春秋时代 ②《孙子兵法》－注释 ③《孙子兵法》－译文 Ⅳ.①E892.25
中国版本图书馆CIP数据核字(2020)第081180号

书　　名：	孙子兵法新解
著　　者：	刘君祖
策　　划：	张采鑫　崔正山
责任编辑：	张采鑫　李　鸥
特约编辑：	柯琳娟
责任校对：	李　鸥
装帧设计：	今亮后声
美术编辑：	胡彤亮
出版发行：	花山文艺出版社（邮政编码：050061）
	（河北省石家庄市友谊北大街330号）
销售热线：	0311-88643221/29/31/32/26
传　　真：	0311-88643225
印　　刷：	北京环球画中画印刷有限公司
经　　销：	新华书店
开　　本：	787×1092　　1/16
印　　张：	22
字　　数：	285千字
版　　次：	2020年7月第1版
	2020年7月第1次印刷
书　　号：	ISBN 978-7-5511-5150-4
定　　价：	60.00元

（版权所有　翻印必究·印装有误　负责调换）

开启《孙子兵法》研究新局面

吴序

扫一扫，进入课程

我在21世纪来临之际曾撰文呼吁开启《孙子兵法》研究的新局面，其中首要的一条是研究支点的转移和提升，希望学界同仁通过对《孙子兵法》本体精神的开掘，探究其深层次的文化意蕴。而在《孙子兵法》研究诸多高新支点之中，以《易》演兵无疑是一颗骊珠。现在，令人欣喜地看到台湾地区中华孙子兵法学会副会长、《周易》专家刘君祖先生探骊求珠，摘取了这颗耀眼的宝珠。

《周易》是一部天书，一部奇书，一部神秘之书。"易更三圣"，据说伏羲、文王、孔子三位圣人发明、整理，并最终完成了这部杰作。《史记·孔子世家》告诉我们，孔子"读《易》，韦编三绝"，他老先生竟把牛皮绳弄断了多次。这不仅说明孔子热衷痴迷于治《易》，也说明《易经》深奥难懂而又意蕴无穷。

《四库全书总目》指出："《易》道广大，无所不包，旁及天文、地理、乐律、兵法、韵学、算术"以及堪舆、卜相等，无不可以"援《易》以为说"，借助《周易》振叶以寻根，观澜而索源。

但是，千百年来无数易学大师却鲜有在兵法，特别是《孙子兵法》上作出全面系统而又正确通俗的解读的。毫无疑义，如果没有正确的历史观和科学的方法论，就不仅不可能正确地阐释《周易》与兵法的内在关系，反而还会走入歧途，穿凿附会，贻误读者。

《孙子兵法》是世界公认的现存最古老的兵学著作，作成于2500多年前的春秋末年。孙子被誉为兵学鼻祖，《孙子兵法》被誉为武经冠冕。在孙子兵学源流的研究上，明朝学者茅元仪说得好："前孙子者，孙子不遗；

后孙子者，不能遗孙子。"(《武备志·兵诀评》)在《孙子兵法》中，确曾征引过前代兵书，如《军争篇》云："《军政》曰：'言不相闻，故为之金鼓；视不相见，故为之旌旗'。"

在《孙子兵法》成书之前，仅据《汉书·艺文志·兵书略》记载，就有《天一兵法》《神农兵法》《黄帝》《封胡》《风后》《蚩尤》等，但都失传，已无从考辨它们与《孙子兵法》的渊源关系。即使是被列为《武经七书》的《六韬》，也并非姜太公（吕望）的作品，而是战国晚期后人的伪托，至于《太公兵法》《太公金匮》也只是见于著录而已。一言以蔽之，《孙子兵法》问世以前的所有兵书全都亡佚。因此，"孙子不遗"的是哪些兵书现在已无从考究了。

然而，散见于《尚书》《周易》《左传》等书之中的军事佚文倒也有一些存世。以《周易》为例，它就有"师出以律，否臧，凶"(《易·师卦》)，"利用侵伐，无不利"(《易·谦卦》)等一些直接谈兵之文。如果从这些只言片语去探讨其与博大精深的《孙子兵法》的源流关系是远远不够的。

《周易》可以承担这一重任。它虽然只是一部中华民族文明初曙时代的卜筮之书，但是它却蕴含了极为丰富的朴素的唯物论和辩证法，因而被誉为群经之首。它关于阴阳、刚柔、吉凶的对立统一关系，关于八卦六义的系统分析，关于趋利避害的价值取向，关于自强不息的刚健精神，特别是它那"变"的观念，充满了对动静、虚实的规律性认识和对吉凶胜败的预卜。诸如此类的思想观念，对社会生活各个领域的启示和借鉴是深层次的、规律性的，具有普世指导意义的。

令人欣慰的是，精通《周易》且又深晓《孙子兵法》的刘君祖先生终于推出了他的大作《孙子兵法新解》，创建出一个以《易》演兵的典型，破解了《孙子兵法》众多军事范畴的渊源端绪，从而把中国古典兵学的历史又向前追溯了一两千年。

难能可贵的是，《孙子兵法》"不战而屈人之兵"的全胜思想，崇尚和平的慎战、去战思想，知彼知己、深谋远虑的战略思想，奇正多变、因敌制胜的战术思想以及治军训练，兵要地理等都在君祖先生的"大易兵法"中进行了条分缕析的论证。毫无疑义，这是一个良好的开端，我深信广大读者会重视这部著作，我更深信将来会有更多的作者循着这一特殊视角，写出更为精彩的好书来。是为序。

吴如嵩（中国孙子兵法研究会副会长、首席专家）

从权变中寻求兵胜之机

傅序

君祖兄从《周易》来演绎《孙子兵法》如何从权变之中寻求兵胜之机，使孙武学术之研究又跨出一大步。

3200年前周文王创立完成《周易》的全文，使我中华文化向前跨出了一大步，此举影响了整个中华子民的生活意涵与哲学思维，无论释、儒、道、法、墨、兵乃至诸子百家，无不以《周易》为其典祖之泽，如无《周易》以为探究则有数典忘祖之慨了！

2500年前《孙子兵法》问世，并经幸运地保存与传承至今，它不仅是一部指导战争的宝典，也是一部寻求和平的最终办法，以现代来看它就是平衡于战争与和平之间的重要法器，也是流传最古最老最宝贵的兵书，至今依然为战争与和平间的重要指导宝典。

《孙子兵法》总共有十三篇，这十三篇是：《始计》《作战》《谋攻》《军形》《兵势》《虚实》《军争》《九变》《行军》《地形》《九地》《火攻》《用间》。它形成一套有系统而循环运用的战略思维，其口诀为："始作谋形势，虚争九变行，地形九火间。"其兵法在于各种"权变"法则间做最大最有利的分析，如两害则取其轻者为轻损，两利则取其重者为重利，以达到和平之前的争战胜利。

此"权变"的运用与发展却来自《周易》的"变"，当太极能生两仪（两仪为相反相成的条件，如黑白、前后、上下、左右、攻守、进退），两仪就形成了我们的第一判断，当我们身处谈判、军事等情境之中，我们应攻或守？我们应进或退？如果求和不成我们是否求助于战争的方式以达和平？

《周易》本文有六十四卦象，每卦有六爻，合计有三百八十四爻可研究运用，每一卦象都代表了一个大环境，于其间每一爻又代表了本人居于此环境的某发展位阶，但是如果我们居位错误就会误判情势（商情、战情），则可能导致失败！因此应立即权变以求胜，此乃《周易》的权变法则，《孙子兵法》十三篇的《始计》《作战》《谋攻》《军形》《兵势》《虚实》《军争》《九变》《行军》《地形》《九地》《火攻》《用间》，就是各种权变的办法，此兵法的各种填注如以《周易》六十四卦为其基底，则恰相容而不悖，如今《孙子兵法新解》恰好填补记注此历史空洞了。

譬如现况在一个时不予我的大环境中，我如何改变小部分条件以调节现况？那就运用爻变的办法以调节环境，如果现况为泽风大过卦（栋桡之过、亲子之溺），看来各方面都负担沉重，应如何调节部分生活条件以为改善？如果我们改变第二爻，将第二爻由阳爻变为阴爻则泽风大过卦变为泽山咸卦（交感交集、交相往来）的条件，大家同心协力，积极合作以改善现况！或者取其互卦则为乾卦（创始创建、以创新局），或是为积极努力重新开始？《孙子兵法新解》之中谈的就是如何以《周易》的逻辑提出化解的方法，此乃本书的极大特色！

于《孙子兵法新解》之中，它运用了《周易》为求胜战的"权变"，此权变的化解之道在于运用错、综、复、杂、变的卦变方法去寻求兵胜之机，亦为《孙子兵法》增色其羽翼，更为旷古以来独创首演，此《孙子兵法新解》乃拔得头筹之大作。

对于不论政、军、法、商等，在《周易》之卦序歌均可探窥一二：

乾坤屯蒙需讼师，比小畜兮履泰否。
同人大有谦豫随，蛊临观兮噬嗑贲。
剥复无妄大畜颐，大过坎离三十备。
咸恒遁兮及大壮，晋与明夷家人睽。
蹇解损益夬姤萃，升困井革鼎震继。

艮渐归妹丰旅巽，兑涣节兮中孚至。

小过既济兼未济，是为下经三十四。

此卦序中如果前一卦为现况的大环境，后一卦即为其将面临未来大环境的状况，如现况为同人卦（携手并进、齐步同行）则即将面临未来的大有卦（天德普照、全民富裕），如此为好事则不必有所作为；如果现况为火泽睽卦（注意时机、掌握时机），但下一步的未来却即将面临水山蹇卦（困难重重、弹尽援绝），我们不希望如此，所以想办法改变现况，则取其火泽睽卦的综卦为化解之道，是为风火家人卦（齐家治国、以平天下），那还是别理想过高，先回去齐家吧！当大环境时不我与，我可以在《易经》卦象的错、综、复、杂、变的卦变方法中寻求下一步的权变与办法。

生活上的运用是每人都可以自我操控的，以改善人生，沙场上的我们不是一怒为红颜，却为江山社稷，权变的办法运用在兵法是为真性情，此权变与办法淋漓尽致的发挥却是在兵学《孙子兵法》上，《周易》与《孙子兵法》的相遇才会有《孙子兵法新解》，此乃史间大作，余特志序一篇惠中华孙子兵法研究学会刘副会长君祖！

傅慰孤（中华孙子兵法研究学会创会长）

自序 思患豫防，知机全胜

我夙习兵书很久了，在两岸教授兵法参与研讨交流也逾十年，论文写了不少，出书与广大读者分享兵机智慧却还是第一次。这和我在易学上的著作等身殊不相称，万事都需机缘成熟，费心强求无益。人生在世，时来天地皆同力，运去英雄不自由，继去年连续出版了两大套论《易》的书之后，今年开春又逢此机缘出兵法书，将多年心得与朋友共，真是欢喜，亦复自在。

本书的特色除了以兵论兵外，还见猎心喜以《易》演兵。《四库全书总目》指出："《易》道广大，无所不包，旁及天文、地理、乐律、兵法、韵学、算术，以逮方外之炉火，皆可援《易》以为说。"将易理与兵法结合，似乎自古即有共识。然而翻遍古今相关论述，大多为泛泛比附，不见精彩，实在令人失望。《易经》太难，兼通《易》与兵法更难，大概也是重要原因。

简略来说，以《易》演兵有几项便利与优势：

其一，《易》为群经之首，大道之源，诸子百家无不受其深刻影响。"分阴分阳，迭用柔刚"的太极思维，以及错综复杂的卦爻结构，数千年来不断刺激中华学人的创意想象，提供豪杰志士的行动参考。以《易》演兵，可站在总体文化哲学的制高点，透彻了悟兵学在人生经验中的特殊属性，以及它与其他专业间的密切关系。例如军事和外交即息息相关，《易》中以师、比二卦相综一体来说明，发挥得淋漓尽致。师、比又与同人、大有二卦相错，世界大同为王道思想。军事外交均属霸道，王霸虽然有分，深层义理上却可触类旁通。先霸而后王，可能是历史进化的必然。孙子倡导"上兵伐谋，其次伐交，其次伐兵。"又称："不战而屈人之兵，善之善者也。""必以全争于天下，故兵不顿而利可全。"正和易理相通。

其二，孙子论战而不黩武，不得已才以战止战；易理崇尚和平，主张更是明确。《易》上经明天道，首卦乾《彖》称："万国咸宁。"下经论人事，首卦咸《彖》称："圣人感人心而天下和平。"这种悲天悯人的指导思想，能规范世间兵法，不入杀戮工具的歧途。

其三，孙子对人情人性及群众心理的掌握相当精确，懂得以情动众，对高层领导却要求他们冷酷无情，不可因个人感情而误了国家大事。《孙子兵法·九变篇》有云："将有五危，必死可杀，必生可虏，忿速可侮，廉洁可辱，爱民可烦。凡此五者，将之过也，用兵之灾也。覆军杀将，必以五危，不可不察也。"《孙子兵法·火攻篇》中亦称："主不可以怒而兴师，将不可以愠而致战。"说得太好，为人君将者必须奉为圭臬。至于《易经》，更是曲尽人情，六十四卦、三百八十四爻，交织成四千零九十六种变化类型，人情种种静动之态包罗无遗。各卦居君相高位的四、五爻，爻辞皆强调情绪控制，决策须以大局为重，亦与兵法相通。若能将易理对人情丰富且深刻的认识用于兵法，当可大大拓展义理内涵，推动兵学研究更上层楼。

其四，孙子畅论形势虚实，机变灵活，让人大开眼界。"兵无常势，水无常形，能因敌变化而取胜者，谓之神。""战胜不复，而应形于无穷。"都是脍炙人口的名句。《易经》以变易、不易、简易立教，正是讨论一切变化之书。《系辞传》称："不可为典要，唯变所适。"又称："阴阳不测之谓神。"援《易》演兵，可更添精彩，在形势判断和随机应变上更有把握。

其五，当代战争已进入彻底信息化、集成化时代，从军事理论、作战技术到部队组织，都有革命性的变化。孙子重视信息，主张知彼知己，知天知地，其智慧与时俱进不成问题。《易经》千变万化的奥妙结构，丰富精微的义理指引，本身就像台超大容量的宇宙大计算机，无论输入什么问题，都能解析输出不错的答案，可谓取之不尽、用之不竭。

若能善加运用，成效当可预期。

我以"大易兵法"为提纲，独力从事这方面的探索研究已近二十年，自己深深受益。本书结集出版，也算是多年夙愿得偿，希望天下学《易》习兵的同修同道不吝赐教。跨世纪以来，世变忧患频仍，国际间的重大纷争已不大可能用军事冲突圆满解决，而需借助外交、经贸、金融、信息情报甚至宗教文化等的斗智斗力来综合较量。孙子兵法中蕴藉深厚的道胜全胜的战略思维，特能显其殊胜，发挥大用。中华民族的和平崛起、海峡两岸的和平统一等大业，亦与振兴中华文化有密切关系。天下仁人志士，幸留意焉。

本书承蒙台湾地区傅慰孤先生与北京吴如嵩先生慷慨赐序推荐，衷心感谢，他们两位都是名高位尊的兵学前辈。傅先生（原籍浙江镇海，七十多年前，其母得知镇守上海四行仓库的八百壮士被日军俘虏，押往南京做苦役，身怀六甲的她冒险从上海到南京传递情报，孤军终得以营救，轰动全国，为纪念这段抗战故事，将他取名"慰孤"）于七年前在台湾地区首创中华孙子兵法研究学会，邀我入会任副会长迄今，提携之情难忘。吴先生精研兵法一生，为兵界名宿，现任北京中国孙子兵法研究会副会长兼首席专家，学养功深，是我辈后学认真学习的典范。诚邀得他们两位为拙作赐序，亦欣喜两岸和谐日进的大形势，携手同心，振兴中华。

目 录

第一章　世界第一兵书 /001

孙武其人 /002
《孙子兵法》的现代价值 /005
以《易》证兵 /006
首尾相应 /006
大易兵法 /007
《孙子兵法》与和谐世界 /009

第二章　武经七书 /011

《武经七书》/012
《孙子兵法》和《吴子兵法》/013
《司马法》和《六韬》/013
《黄石公三略》和《尉缭子》/015
《李卫公问对》/015

第三章　冷彻非情 /017

冷彻非情 /018
嗜欲浅者兵机深 /019
兑卦、艮卦话兵机 /021
忘劳忘死、不动如山 /022
无形无象，不着痕迹 /023

　　　　纸上谈兵 /025

　　　　冷静计算，当机立断 /026

　　　　和平第一 /029

第四章　太上非情而能够用情 /031

　　　　用情驭众 /032

　　　　善用迷信 /034

　　　　掌握致命的弱点 /035

　　　　真爱与骄纵 /037

　　　　夺其所爱 /038

　　　　察人情，去迷信 /039

　　　　先知先觉 /040

第五章　终始循环 /043

　　　　首尾呼应 /044

　　　　全胜思维 /045

　　　　形势虚实 /048

　　　　迂回相争 /048

　　　　千变万化 /049

第六章　算无遗策——始计篇第一 /051

　　　　中国斗智六字：计、策、韬、略、谋、猷 /054

　　　　孙子曰 /056

　　　　兵者，国之大事 /057

　　　　道、天、地、将、法 /060

上下一心 /062

　　天时地利 /064

　　将才与管理 /066

　　知之者胜 /067

　　校之以计，而索其情 /068

　　将听吾计 /071

　　因利而制权 /073

　　兵者，诡道也 /074

　　庙算胜者，得算多 /080

第七章　胜机在握——用间篇第十三 /083

　　战时经济 /084

　　知敌之情，必取于人 /088

　　五间俱起，莫知其道 /092

　　乡间、内间、反间、死间、生间 /095

　　无所不用间 /096

　　一网打尽 /099

　　反间之大用 /100

　　上智为间 /102

第八章　胜敌益强——作战篇第二 /105

　　战前预算 /106

　　速战速决 /108

　　资源取之于敌 /110

　　务食于敌 /113

　　胜敌益强 /114

《作战篇》与其他兵家之证 /116

第九章　不战而屈人之兵——谋攻篇第三 /121

不战而屈人之兵 /122

上兵伐谋 /123

全争于天下 /125

务实为第一 /126

将在外，君命有所不受 /129

知胜之道 /132

知己知彼 /135

《谋攻》与其他兵家之证 /136

第十章　积形造势——形篇第四 /141

吴起论将五德 /142

《形篇》《势篇》概述 /144

胜可知而不可为 /146

自保而全胜 /147

胜负的判断 /149

胜于无形间 /150

兵家五法则 /153

决积水于千仞之溪 /156

第十一章　奇正相生——势篇第五 /159

分数、形名、奇正、虚实 /160

奇正相生 /163

势如彍弩，节如发机 /166

数、势、形 /169

有效控管 /170

造　形 /172

释人任势 /173

第十二章　出奇制胜——虚实篇第六 /177

致人而不致于人 /178

善攻善守 /181

以实击虚 /184

形人而我无形 /185

备多力分 /187

应形于无穷 /188

兵无成势，无恒形 /193

第十三章　旁通曲成——军争篇第七 /197

以迂为直，后发先至 /198

兵以诈立，以利动 /201

分合为变 /204

统一号令 /208

治气、治心、治力、治变 /209

对阵八法 /211

第十四章　有备无患——九变篇第八 /215

圮地、衢地、绝地、围地、死地 /216

统兵戒律 /217

通九变之利 /219

智者之虑，必杂于利害 /220

　　掌握对方软肋 /221

　　积极战备 /223

　　将有五危 /224

第十五章　行地无疆——行军篇第九 /227

　　处山之军 /229

　　处水上之军 /231

　　处斥泽之军 /232

　　处平陆之军 /234

　　贵阳而贱阴 /235

　　伏奸之所处 /237

　　详察敌情 /238

　　令出必行 /245

第十六章　知天知地——地形篇第十 /249

　　地之道：通、挂、支、隘、险、远 /250

　　败之道：走、弛、陷、崩、乱、北 /254

　　料敌制胜 /258

　　动而不迷，举而不穷 /260

　　全天全地 /262

第十七章　风雨同舟——九地篇第十一 /265

　　《九地篇》和《火攻篇》概说 /266

　　何谓九地 /267

　　九地应变之道 /270

兵贵神速 / 273

　　跨国作战之道 / 275

　　齐勇如一，刚柔皆得 / 278

　　静幽正治 / 281

　　屈伸之利 / 284

　　深则专，浅则散 / 284

　　信己之私，威加于敌 / 287

　　并敌一向，千里杀将 / 290

　　始如处女，后如脱兔 / 292

第十八章　慎重其事——火攻篇第十二 / 295

　　火攻有五 / 296

　　掌握"五火"之变数 / 297

　　安国全军之道 / 300

第十九章　消息盈虚——大易兵法的建构 / 305

　　以《易》证兵 / 306

　　问题 1：21 世纪，中美是否难免
　　　　　　一战？ / 308

　　问题 2：伊拉克战争的本质及后续
　　　　　　影响？ / 309

　　问题 3：阿富汗的未来？ / 309

　　问题 4：伊朗的未来？ / 310

第二十章　以兵证兵 / 311

　　李靖之"五事" / 312

再论吴起之"五德" / 315
深入无形 / 317
势险节短 / 319
兵以诈立 / 319
网开一面 / 321
性格决定命运 / 321
精英部队 / 322

第一章 世界第一兵书

扫一扫，
进入课程

孙武其人

中国的兵法学以《孙子兵法》为主，无论中外都公认它是世界第一兵书，在两千五百多年后，能够得到这么高的称誉，绝不是偶然。有其道理，也有时间的考验。孙武和孔子的年代大致相同，只是稍微后一点儿。孔子的时代接近春秋末期，即将进入暴烈冲突的战国时代。而春秋末期吴越相争，正是《孙子兵法》的伟大作者孙武活跃的时代背景。有人说中华民族有"一文一武"，一个孙文（孙中山），一个孙武，"二孙"的思想跟功业辉映千秋，这也有一定的道理。

《史记·孙子吴起列传》记载：

> 孙子武者，齐人也。以兵法见于吴王阖庐。阖庐曰："子之十三篇，吾尽观之矣，可以小试勒兵乎？"对曰："可。"阖庐曰："可试以妇人乎？"曰："可。"于是许之，出宫中美女，得百八十人。孙子分为二队，以王之宠姬二人各为队长，皆令持戟。令之曰："汝知而心与左右手背乎？"妇人曰："知之。"孙子曰："前，则视心；左，视左手；右，视右手；后，即视背。"妇人曰："诺。"约束既布，乃设铁钺，即三令五申之。于是鼓之右，妇人大笑。孙子曰："约束不明，申令不熟，将之罪也。"复三令五申而鼓之左，妇人复大笑。孙子曰："约束不明，申令不熟，将之罪也；既已明而不如法者，吏士之罪也。"乃欲斩左右队长。吴王从台上观，见且斩爱姬，大骇。趣使使下令曰："寡人已知将军能用兵矣。寡人非此二姬，食不甘味，愿勿斩也。"

孙子曰:"臣既已受命为将,将在军,君命有所不受。"遂斩队长二人以徇。用其次为队长,于是复鼓之。妇人左右前后跪起皆中规矩绳墨,无敢出声。于是孙子使使报王曰:"兵既整齐,王可试下观之,唯王所欲用之,虽赴水火犹可也。"吴王曰:"将军罢休就舍,寡人不愿下观。"

孙子曰:"王徒好其言,不能用其实。"于是阖庐知孙子能用兵,卒以为将。西破强楚,入郢,北威齐晋,显名诸侯,孙子与有力焉。

有人曾认为,孙武、孙膑是同一个人,但是山东银雀汉墓出土的竹简《孙子兵法》跟《孙膑兵法》,明确证实了孙武、孙膑是两个人。关于孙武这个人,《史记》没有多少东西留下,孙膑倒是描写得非常详细,我们都知道战国时代孙膑斗庞涓的精彩故事。过去就一直有人猜测孙武可能实无其人,根本就是孙膑,各式各样的考证论文写出来,等到地下文物出土,铁案如山,那些论文全部白写了。《孙膑兵法》也是值得一看的,篇幅大概一万多字,只是有一些残缺。孙武和孙膑应该有祖先跟子孙的关系,可能是一脉传承下来的。

孙膑的故事很多也很精彩,孙武则神秘、飘忽,不为人知。就是《史记》中所留下的可贵的史料,那一段训练吴王宫殿的娘子军的故事就占很大一部分。换句话说,司马迁实在没有多少材料可写,只能把那一段渲染一下,至于那一段是不是事实现在也很难考证。我们都知道,他训练宫女,杀了吴王的两个不听话的宠妃,借此立威,他的胆子也够大,利用"君命有所不受"严格军纪,这种训练使得女人都可以执干戈卫社稷,化腐朽为神奇。其实,在吴宫训练宫女,显现不出将才,兵法是大战略,训练不是什么了不起的兵法。我想,孙武当时也是郁闷之极,只好训练"脂粉军"。

孙武虽然是世界级的人物,但是他的一生不是那么清晰,《史记》中着墨不多，就跟老子一样，透着一点神秘性。严格讲，也可以算是不知所终，最后推测他应该是退隐了，就像《易经》所说的遁卦（☶）一样功成身退。所谓的"功成"是说孙武不是一个空谈理论的军事家，他是有实际战功的，有大量的运用兵法克敌制胜、以寡击众的精彩战役。最典型的战役就是西破强楚，攻下楚国的都城郢，但那时的主将是伍子胥，伍子胥的祖国是楚国，因父兄被楚王迫害，逃出昭关，到了吴国，借助吴国兵力报父兄之仇。这是春秋末期一段非常有名的故事。孙武随军行动，虽然不非常明确他在攻楚行动中的具体职务，但是具体的攻楚战略就是出自他手，最后几乎把楚国给灭了。这次胜利，大家很熟悉的伍子胥得报家仇，害他家破人亡的楚王就是入土也被他拉出来鞭尸。那一次的战争非常惨烈，胜利者烧杀掳掠，孙武看不下去了，就在伐吴之战后不久，他就觉得自己该退了。

这一次伐楚的战役虽然战胜，但我们都知道《孙子兵法》素有追求和平的理念，尤其是"不战而屈人之兵，善之善者也"这一著名的论断。以杀戮对待战败国的人民，除非不得已。孙武作为山东人，南下到江浙一带来建立事业，但是到最后发现一样不能做下去。伍子胥为了报仇，手段过分，孙武有没有劝说，无从得知。这一战之后，几乎就没有他的音讯，史料记载就成了空白。中国古代像范蠡、张良、刘基都是懂得功成身退的，有人说孙武隐居在苏州城外，有人说隐居深山。还有《孙子兵法》何时初稿、定稿，由于年代遥远，都没有可靠的史料依据。正因为这样，离他那个时代并没有多久的太史公司马迁，要为孙武立传的时候，材料也是非常有限，可谓是捉襟见肘。

除了伐吴之战之外，关于孙武的出生地，也是颇有争论。几年前，我去山东参加了两次《孙子兵法》研讨会，举办地都不同，而这两地都号称是孙武的故乡。这一点也可以理解，因为凡是一个人成大名了，大家都希望与有荣焉，和古人拉拉关系，开发古人的资源，以利于观光旅游。一个是山东滨州的惠民县，这个县的名字倒是很好，对老百姓有恩惠，另外一个就是广饶。这两个地方都号称是孙武的故乡,但是都拿不出铁的证据。

《孙子兵法》的现代价值

《孙子兵法》的研究如今好像也成为显学,现在全世界流传的前三本畅销的书,第三本就是《孙子兵法》,第一本当然是基督教的《圣经》,第二本是伊斯兰教的《古兰经》。研习《孙子兵法》的热潮越来越盛,但是再怎样盛,我相信不会说哪一天住旅馆打开抽屉就是一本《孙子兵法》,我倒是希望将来能够有一本《易经》。

孙武被称为东方的兵圣,时代比较久远,西方所谓的兵圣就是德国的克劳塞维茨,他写了一部巨著《战争论》,是一部艰涩干燥的大部头。这部书的译本我在二三十年前就看过,读起来真的是痛苦不堪,其篇幅不知道是《孙子兵法》的多少倍,但是其整体的价值,经过时间的考验之后,发现那种硬碰硬的流血杀戮式的战争机器,早就落伍了,比它早两千多年的孙武的兵法著作,其胸襟、策略、思维比起《战争论》来说,不知超出多少。《战争论》仅以拿破仑战争为时代背景,很难经得起历史的考验。换句话说,东方兵圣跟西方兵圣的比较,不是一个档次,大概只剩下孙武这一个世界兵圣了。

中国历代以来,研究军事的专家,不知凡几。近现代以来,虽然有些人也大量翻译西方的战争理论著作,但是到最后研究的焦点还是回归到中国的兵法。当然,《孙子兵法》是兵法之首,几乎可以看成是兵法之源。《孙子兵法》传下来的只有十三篇,大概六千多字,最长的一篇叫《九地篇》,这一篇有一千多字,占了接近五分之一的篇幅,这一篇也很精彩,讲到了著名的"置之死地而后生"这一论断。

以《易》证兵

我讲《孙子兵法》，跟一般的讲法不太一样。虽然以《孙子兵法》十三篇为主，但是我会综合运用《易经》来比证，这也是我多年来的一个心愿，就是所谓的"大易兵法"。大家都知道，《易经》是中国文化的源头，对各方面的思想都有影响，也直接影响到兵法。大概在十五年前，我就希望结合《易经》《孙子兵法》来讲，这个结合当然是立体的、动态的，对往后的《孙子兵法》和《易经》的研究都有帮助，都能够刺激提升。一方面，在学习兵法的同时，可以帮助我们复习《易经》，更进一步探讨、品鉴《易经》应用的弹性，让我们体悟得更深刻。另一方面，对于21世纪的《孙子兵法》研究也能够增添一些新的灵感或者突破。这十几年来我一直在尝试这种研究工作，虽然要真正落实或普及是高难度的，毕竟同时懂《孙子兵法》跟《易经》的人太少，能够论述的更少。

对于兵法的认识以及为什么要学兵法，或者学了兵法之后要干什么，我想大家也清楚，《孙子兵法》讲的是用兵之道，但21世纪并不流行打仗，世界大战也几乎没有可能，用军事冲突来解决国际纷争的时代似乎很遥远。但在现代社会，各种非军事手段的斗争，诸如外交、谈判、商场竞争，以及诸多的人际关系等，都离不开策略，也就是用兵之道。企业竞争如同行军打仗，不抓住瞬息万变的市场，就很难在竞争中立足。

首尾相应

《孙子兵法》十三篇，原则上是按照顺序，但是我讲完第一篇之后，接着讲最后一篇，因为这两篇首尾呼应，关系密切，是一个不可分割的整体。第一篇就是沙盘推演、战争计划，称《计篇》，后来加了一个"始"字，叫《始计篇》，即战争还没有开始，就要把所有的战争计划做好，这当然是头一篇。所有的战争计划或者任何的投资计划，一定要有情报来源，搜集这些做计划的情报资讯，就得靠情报管道和网络，《孙子兵法》的最后一篇《用间篇》就是如此。间谍行动自古有之，在两千五百多年前就有成体系的理论，而且非常完整，《孙子兵法》中把它架构成一个理论，经过几千年还是不褪色，其他的兵法几乎都没有这样的理论，而且是专章列在最后。《用间篇》这种搜集资讯的间谍战，其绩效就是第一篇《始计篇》的基础。基于这种首尾相应的关系非常重要，所以我在讲完第一篇后，接着讲第十三篇，然后再按照第二篇到第十二篇的顺序。

大易兵法

把《易经》跟兵法做结合研究，是一厢情愿的想法呢？还是凑热闹？抑或确实有一些关联？这一连串的问题，我曾就此用《易经》的占卦来解决之。也就是说，建构大易兵法，可以更深层次探索《易经》丰富的内涵和运用的弹性，其卦象是复卦（䷗）第四爻，把《易经》活用于兵法就是复卦第四爻爻辞所代表的观念。第四爻爻辞称"中行独复"，爻辞说得很透彻，等于是背书保证。

《四库全书》中讲《易经》影响到诸子百家，其中也提到兵法，甚至影响到佛道，都是言之有据的。换句话说，《易》为中国文化之源是有道理的，把《易》运用于兵法就是复卦第四爻的概念，第四爻爻辞说按照时中之道而行事，最好的策略是呼应复卦初爻核心的原创力。"独复"的独说穿了就是复卦初爻的天地之心、核心的创造力。核心的创造力在中国来说就是《易经》的思想，它就是一切创造力的核心，也就是复卦初爻。现在要把它运用到兵法上，兵法就从其中汲取营养成分。我相信当时的孙武在中国文化的熏陶下，不管他是自觉或不自觉，都受到《易经》思维的影响，加上其天资又高，而且有家学渊源。

说其有家学渊源是有道理的，他是山东齐人，后来南下苏州到吴国成就事功，也完成了他的传世之作——《孙子兵法》十三篇。齐鲁大地出文圣人，也出武圣人，文化思想底蕴非常强的。《武经七书》以《孙子兵法》为首，其中的《司马法》的代表人物司马穰苴在《史记》上也是有名的，《司马法》这部兵书在当时的齐国的贵族中传了好多代，也是跟孙家的脉络有关的。所以家学通常蕴养了好几代之后，就会出这种奇葩，《孙子兵法》的出现一定有长久酝酿的文化背景，包括兵学的背景、兵学的教育，以及实战的训练。到孙武的时候集大成，这就是《易经》里面活的资源，也就是复卦的初爻。复卦下卦震，为一切的主宰，"帝出乎震，万物出乎震"，在兵法的运用上就是上卦坤的广土众民、顺势用柔，在坤的平台上，把复卦初爻，也就是易道，《易经》核心的思维创造力，在第四爻发挥得淋漓尽致，这就是"大易兵法"。这个爻一动就很有活力了，复卦第四爻发挥作用，爻一变就是震卦（䷲），复卦的第四爻跟复卦的初爻完全相应与的，绝对契合，把内震发挥到外坤上，建立事功，运用到兵法就是大易兵法，而且是独一无二的，跟西方的克劳塞维茨以降的近现代兵法都不同。第四爻"中行独复"，《小象传》讲得就更透了——"以从道也"，"道"就是《易经》，《易经》为主，兵法为从，有主从关系。

兵法所有的精湛思想的发挥或者发扬光大，如希望缔造世界和平，希望不战而屈人之兵，可以从复卦初爻所代表《易经》的博大精深的核心原创资源中提炼出来。兵法的运用完全依循易道，爻变是震卦，特别有活力。

《孙子兵法》与和谐世界

《孙子兵法》对于21世纪的和谐世界具有相当的贡献。在《易经》中，是咸卦（☷）第四爻，兵法发展的前景是下经第一卦咸卦第四爻爻辞所说的："贞吉悔亡，憧憧往来，朋从尔思。"也就是说，很多想法未必能落实，空想徒乱人意。想法虽然不错，"憧憧往来，朋从尔思"，想促进和平，但是不见得能够落实，很难推动，爻变为蹇卦（☷），外险内阻，寸步难行。所以咸卦第四爻爻辞就先给我们一个药方，先要正心诚意，心思不要太杂，按部就班，一步一步走开落实，讲究的不是想法，而是具体的做法。有做法之前，先要清除杂念，归于一个真谛，即贞就吉，悔就亡，需要澄清思虑，正定思维。心中有所感、有感想，光是"憧憧往来"，不一定能落实。

希望和平，不希望战争解决问题，就要有更高的智慧，不能有太多习气。咸卦第四爻为什么想得这么苦？因为它就是希望和平解决，咸卦的《象传》最后说"观其所感，而天地万物之情可见"，然后说"圣人感人心而天下和平"，下经人间世第一卦就希望追求和平，即和谐世界。人心不希望冲突，不希望杀来杀去，这一点是没有疑问的，同人（☷）、大有（☷）二卦也是这样的思维，没有人不厌战，都希望和平，但是和平为什么那么难？咸卦讲天下和平，是从圣人感人心而来，是有理论基础的，有观察、经验背景的，跟上经的第一卦乾卦（☰）的《象传》完全呼应。咸卦讲"圣人感人心而天下和平"，乾卦讲"首出庶物，万国咸宁"，根本就是完全呼应。第一卦都充满了这样的期许，但是事与愿违，第二卦就开始出状况，像坤卦（☷）马上就"龙战于野，其血玄黄"。乾卦讲理，坤卦讲势，现实的形势习气总是让人走迷路，没有人要打仗，结果都上战场。咸卦第四爻就像我们刚才讲的，追求"感人心而天下和平"，但是在第四爻的操作上，首先要"贞吉悔亡"，然后要想出确定可行的步骤来落实天下和平，中间当然还要"君子以虚受人"，放宽心，要吸收各方面的资源，不要搞纷争，不要搞内斗，内斗内行，外斗外行，这也是一个民族的痼疾，是很要命的。咸卦第四爻也说明，如果光是想，不做是不行的，不做就是蹇卦的寸步难行，如果做就要跟咸卦的初爻"咸其拇"相应，要知行合一，才能落实。咸卦初爻跟四爻相应，跟"大易兵法"的复卦初爻、四爻相应是完全一样的，外卦的第四爻跟内卦的初爻契合的关系，两爻齐变就是既济卦（䷾），渡彼岸，涉大川，成功搞定。换句话说，光有咸卦第四爻还不行，初爻的实际推动步骤不可缺少。

第二章 武经七书

扫一扫，
进入课程

《武经七书》

《孙子兵法》有两个版本的系统。一个是《孙子兵法》十家注或者十一家注，曹操带头，后面也有一些是文人，包括唐朝的诗人杜牧，文人也一样对兵法有兴趣。像我也是文人，对兵法也下了三十年的工夫，乐此不疲。文人爱兵，不是说爱杀人，而是动脑筋，很有意思的。杜牧是一个风流诗人，他也是注《孙子兵法》之一家。

第二个版本系统就是《武经七书》。《武经七书》是北宋朝廷作为官书颁行的兵法丛书，北宋时要考武科状元，但是武科不能是大老粗，也有理论考试，国家就编了七本具有代表性的兵学著作，为武科科考用书，即《武经七书》。

《武经七书》它是中国古代第一部军事教科书，《孙子兵法》为首，《吴子兵法》第二，第三就是《司马法》。其他的依次是《尉缭子》《黄石公三略》《六韬》《唐太宗李卫公问对》。这七部兵书是北宋朝廷从当时流行的三百四十多部中国古代兵书中挑选出来的，作为武学经典。可见，这七部兵书是何等重要。它是中国古代兵书的精华，奠定了中国古代军事学的基础，这也是北宋朝廷在军事理论建设上的一大功绩吧。

《武经七书》前六本都是先秦时代成书，只有第七本是唐朝的。我们都知道有四书五经，但是武学这方面也有经，可见中国人很是迷恋经典。

《孙子兵法》和《吴子兵法》

《武经七书》中，《孙子兵法》列为第一，曹操高度推崇《孙子兵法》，也是第一个注解《孙子兵法》的。他的注解很简练，其文字加起来还没有《孙子兵法》的本文多，不过注得不错，算是开了注解先河。曹操在后世被人认为是一代奸雄，其实他是个很了不起的人，他文武全才，身经百战，就是诸葛亮都非常佩服曹操的用兵能力，说他用兵如神，甚至自叹不如。可是近两千年来，传下来的故事总是同情弱者，把诸葛亮当成了神，曹操便成了奸雄。其实，不管是文才还是武才，曹操绝不比诸葛亮低。诸葛亮在《后出师表》中评曹操时说："曹操智计，殊绝于人，其用兵也，仿佛孙吴。""仿佛孙吴"就是指其功力与孙武、吴起接近，他能够在北方扫平群雄，用兵可见一斑。

提到吴起，不得不说《吴子兵法》，这也是《武经七书》之一。吴起是战国时人，但是现在留下来的《吴子兵法》难免令人失望，很可能是掉了很多内容，传下来的有限的《吴子兵法》，很难对得起孙、吴并称的名号，其分量好像跟孙武差了不少。吴起是一个军事天才，他也是有实战经验的，大小战争从无败绩。最后虽因政变被乱箭射死，但他却用自己的死成功地消灭了政敌。

《司马法》和《六韬》

《司马法》流传下的文字不多，但是最早的作者比孙武还要古，是我国古代重要兵书之一。战国初，《司马法》已经失传，据《史记·司马穰苴列传》记载："齐威王使大夫追论古者《司马兵法》而附穰苴于其中，因号曰《司马穰苴兵法》。"也就是说齐威王"使大夫追论古者《司马兵法》"，而把司马穰苴的著作也附在其中，编成《司马穰苴兵法》。因此，《司马穰苴兵法》既包括有古代《司马法》的内容，又有司马穰苴对《司马法》的诠释和自己的著作。《司马法》流传至今已两千多年，亡佚很多，现仅残存五篇。但就在这残存的五篇中，也还记载着从殷周到春秋、战国时期的一些古代作战原则和方法，对我们研究那个时期的军事思想，提供了重要的资料。

还有就是姜太公的兵法，姜太公当然更早了，三千一百多年前，太公兵法汇编为《六韬》，《六韬》很丰富，有六十卷，分成六个部分，有《文韬》《武韬》，还有以动物为名的《龙韬》《虎韬》《豹韬》《犬韬》。《六韬》很值得看，当然绝对不是姜子牙写的，但是他的思想、事迹，以及武王伐纣的战争，都在其中。"韬"字本意就是弓或剑的套子，要把弓和剑隐藏起来，不要锋芒毕露，即战略企图、兵力配置不可以让别人知道，所以有一定的隐秘性。革命战争更是如此，要隐秘，国之利器不可以示人。

韬也是阴谋的意思，懂得包装自己，没有把握绝不出手，出手则一定成功。《易经》中这样的象征也有很多，例如解卦（䷧），解卦的最后一爻"公用射隼于高墉之上"就是如此，解卦最开始一直忍让、包容，不管是处于弱势还是处于优势都是如此，阴柔让步的宽容之中出现了杀气，就是第六爻，这就跟练太极拳一样，绵里藏针，外面的动作看似柔软，可是等到反击的时候，力量不可阻挡。"公用射隼于高墉之上"就是柔中蕴刚，柔中伏有杀手。

《六韬》的内容相当丰富，虽然后面的那几"韬"已经脱离时代，但是前面的文、武二韬还是很精彩，值得玩味。

《黄石公三略》和《尉缭子》

有了《六韬》，就有《黄石公三略》，简称《三略》，分上略、中略、下略。传说是张良的老师黄石公留下来的兵法，跟姜太公有思想源流上的关联。《三略》不完全谈军事，从以政领军的角度出发，就如《易经》中的师卦（䷆），强调军事是为政治服务的。除了有军事大战略，还有国家战略，即"政略"。张良在楚汉相争那个时代背景中，《三略》的思想是很宝贵的。我们所了解的张良没写过书，但是他的大功业肯定超过春秋时代的范蠡。范蠡只是处理好一个地区而已，而张良面对的是全中国。

先秦的《孙子兵法》《吴子兵法》《六韬》《三略》《司马法》以外，还有一本叫《尉缭子》。《尉缭子》一书在西汉已流行，一般认为成书于战国时代。对于它的作者、成书年代以及性质归属，历代颇有争议，因为战国时代有两个有名的尉缭子，一是魏惠王时的隐士，一为秦始皇时的大梁人尉缭。这一部书应该是跟秦始皇打过交道的尉缭所作。《尉缭子》这一部书的文辞比较粗野，不像《孙子兵法》是天地间极好的文章，文辞很美，辞如珠玉。但是《尉僚子》在中国古代，也是一部重要的兵书，有很多可取之处，譬如重视军法；认为政治是根本，军事是枝干；经济决定战争胜负；注重耕战，农业为治国之本；商业对战争胜负有重大影响等。

《李卫公问对》

以上六本都出自先秦，《武经七书》最后一本是唐朝的，作者为李靖。唐代传奇《虬髯客传》中的风尘三侠——虬髯客、李靖、红拂女，他们的故事大家耳熟能详。据说虬髯客本有争夺天下之志，因见李世民器宇不凡，知道自己不能匹敌，于是把自己所有的财产用来资助李靖，辅佐李世民成就功业。李靖是大唐名将，也是文武全才，最后封爵为李卫公，其书就叫《唐太宗李卫公问对》，简称《李卫公问对》，就是他与唐太宗李世民之间的问答。李世民作为皇帝，也曾身为大将统兵作战，算得上是军事专家，战争经验非常丰富。他们都是文武全才，两人的对答称得上是棋逢对手，问出来的问题也非常有启发性，值得深入揣摩。李靖跟李世民讨论兵法，有很多创见。他们主要讨论《孙子兵法》，像"奇正""虚实"这些重要的观念，两李之间都有精辟的讨论。

这本对话体的兵书是先秦之后唯一在北宋入选七本武学经典的一部书，可能和李靖本人的战功有关。李靖比较特殊的就是百战百胜，生平没有吃过败仗。百战百胜很难，因为人不可能不犯错，总是会有一些败仗，但是他在军事上的表现令人吃惊，生平无败绩，这是很不容易的，像李世民就办不到，就是有战神之称的吴起，虽然无败绩，但也有几次是打和的。这到底是福至心灵，还是自天佑之、天纵英明，无败将军李靖确实存在。这一部书因为讨论《孙子兵法》，值得当成补充读物。

第三章 冷彻非情

扫一扫，
进入课程

冷彻非情

《孙子兵法》是兵书中的兵书，这部天下第一兵书集中华古兵法之大成，十三篇一旦问世，后人就不可能超越它。后世几千种兵书几乎都在为它做注解。换句话说，孙武在兵家这个领域独领风骚，谈到战争，他的理论充满了创意，后人要超越则特别难。

我个人习读三十年兵法有一个很深的感受，觉得中国以《孙子兵法》为首的所有兵书，几乎都有这么一个特色，那就是"冷彻非情"，即彻头彻尾的冷静思考、计算、判断、行动。因为兵者乃国之大事，生死攸关，尤其是带兵的，不管是政治领袖，还是军事领袖，直接领兵作战的，绝对不可以感情用事，要彻底冷静，甚至冷酷，不可以受个人情绪的干扰。私情的干扰动辄就是几十万条人命，兵法家的著作都显露出这种特色。可见，两千多年前的这些兵法家敢说敢做，而且没有一个迷信的，比我们现在的人前卫得多，这是他们务实的一面。不像那些迷信的人通常在个人的情感上有弱点，所以才需要迷信来填补内心的空虚，寻找一个寄托的对象。其实，迷信不一定能够解决现实中大规模组织激烈对抗的问题，反而会令自己自寻烦恼，招致人生各种战场上的重大挫败。如果能够冷静应对，不受私情的干扰，取胜的机会就大，要做到这一点，需要长期的修为。兵法中也是这么认为的，在那个遥远的古代，兵家可以利用迷信，但是他自己绝不迷信。这都属于"冷彻非情"。

老子在《道德经》中称："太上，下知有之；其次，亲而誉之；其次，畏之；其次，侮之。"也就是说，一个领导人，最高的领导人，跟下面其实没有什么太多的接触，也没有什么压力，可是一切无为而治，井井有条，好像忘了他的存在，这是最高的领导境界。如果一天到晚跟人民接触，亲民爱民，这是第二个档次，已经有形迹了，因为很亲近他们，甚至讨好他们，天天互动，百姓就会称赞你是好君王，但是在老子看来这不是最高的境界，最高的就是很少接触，不会无事找事。再下一等的领导人就是让部下害怕，进行恐怖统治；最下一等的就是领导不像话，以致百姓对其表示轻蔑。《左传》中所讲的"三不朽"——"太上有立德，其次有立功，其次有立言"，最高的讲立德，用在兵法上的"太上"，就是"非情"，可以完全不受情感的干扰，该怎么办就怎么办，这不是一般人办得到的。太上非情，但是能够用情，本身不受情之干扰，还可以利用情来承上启下。

嗜欲浅者兵机深

学过《易经》的人都知道，古代有所谓的三"易"的说法，即变易、不易、简易，《系辞传》从头到尾一直强调的就是简易，化繁为简，以简驭繁。也就是说，人不要自寻烦恼，不要把简单的事情复杂化，尤其大规模的军事冲突、组织冲突，一定要化繁为简，以简驭繁。"易简而天下之理得"，"天下之理得，而成位乎其中矣"，这虽然是老话，却是颠扑不破的道理。《易经》的简易法则，所有的管理，包括身心方寸之间的管理都是这个法则，即不要受情欲的牵扯、左右，要分得很清楚，要跳脱这个束缚。

《庄子·大宗师》中有一句千古名言："其嗜欲深者，其天机浅。"执着、嗜好、欲望越深，难以自拔，就绝难参透天机。修道要天机，嗜欲太深，反而难悟天机。《易经》所讲的"易简"，就是想办法借后天的训练、琢磨，降低人的嗜欲，嗜欲越浅，天机就可能越深。然后才有可能悟道，悟得高层次的真理大道。兵学也是如此，修道重视天机，兵法就要讲兵机。知机应变，见机而作，当机立断，就是成败立决的前提。在战场上的一刹那就叫"兵机"，"嗜欲浅者兵机深"，就具备成为一个大将的资格。嗜欲不可能降到零，但是至少要够浅，嗜欲一浅，兵机就深，无论战场、商场，机深，就不会像复卦（䷗）上爻一样"迷复凶，有灾眚，至于十年不克征"，吃大败仗，一蹶不振。那是典型的嗜欲深，所以兵机浅。

关于"兵机"，在《吴子兵法》中有直接提到，吴起去见魏文侯，那时的魏国是大国，有文才武略的人争相游说大国，希望能够找到好的机会一展身手。吴起也是如此，他是以兵机见魏文侯。跟大人物见面的机会很难，要把握短短的面谈时间，留下好印象，说服他，绝对不能词不达意、啰里啰唆，也不能长篇大论，需要在几分钟内征服他，引起他的注意，所以只能谈"机"，懂的人就可以看出一个轮廓、整体，由局部知整体。这就叫机，能够打动别人的心弦，让其忘劳忘死。吴起要引导魏文侯能够重用他，以兵机见魏文侯；孙武也是一样，通过伍子胥推荐，见到了吴王阖闾，然后就开始有不一样的人生。

孙武出自兵法世家，虽有自己的理论体系，但还是要有晋升之阶，才能够展露才华、施展抱负。这种机会，就要靠和国君面谈，打动当时的枭雄吴王阖闾。这些实力派人物不是那么容易被说服的，没有真才实学的，不但不能被重用，而且非常危险。伍子胥安排孙武跟吴王的面谈这样的机会，推荐了七次才如愿。这么有本事的一个人，在当时那样的情况下，即使好朋友伍子胥是吴王身边的红人，也要推荐七次，最后才见成。像孔老夫子周游列国，游说七十几个国君，结果一事无成，统统被拒绝。所以如何掌握机，即说服成功的机会，很重要。孙武本身有宏大的兵法理论体系，还有保证人伍子胥，阖闾见到他的时候说："你的兵法十三篇我都熟读了，但希望它不是空言，我需要你试验一下。"所以才有训练脂粉军队，杀两个宫妃的事情。那时没有战争，就在宫廷中训练女兵，不管这个传说是真是假，都说明人要出头不容易，要机缘，理论写得再好，人家不敢马上用；还有，写得好不一定做得好，能言不能行者大有人在。尤其兵法涉及战争之事，那是要实务的，没有真本领是不能行于大争之世的。

吴起以兵机见魏文侯，那一次见面非常成功，我提到这一点其实是鼓励大家读书要思考。在春秋战国时期，从孔老夫子开始，文人武者，大多一介布衣，要想展露才华，一定要游说，怎么游说，如何争取见面的机会，在见面短暂的时间内利用机会，给人最深刻的印象。像吴起见魏文侯，去的时候非常注重自己的衣着打扮，因为吴起本来是儒者（吴起为孔门弟子子夏门徒），穿的是儒服。这就是《易经》兑卦（☱）中讲的话术。

我们强调机，当然也是重视机密，有很多事情是法不传六耳的，只是极少数人知道。发展到清朝雍正朝的时候，还专门建立了一个提案、讨论、决策、执行的实权机构——军机处，等于是皇帝直接的机要秘书处，国家重要的对内、对外政策都从那里出来的。

兑卦、艮卦话兵机

我所提出来的"大易兵法"就是透过对《易经》理气象数的认识，去理解兵法里面的精髓，能够以简驭繁。《易经》中的艮卦（☶），说明止欲修行才能嗜欲浅，才能兵机深，又能够说服那些大头兵。带兵如带虎，能够得到人心，得到长官的赏识、领导的认可，则跟兑卦有关。要说服人家，绝对要深刻了解人情。像游说君王，对君王一定要有深刻的分析认识。如有什么弱点，喜欢什么，这些都是事前要下的功夫。这都是兑卦的功夫。兑卦是《易经》中所谓的四大情卦之一，所有感情的卦里面几乎都带着兑卦。了解人性人情，利用人性人情，谈论事情，说服别人，起到带动、煽动的作用，就要用兑卦。但是对于自己呢？则要用艮卦来要求，一个身居高位的领导者自己要不动如山，止欲修行到"敦艮吉"的时候，就符合我们所讲的嗜欲浅、兵机深，或者"冷彻非情"。基本的八卦中的兑卦和艮卦的组合，一是咸卦（䷞），上兑下艮，是谈感情、人情的卦，用内卦艮来修炼自己，然后要深通说服人、打动人之道；外卦兑也很重要，不仅要让人家感动，还要使自己的感应强。要了解人世间的人性、人情，下经的人间世第一卦咸卦不可或缺。二是损卦（䷨），损卦上艮下兑，强调"惩忿窒欲"，就是要嗜欲浅，提高修为，才能损极转益。兑卦显露在外面的咸卦以感应为主，艮卦则藏在里面暗地里控制；而损卦是艮卦在外，外面克制得非常好，内心中的情欲兑则不让它泛滥出来。

从《易经》的角度来说，嗜欲浅者兵机深，就这么简单，用两个基本的八卦（兑卦、艮卦）组合成的咸卦、损卦来切入，就可以帮助掌握《孙子兵法》十三篇，以及整个中华兵学的基本诉求。

忘劳忘死、不动如山

兵家要把自己修炼成不受情的影响，如果陷在情的执着里，就像兑卦有毁折之象一样，毁灭断折，自找麻烦，光看兑卦（☱）上面的缺口就知道，兑是口舌，徒逞口舌之利，口风不紧，乱说话，搬弄是非，不做实事，这都是兵法大忌。这是兑卦的负面。可是兑卦的《彖传》则说明要说服人，就要深透掌握说服对象的人情。抓住了那一点，你的说服就无往不利。其《彖传》称："是以顺乎天而应乎人。说以先民，民忘其劳。说以犯难，民忘其死。说之大，民劝矣哉。"顺天应人可以搞革命，"说以先民，民忘其劳。说以犯难，民忘其死"，打仗就是冒险犯难，士卒可以争相杀敌，怎么办到的？就是兑卦发挥效力，士卒心甘情愿，不但影响他，还影响别人。这都是兑卦的影响。艮卦则是针对自己的修炼，做到"不动如山","不动如山"正是《孙子兵法》里面的话。

中国的《孙子兵法》很早就传到日本,尤其在唐朝那一段时间最盛,日本战国时代武将如云,其中有一位大将武田信玄的旗号就从《孙子兵法》来的,其旗号称"风林火山",即出自《军争篇》的"其疾如风,其徐如林,侵掠如火,不动如山"。可见,武田信玄对《孙子兵法》非常倾心,但是他最后是一个失败者,并没有成功,成功的是德川家康。武田信玄为什么会没有成功呢?既然用了《孙子兵法》来护法,把它凝聚到旗号上,还是输了,因为他抄书没抄全,只抄了四句话,全文是六句,半瓶水晃荡,抄一半,结果功亏一篑。小狐狸过河差一点点,就是没过去;开凿一口井,差一点点,就是失败。失败了就是零,还是不彻底,没学全,学一半,所以就有破绽。

"风林火山"讲兵法调度如神,"其疾如风"快起来像风一样,无形无象,随时转向;"其徐如林",慢起来像树林,好像都没动,但是有序;"侵掠如火",如果要采取攻击行为的时候,像火烧过去一样,快得很;"不动如山",则是非常冷静。后面还有"难知如阴,动如雷震",这是最重要的一环。"难知如阴"就是一个大将他显现出来的气度、态势,让敌人完全没有办法判断,不知道他下一步要干什么,完全看不出来,不可预料,太难了解。一旦他采取动作了,也来不及应付,这就是"动如雷震",完全合乎《易经》中震卦(☳)的概念,不出手则已,一出手敌人一定猝不及防。

无形无象,不着痕迹

前面的"风、林、火、山"这些兵法中的理念可以通过《易经》的卦象去理解,虽然是以兑卦、艮卦为主,其实"其疾如风"已经带进了巽卦（☴）的无形无象、行动快速，也就是《大象传》："随风，巽。君子以申命行事。""三令五申"正好是孙武在吴宫练兵留下来的成语。"三令五申"是巽卦发号施令的象，巽卦也是帮助我们了解兵法最高段的功夫——无形，无形能够战胜天底下一切有形的东西，因为敌明我暗，防不胜防，用兵讲究形、势、虚实，到了无形的境界，就是最高段位。无形的卦象就是巽，跟一切打开来说出来、流露出来的兑卦正好相综："兑见而巽伏也。"在《孙子兵法》中讲到无形的时候有一句话，称"无形则深间不能窥"，因为无形，卧底再深的间谍都没有办法掌握到实情。用兵已经到了无形的境界，就是到了巽卦的境界，然后"智者不能谋"，敌人里面再有智慧高的对手，也不知道要怎么对付你。这就是用兵已经超脱有形的境界，进入无形的境界。这就是《孙子兵法·形篇》所称："故形兵之极，至于无形。无形则深间不能窥，智者不能谋。"有形一定有破绽，像武术中各种形式的拳种，一定就有弱点、有破绽、有罩门，别人对付你的招数就是攻击这些弱点，其他的形可能就专破这个形。如果无形，不显罩门，人家怎么破你？换句话说，无形乃一种极度隐秘的功夫，用兵到了一种化境，到了极点，至于无形的境界。一旦到无形，那些所谓的间谍网也拿你没办法，对方再有什么运筹帷幄的高手也没有办法对付你。这都是兵法中的名句，我们完全可以通过《易经》中的巽卦去理解。

"难知如阴，动如雷震"，除了震卦的分析，还有最后一卦未济卦（☲）的"震用伐鬼方"，《易经》的最后一战就是不着痕迹的很高的兵法。以前我们讲震卦的时候，说要压住身边不服的人，不要直接动手，在外面引爆一个震波，让它反弹回来让敌人不敢动，即"惊远而惧迩"，这是在震卦的《象传》中所谓的敲山震虎、声东击西。在兵法中常常运用，间接施压，把一个很难缠的问题不动声色中化解于无形。这是震卦的概念，一旦动起来就不可挡。不动的时候像艮，所以"不动如山"后面"难知如阴"，静静的啥也没动，突然一下子发动，就"动如雷震"。可惜的是，武田信玄只学了三分之二，旗号过于简化，少了后面由静转动的突然变化。

纸上谈兵

讲兵法对答如流，并不代表会用兵，这也涉及人的资质。纸上谈兵的故事我们一定听过的。赵括谈兵论战，连自己身经百战的老爸也要甘拜下风，但是作为父亲，绝不看重儿子这种逞口舌之利的优点，说得头头是道，真上了实际的战场，完全是另外一回事。偏偏当时赵国的国君就让赵括上战场领兵，结果长平一战被秦将白起坑杀四十几万人，赵军大败，国力自此衰退。这种结果就是纸上谈兵的人做出来的，兵法理论精通，但没有实战经验，也不会灵活运用，所以不能迷信会说的人。

古今中外有很多深通兵法的常败将军，也有很多完全不读兵法的常胜将军。像霍去病这个少年将领，他就不读兵法。这位天生的勇将，很得汉武帝的赞赏，曾建议他读孙、吴兵法，但他回答说："顾方略何如耳，不至学古兵法。"（《史记·卫将军骠骑列传》）当然，这是一种比较极端的例子，我们都不是属于这些极端的人，还是得学，学了也不要认为自己一定就能够用得好，要做到融会贯通。不然，每个人读了一遍《孙子兵法》都变得天下无敌的话，这就大赚了。

兵法不过六千多字，人生的实战经验很重要，像毛泽东也喜欢《孙子兵法》，很多人问他如何运用兵法，他曾诙谐地回答，一上战场什么兵法都忘了，只能凭直觉。可见，纸上谈兵并非良策，当时的情势最重要，一上战场什么兵法都忘了，还是四个字最重要——活学活用。像《武经七书》是北宋年间的御用教科书，可是北宋打赢过什么仗？尽吃败仗，老是被北方的"野蛮人"来收拾，一天到晚屈辱地签和约。因为欠缺所以强调，把武学的理论编成国家教科书，然后推行考试，偏偏是对外的武力最弱，所以兵法不用迷信，重在活用。

冷静计算，当机立断

兑卦（☱）、艮卦（☶）和震卦（☳）、巽卦（☴），这是相综、相错的两组卦，在兵法中灵活运用这四个基本的八卦卦象（☱、☶、☳、☴），一组合就变成咸卦（䷞）和损卦（䷨）。损卦"惩忿窒欲"，讲究的就是嗜欲越浅，兵机越深，还有智者不怒，有智慧的人不会随便生气。懂得自己的情绪控管，对于负军政大责的人来说，这是基本常识，他不是没有愤怒，而是可以把愤怒压下去，就像移山填海般，把欲望压到地底下，压到坑道里头，欲望就窒息了，不让欲望像火一样烧起来。这种功夫就是用艮卦来压兑卦，借着外卦艮种种的止欲修行的方式，让内心中的情欲（下卦兑）不要泛滥成灾。

《孙子兵法》第十二篇《火攻篇》就说："主不可以怒而兴师，将不可以愠而致战。合于利而动，不合于利而止。怒可以复喜，愠可以复说，亡国不可以复存，死者不可以复生。故明主慎之，良将警之。此安国全军之道也。"一个负军政大责的明君、良将一定要有这样的深刻认识，不可因一时情绪害得不知多少人死掉，在判断、决策的时候，君主不可以因为自己愤怒就发动战争，做大将的绝对不可以因为心里不爽就进攻。怒是发作出来的，因为他是"主"，没有什么好压抑的，也没有什么好掩饰的，做大将的，因为上面还有老板，心里会憋着不痛快，那就是"愠"，心里的那一点儿不痛快，不可以因为这样子就战火燎原。如果受"怒"跟"愠"的情绪干扰太甚，就决定让多少人死的这种军事战争，是不可以的。一个大将，一个明君，一定要"合于利而动，不合于利而止"。

军国大事一定要冷静计算损益平衡，如果合于利，就可以出兵打仗，如果不合于利，再怎么生气都不能打。"利"当然是整体的利益，不是个人的利益，兵法讲得非常明白，决定要不要发动战争就是一个"利"的原则。不是情，不是欲，不是愤怒，不是心里不爽，这些都不可以成为出兵的理由。

情绪会转移，盛怒的情况下怎么可以下决定呢？这个时候下了决定，将来回不了头，其实怒不会太久，非常状况下的大怒，过一段时间说不定又转换成高兴了，心里的愠可能就变成喜悦了。如果怒、愠之下犯了决策的错误，喜、悦的时候怎么说呢？还不如冷静下来做决策。愤怒之下做的决策，结果导致亡国，还要牺牲一大堆人，要知道"亡国不可以复存，死者不可以复生"，所以明君良将要慎之、警之。这个重要的提醒出现在《火攻篇》，当然有其意义。

在冷兵器的时代，没有火药，火攻就相当于现在的大规模杀伤武器，像核武器、生化武器，不可以随便用的，因为死伤惨重。火攻是杀伤力特别大的，属于彻底毁灭型的，由火攻那种抽象出来的特殊性的牺牲惨重的战争，不可以轻易动用，所以明君良将更不可以在愤怒或者心里不爽的时候就发动这种特殊形态的战争，除非万不得已。火攻不可以随便发动，就像核武器不能轻易启用，这里就有人道的思想了，说明这是高层人物一定要有的基本认识，绝对不可以在不正常的感情、高度动荡的时候做出这种决定。

再看咸卦。咸卦就是兵学的修炼，损卦是说不要感情用事，咸卦则说明要有极强的感应力、反应力，咸卦就是训练这一点，其《大象传》称"君子以虚受人"，所有外面重要的资讯，像敌情的分析等各种事态，要能够"以虚受人"，像山上的天池那样。咸卦的感应快速，反应快，感应快，兵法中就有速战速决的概念，"不疾而速，不行而至"。这就是《易经·系辞传》所说的"寂然不动"，不动如山，"感而遂通天下之故"。损卦把艮（☶）放在外面，咸卦把兑（☱）摆在外面，也可以有正面的运用，即当机立断的能力。

《孙子兵法》第十一篇《九地篇》就说"兵之情主速"，兵情以快为主，千万不要拖，不然什么都会拖垮。美国发动第二次海湾战争，在伊拉克驻兵这么多年，花的钱不知有多少，再加上阿富汗战争，那就是天文数字了。所以要速战速决，不要等到师老兵疲。兵之情以速为主，"乘人之不及"，趁人家还来不及回应，还没有做好准备，"由不虞之道，攻其所不戒也"，由对方绝对无法料想到的路径去攻击其绝对不会有戒备的地方。"不虞之道"的"虞"就是《易经》中重点的字，屯卦（䷂）第三爻"即鹿无虞"，萃卦（䷬）的《大象传》"除戎器，戒不虞"，中孚卦（䷼）第一爻"虞吉"，"不虞之道"就是以出乎对方意料的方法发动突袭，而且快得令对方来不及反应。这个"速"就跟咸卦有关。即便是损卦，要做损的"惩忿窒欲"的动作时，也是除害必快。损卦第一爻就讲"已事遄往，无咎"，然后"酌损之"，经过计算斟酌，如果第一爻出手快，该做的事情赶快做，第四爻的问题就很快解决了，病就好了："损其疾，使遄有喜，无咎。"损卦、咸卦是触类旁通的错卦，都强调快，速度非常重要，千万不要拖。

要出手的时候，思考、感应问题当然要快，可是也有不能快的时候，像损卦前面的解卦（䷧），解卦就得缓："解，缓也。"一到了损卦就变成"速"，这就是节奏，所以"不动如山"之后，又能够"难知如阴，动如雷震"，节奏该缓时则缓，该快时则快。这种节奏的转换就让人受不了，这就构成了兵法节奏上所造成的强大的杀伤力和压力，所以速度的控制很重要，把它推到我们人生各式各样的战场上，就有很大的帮助。

由解卦的缓要转成损卦的速，这些用在兵法上，会觉得跟人合作或者碰到什么人，觉得很难配合行事，就如我们常讲的"急惊风碰到了慢郎中"，已经急惊风了，要郎中开药方，半天还开不出来。人生什么时候要快，就得快速解决，不能拖。什么时候要缓，事缓则圆，要用缓来化解掉太快出现的问题，这就涉及判断的问题了，也就是《系辞传》所说的"不可为典要，唯变所适"，该快的时候就快，该缓的时候就得慢下来，都得视具体情况而定。

和平第一

咸卦中还有一个中国兵法的理想，就是和平，不喜欢打仗，所谓的"不战而屈人之兵"是也。即使要打，也要最大限度降低生命财产的损失。一个以取胜为主的兵法，其终极目的就是向往达成和平。咸卦一开始就提倡和平的思想，在咸卦的《象传》中，咸卦就是要对人心、人性、人情有全面深入的了解，了解之后希望能够推动和平，所以它说"圣人感人心而天下和平"。

《孙子兵法》第三篇《谋攻篇》就谈到了"不战而屈人之兵，善之善者也"，这就是儒家所说的"至善"，比百战百胜要高明多了。不希望战，而能够屈人之兵，化解冲突，减少杀伤，这就是从人心感来的，因为人同此心，心同此理，没有人愿意在战争中遭遇死亡伤残，这是一个很简单的诉求。

第四章 太上非情而能够用情

用情驭众

《孙子兵法·作战篇》云："杀敌者，怒也；取敌之利者，货也。车战得车十乘以上，赏其先得者而更其旌旗。车杂而乘之，卒善而养之，是谓胜敌而益强。"

这也是《作战篇》中很精彩的观念，就是能够用情。一个高级将领，可以训练到冷彻非情，不让自己的情绪败事，影响自己的决策行动，但是他绝对没有办法期待他所带领的那些士兵也是如此。在古代，当兵的大多不识字，文盲一大堆，不可能期待广大的士兵也像将领一样不受情绪的感染。他们是完全受情绪的感染，所以不要白费力气想让他们摆脱情绪的感染，那么就用情来主宰他们，用情来驭众。"杀敌者，怒也"就是用情，要激励部下去杀敌，需要同仇敌忾，激怒部下，让他们忘却自身的安危，奋勇杀敌。同仇敌忾就是利用阐述敌人有多坏来激怒士兵，用"怒"情起到士兵们在战场上奋勇杀敌的效用。作为将领，当然不能够让战士上战场时还心平气和、如如不动，没有杀气，何来争战？一定要让他的情绪高涨，对敌人非常的愤怒。要达到这样的效果，就用"怒"，人一怒的时候就不会顾忌自己，勇气倍增。

"取敌之利，货也"，这是用利诱的因素。人都贪货，只要跟部下讲，要是克敌制胜之后，很多的战利品就归其所有或者可以抽成，一个利字当头，大家都会奋不顾身了。"货"代表钱财、利益，是收买人心的手段，这一利诱，达到取敌的目的。一个是怒，一个是货，有怒气，是合法的杀人；有战利品，杀人越货就是战场上的行为。要是让部下拼老命，结果没有任何报酬，没有任何激励，他为什么要这么拼命？这就是用情，利用人情之常。

后面还有一个很厉害的概念，就是"胜敌而益强"。打仗一定有消耗，敌我双方都有损伤，就算是赢了，都可能是惨胜。对方是惨败，我方是惨胜，都消耗得差不多。可是孙武认为不要服输，他就告诉我们一个新思维，打胜仗之后，虽然经济上有大的损耗，但是实力越来越强。每打一次实力是增加的，不是耗弱、减少的。那是怎么办到的呢？这就要看《孙子兵法》第二篇《作战篇》中孙武如何算这一笔账。那就是战争中的经济因素，会算钱，算资源，算收支平衡，打仗花了不少钱，结果经济实力还提升，是什么道理？

下面就是讲人情的重要，领导统驭不懂人情，怎么统驭那么多人？至于如何运用达成目的，那就是《始计篇》的事情了，"始计"即战前的计划，其开篇就说"经之以五事，校之以计，而索其情"，"道、天、地、将、法"就是"经之以五"，要精密校算，比较我方、对方，作者就列了五事、七计，经过这样的事前校算，客观的敌我实力的比较，我们才能够完全知彼知己，了解我方的真实战备状况，以及敌情，"而索其情"之"索"就是弯弯曲曲才可以求到，绕好多弯要才能得到真实的情况。而这个情就包括五事、七计，里面也有大量的人情、人性的深入探测。"索其情"之后就要能够"用其情"。"道者，令民与上同意，可与之死，可与之生，而不危也"，如何让人民跟政府、君王建立共识，就要有办法让老百姓跟上面一个步调，上下一心，民众不惜为了国家的利益而牺牲，而君王为了整个国家的目标达到，这就是"道、天、地、将、法"的道，完全没有讲形而上的道理，讲得很务实。像二战时美国总统罗斯福要打纳粹、要打日本，没有珍珠港事变，他就没有合法的权力可以参战，因为民众不同意，师出无名，"道"的第一关就过不了。要让"民与上同意"，就要懂得民情，让其牺牲奋斗，忘劳忘死。

第四章　太上非情而能够用情 | 033

善用迷信

李靖跟唐太宗讨论兵法，提及所谓的阴阳五行之生生克克，《易经》也讲相生相克。李靖说："文之以术数，相生相克之意，废之则使贪使愚之术，从何而施哉。"

李靖可够坏的，大智慧的人去役使那些笨人都是懂得这一套。他自己绝不迷信，而用术数相生相克之意，去役使那些一般人，因为他也不能要求一般人的智慧提高到很高的程度，术数是一个包装，是一个文饰，对于一般人有用，只要达到效果，不妨运用术数相生相克之意，把它作为将领希望兵士或者希望敌人改变倾向的工具。

这就是唐太宗问李卫公的答案。以前有很多很神秘的阵式兵法，离唐朝已经很远，看似很神秘，又有神效，他就问这些东西的实情是怎么样，我们可不可以运用。李靖就说没有这回事，从究竟来讲，人不可以真正迷信那些东西来决定胜败。

唐太宗认为假定是这样的话，既然不要迷信，这些术数相生相克之意的层次不高，为什么还要用它，把它废掉不好吗？李靖就讲出上述的话。为什么要废呢？废了怎么驱使那些笨蛋？他明知是假的，但是他还是把那些保留下来，因为他要带兵，士兵很单纯，兵是笨的，而且还可以误导敌人，敌人也是笨的，所以他善用迷信来达到效果。其实他自己一点儿都不迷信，如果废除迷信，那就不能役使贪婪愚昧的人，人会迷信就是贪婪，人会迷信就是愚昧，这是一个有利的工具。明知其不究竟，但是还有存在的作用，运用它达成一些效果。这就是太上非情，但是他能用情，因为绝大多数的人不能超脱情的控制。

掌握致命的弱点

《孙子兵法·九变篇》这一篇最后说"故将有五危",一个将领要注意其人格特质中致命的弱点,即五种危险要注意。这是提醒对一个将领的人情、人性要有所掌握,领军作战的人要注意自己性格的缺陷,行事风格要及时调整,不要僵硬死板,否则必败无疑。不懂得随机调整、灵活应变,一旦容易被敌人掌握动静,那就是:"必死可杀,必生可虏,忿速可侮,廉洁可辱,爱民可烦。凡此五者,将之过也,用兵之灾也。覆军杀将,必以五危,不可不察也。"这句话讲得特别好,有一些将领不怕牺牲,豪气干云,做了牺牲的准备,领袖派他到哪里,他就死在哪里,类似像这样的情形,对手就会成全你。一旦出现任何一种有生、死选项的时候,都选择牺牲,那敌方就可以制造陷阱情境让你非死不可。知道你想死、必死,不做其他的选择,那就让你没得选择,这就是"必死可杀也"。想法如直线,不转弯,这样的执着就好斗,画地为牢,把自己限制住了。任何情况下都选择马革裹尸、效命疆场的人,就会给敌人造成让你非死不可的情境。

"必生可虏也",可以把你俘虏,让你活下去。有一种将领贪生怕死,任何情况下能投降就投降,绝对不愿意牺牲;不愿意牺牲的,就制造可以投降的机会,让你没有斗志撑下去,减少继续消耗,这就是充分掌握了一个贪生怕死的将领,一定想办法要这种将领活下去,给这种指挥官造成必生的处境,结果就绝对能够把他俘虏。知道对方不会选择死,就施加压力让其不继续抗争下去。

还有,"忿速可侮",一个人动不动就暴跳如雷,很快就会被人家激怒。对于这种好斗的人,就可以激怒并侮辱他,让其遭受很大的羞辱。这就是通过刺激,知道对方绝对有反应,那就故意制造刺激,最后达到侮辱的效果。可见,"忿速"也是为将者致命的性格弱点。

"廉洁可辱"，标榜清廉，一介不取的，同样可以侮辱。清廉的人，最在意别人认为他清廉不清廉。利用这一洁癖，不管是真的清廉，还是假的清廉，就可以制造一个事件来让这个廉洁的人陷入贪污纠纷，对他造成极大的干扰。"廉洁可辱"，因为标榜廉洁就是其罩门，不管最后是不是平反，反正为了洗清嫌疑就很耗时间精力。可见，任何情况下都想标榜自己的廉洁，自己不粘锅，而这恰恰就是弱点，经不起别人的折腾，是真是假都不重要，至少可以造成严重的干扰。

"爱民可烦"，有时候爱民，就是包袱。像《三国演义》中，刘备逃亡的时候，一大堆包袱，那些兵将还得去掩护一步一步走的老百姓，这怎么能打仗呢？敌人就利用这一点制造难民问题。如果你爱民，我就给你很多难民，让你不忍心放弃，如此部队行动速度缓慢，作战部署完全被打乱。制造那么多的难民，给对方留下包袱，而对方因为人道，不能见死不救，要筑难民营；所以一旦标榜爱民，敌人一想这好对付，就制造很多真老百姓、假老百姓，达到干扰其军事行动、战略决定的目的。

照讲"必死""必生""忿速"这三点还情有可原，而后面的"廉洁""爱民"看起来都是美德，但是这种极端的标榜的美德，到最后会变成致命伤，所以一个人即使真的廉洁、爱民，也千万不要讲出来。真廉洁更不要标榜，越标榜，就越被其绑住手脚，一旦要介入这种人生战场的斗智斗勇，所有的弱点千万要掩藏，不要让敌人完全摸透你的本性，否则"廉洁可辱，爱民可烦"。

如果廉洁对付贪婪之人或者看老百姓像草芥，根本就没有可能对其造成任何侮辱、烦恼。所以针对性格上的弱点，这也是人情的利用。可见，面对"将有五危"，领兵作战者一定好好修习，要做到"难知如阴，动如雷震"，让敌人无法预测，无法算计。

真爱与骄纵

《地形篇》是《孙子兵法》比较长的一篇,讲的是大将要做到的:"进不求名,退不避罪,唯民是保,而利合于主,国之宝也。"

"进不求名",人一旦要求名,行动就不自如,容易上当,人家就用名来诱惑你。"退不避罪",战场上该进就进,不可以为了求虚名进,该退就退,退了也不怕上面降罪。为了保全实力甚至国家,做出进退的决定,不要为了求名,也不要为了避罪送死,应该是"唯民是保",军队就是人民,要想办法保护、爱惜他们,这是大原则,不要做无谓的牺牲,不要驱使他们做不当的进退,这样其实是保了民、保了军,最后也合于君主的利益,有担当,敢负责,这才是"国之宝也"。

接着还有:"视卒如婴儿,故可以与之赴深溪;视卒如爱子,故可与之俱死。厚而不能使,爱而不能令,乱而不能治,譬若骄子,不可用也。"爱惜士兵就像婴儿一样,可以跟他一起同生死、共患难,他去深溪,你就去深溪,你去深溪,他也跟你去深溪,生死相随。还有"视卒如爱子,故可与之俱死"也是一样。这就是带兵,《易经》随卦(䷐)的上爻就达到了这种境界:"拘系之,乃从维之,王用亨于西山。"周太王去哪里,老百姓就去哪里,没有第二句话。这种生死相随,就是因为你平常对他太好了。当然,也不要过火,即不可以骄纵,这就是"厚而不能使,爱而不能令,乱而不能治,譬若骄子,不可用也",娇生惯养、过分娇宠,反而是害他,如果部下不听令,军事行动的组织怎么可以完成呢?前面是真爱,后面就说不要骄纵,否则会恃宠而骄。

这一篇针对人之常情可能的一些弱点、过火的行为提出建言。

夺其所爱

《九地篇》中说："先夺其所爱则听矣。"人之所爱，就是致命的弱点，放弃不了，没有办法割舍，所以在打仗的时候，一定要掌握对方的主要人物最担心、不计一切要保护的或者完全不能割舍的、爱到极点的东西。仗还没开打，先把他心爱的东西夺去，他下面就完全失去主动，一切听你摆布。传说吴三桂镇守山海关，陈圆圆是他所爱，一旦被李自成所夺，他就方寸大乱，"冲冠一怒为红颜，恸哭三军俱缟素"，因为夺其所爱，方寸乱矣，所以引清兵入关，什么都失控了，忘记了他守住山海关的责任。

太爱，则听矣，正是这样，现代的绑票就很有用，要勒多少钱，就给多少钱。因为所爱，不敢放弃，就可能任对方开出条件。可见，这用在人生兵法的领域也是一样，人之所爱就是他的致命弱点，要绑票的人一定要知道其真正所爱。如果把吴三桂的大老婆绑走了，一点用都没有，他反而会感激你，帮他解决了心腹大患，他策划了几十年都没有办法解决的问题，你帮他解决了。表面上非常的哀戚，内心肯定好爽。所以绑票一定要绑其所爱，不管古代社会、现代社会，中国社会、外国社会，人情一定有所爱，他内心深处真正爱的是什么，可能是人，可能是物品，抓住这一点，这个人一定失常，就可以控制他，完全听你摆布。可见，一个人想承担大任，自己之所爱绝不能让任何人知道，要想办法掩藏。以前有些人，可能爱的是小老婆，他外面一定宣称宠爱大老婆，小老婆实际上就是其致命的罩门，绝对不让任何人知道。

人必有所爱，《易经》的兑卦（䷹）上爻就是一个最高领导人的致命伤："引兑，未光。"这一致命的吸引力，会毁了人的一生。所以要"难知如阴"，道理就在这里。保护自己，还要保护自己的所爱，不要被人家抓住这一点。一个真正能够修到冷彻非情的人，没有所爱，这个人就难斗了，没有任何弱点，人家就拿他没法子。

察人情，去迷信

《九地篇》说："九地之变，屈伸之利，人情之理，不可不察也。"兵法也是千变万化的，各式各样的地形，各式各样的环境，这时候大丈夫要能屈能伸。"屈伸之利，人情之理，不可不察"，《易经·系辞传》针对咸卦（䷟）第四爻就说："尺蠖之屈，以求信（伸）也。龙蛇之蛰，以存身也。精义入神，以致用也；利用安身，以崇德也。"可见，人情之理一定要洞察，种种人情的情境，错综复杂到什么地步，为君者、为将者在兵法利用上都得了解各式各样的人情，了解之后能够掌握运用，追求成功的道路，免除失败的关键弱点和危机。

"兵士甚陷则不惧，无所往则固，深入则拘，不得已则斗。"《九地篇》中还有一句话，这和《易经》中的大过卦（䷛）、坎卦（䷜）颇为相似，人拼命的时候很可怕，"险之时用大矣哉"，如果陷得不够深，没有到几乎绝望危险的情境，不会勇往直前，等到没有后路了，那就是置之死地而后生，只能背水一战，那就不怕死了。大过卦《大象传》讲"独立不惧，遁世无闷"，说的就是在一种极端的情境下，没了选择，只能去应对，那时人的非常的潜力激发出来相当惊人。人最怕的就是死，如果连死都不怕，还有什么可怕的呢？已经陷得太深，无所选择，没有地方可以去，所以心志专一，听从将令。"无所往"代表没有地方可以去，这是一个绝境，大家只能够拼命求生，没有别的选择。于是勇气百倍，"无所往则固"，破釜沉舟就是如此。一个将领有时候就要创造这种情境，使他的兵士陷在绝境中，为了求生，个个都是奋勇杀敌。如果还有其他选择，就没有办法达到这种团结众心的效果。当领导人安排部属到危险的环境中，激发他的潜能，这就不能感情用事，因为这样做很残酷。这也是一个对人情在极端情境中反而会爆发潜力的深刻了解，了解这一点的将领才会这么干。

《九地篇》还称"禁祥去疑，至死无所之"，祥是吉凶通用的，"禁祥"就是说绝不迷信。尤其在古代社会，战争时期，有很多迷信的流传，人心在那种特殊的状况下就会受限制，甚至这么一传使得士兵整个斗志瓦解，士气不振，"祥"传播多了，于军心不利，要严格禁止，所以在军营中严禁传播这样的东西。"去疑"，指不必怀疑长官，不必怀疑同侪，不必多想其他，听令就是。

先知先觉

《孙子兵法》最后一篇为《用间篇》，其中提到"先知"，讲的就是关于情报的问题。如果情报站建立得很好，什么情况都早一步知道，就像宗教上的先知一样，敌方还没动，双方还没交手，敌人的一切底细都侦察得清清楚楚。

敌人对他来讲完全是透明的，那么如何达到这么高的用间的绩效，得到这样珍贵的情报，把敌方完全摸透呢？这就是这一篇所说的："明君贤将所以动而胜人，成功出于众者，先知也。先知者，不可取于鬼神，不可象于事，不可验于度，必取于人，知敌之情者也。"先知不是靠算卦，也不是到庙里去求签，不是单凭任何一个法门就可以掌握，要建立间谍网，必须靠深入虎穴的人员侦察、卧底。即便到了现代战争，间谍还是不能够被其他手段取代，都有很大的风险。而这第一手的情报"必取于人"，要人去了解，什么样的侦测都不可能像人一样详尽得知敌情。以前的迷信法门很多，但兵法说"不可取于鬼神"，要预测，要达到先知，一定要派人亲自去调查了解，要进入敌人的阵营，冒非常大的风险，取得最珍贵的情报，才能"知敌之情"。换句话说，在以前那个时代，孙武就能够摆脱一切捷径取巧的法门，而且完全不迷信。

人会相信鬼神，相信这相信那，被这些主导自己人生一切的行动，就是因为情执太深，不迷怎么会信呢？不只有孙武，古代那些兵法家，脑筋都很清楚，完全不受迷信左右。有些人做任何决策行动先去问鬼神，从来不先稽查，用自己的智慧中去思考问题。这样的人，根本就不够格作为一个决策者，什么事情都还没有了解，也不去思考分析，就先去问鬼神。

其实有时即使要靠借助算卦之类的来决疑，之前也要对事情有深入的了解，要在心里过一过，这就是人的智慧。当事者、决策者的智慧排第一要位，一定要先"谋及乃心"（《尚书·洪范》）。一般人都先神、先鬼，这是绝对不可以的，真正的将才一定"先稽我智"（《尉缭子·天官第一》），一定要动脑筋，用自己的智慧去思考难题，不要想都不想就走捷径。

第五章 终始循环

首尾呼应

在进入《孙子兵法》正文之前，我先简单提一下十三篇的架构。

第一篇《始计》，最早是没有"始"字，就叫《计篇》，后来发觉"计"是一切的开始，推演作战的计划，加上一个"始"字，觉得比较清楚。最后一篇《用间篇》，"用间"跟"始计"的关系很密切，"用间"是基础，也涉及人情的夺其所爱，兵法很多重要的原则都是贯通的，整个十三篇从第一篇到最后一篇，是一个圆，终始循环、首尾衔接。在后面的篇章中有讲到"恒山之蛇"，就是第十一篇《九地篇》提到的有名的典故，有的版本叫"常山之蛇"，恒就是常，《易经》中，恒卦（䷟）的恒就是常道的常，我以前讲过，古代大概除了《易经》之外，很多古典要避帝王的讳，汉文帝名刘恒，并没有说把恒卦改成常卦，因为《易经》是至尊，很多的书都得避帝王讳，恒山改为常山就是如此，那么恒山是不是现在的北岳恒山呢？也不一定是。说起常山，我们都知道常山赵子龙。不过真正的版本应该叫"恒山之蛇"。孙武时代的恒山之蛇很特殊，确实有这种蛇，这种蛇还有一个专有名称叫"树蚺"，这种蛇很难斗，很不好抓，行动灵活快速。不管蛇身多长，简单讲，"击其首则尾至，击其尾则首至，击其中则首尾俱至"，一般来说，蛇的头、尾如果长，反应不会那么快，但是恒山蛇几乎同一个时间到位，你要打它的头，它的尾巴就来打你救它的头，你打蛇的尾巴，头就来救尾巴，头尾都不能打，都不好惹。不管蛇身多长，它几乎是同步救援，而击其中段，首尾俱至，更要命了。

那对于用兵来说，我们的兵力部署，不管在地图上还是在平台上，每个战略点都一样，需要快速救援，敌人打任何一个部分，都会招致全部力量的瞬间反击。换句话说，不管兵力分散到多远，整个是流通的，任何人打我其中一部分，必定招致我们全方位的反击。可见，行动要非常快速，联络绝对不能中断，这就是"用兵如神"。《九地篇》就讲一个将军用兵像恒山之蛇这样机敏，敌人想各个击破，但是不可能，因为整体的联系没有任何障碍，他打我方任何一个点，我方会在第一时间掌握，并迅速反击。很多将领常常希望吃掉人家的一部分，但是用兵没有一部分的概念，都是整体，息息相关。

"恒山之蛇"这一比喻一方面是用兵追求的一种化境，另一方面也是做文章的一种化境。《孙子兵法》这十三篇的结构就像恒山之蛇，首尾呼应。我们在读第一篇《始计篇》的时候，《用间篇》就跟这个有关，"用间"就是为了要"始计"，"击其尾则首至"。《孙子兵法》十三篇六千多字中，读任何一篇，寻章摘句，都要有整体观，它们息息相关。写文章也是这种境界，绝对不会有累赘，每一个局部都呈现出整体的力量。学《易经》更是如此，不管是哪一卦哪一爻，四千零九十六种变化，都是息息相关的。

情报资讯是做任何战争计划最重要的基础，"用间"如果错了，后面全盘皆输，第二篇《作战篇》就无用武之地了。"用间"是少数的精英决定整体的成败存亡，所以首尾两篇我一向是结合来讲，讲完《始计》，就讲《用间》，道理就在这里。

全胜思维

从"用间"而"始计"，十三篇的结构既然是首尾衔接、首尾呼应，下面就要谈钱了，即《作战篇》。第二步就是根据情报资讯，决定要打了，拟定种种的计划。在打之前，就要考虑经济因素，万事非钱莫办，没有钱，没有预算则一切都不行。何况军事上的耗费是巨大的，自古以来，战争都是非常昂贵的。第二篇《作战篇》谈的就是有钱才可以打，准备的钱可以打多久，对民生的经济影响有多大，都要评估。如果准备了三个月的战费，结果打了三年，那就惨了，要知道，战争对民生经济的破坏是非常大的。《作战篇》名为作战，其实没有真的作战，而是谈钱这一关。拿破仑曾留下一句很浅白的话，他说打仗很简单，有三大要素，第一个是钱，第二个是钱，第三个还是钱。这就是兵法非常务实的部分，怎么能不考虑经济因素呢？如何"胜敌而益强"，钱越多就越有战力。

钱的问题谈完了，这是必要因素。再来就是第三篇《谋攻篇》，进入了兵法的精华。"不战而屈人之兵"就出自此篇。孙武历来主张和平，不到万不得已，绝对不要硬碰硬，打那种牺牲惨重的战争。像二战时期，那么多惨烈的登陆战，死伤惨重；而古代战争，不管是东方还是西方，人命就像蚂蚁一样。在两千五六百年前的孙武就觉得这不是上策，战争带来太多的破坏，如果能够用最少的破坏，甚至不破坏就取得胜利呢？这就是《谋攻篇》的主旨。我们要采取攻击的手段，就要有勇有谋，《孙子兵法》重视最后的攻，而不是一味地守。立于不败之地之后还要创造攻击的契机，不攻不会取得最后的胜利，不能只守不攻，但是要怎么攻才最好，用最小的成本达到最高的效益？这就需要好好计谋。

这一篇就有一个"全胜"的思维，也称为《孙子兵法》里面的招牌观念。我们千万不要误会全胜就是百战百胜，不是打多少次都是赢。孙武认为百战百胜不是善之善者，"不战而屈人之兵"才是善之善，才是全胜。全就是保全，大多数的基础设施没有被打烂，得以保全。一般来说，战争充满了巨大的破坏力，我方的，敌方的，还殃及很多无辜的人，这是战争最不好的地方，造成了很大的破坏，很多基本的东西不能够保全。《孙子兵法》硬是要高难度的求全，即尽可能地保障敌方、我方，还有所有的第三方，甚至就连天地之间的环境都希望保全，尽量少破坏。那要怎么达到这一目的？就得斗智，要做很多选择，不要采取那种造成重大破坏的手段达到目的，这种想法就很有发展性，不只是保全自己，连敌人都保全。保全敌人，敌人的人力物力才可能转为你所用。如果把敌人都杀光，敌人的东西统统破坏光，造成了很大的破坏，既不人道，而且敌占区的资源不能用。即使打赢了这场战争，得到的只是一个破烂的不可收拾的局面。

《谋攻篇》这种把敌人资源转为我方用，直接承袭《作战篇》而来，读《孙子兵法》十三篇，一篇接一篇接榫的地方特别重要，其逻辑思维一环扣一环，因果关系非常明确。敌人的资源不也是资源吗，为什么要把它打烂呢？只要让它屈服，屈人之兵，同样是取得了胜利，其资源一样可以转为你所用，为什么不保全呢？为什么要破坏？先打个稀巴烂，打完再重建，重建的成本不知道有多高。《作战篇》是讲经济的，即资源尽量不要破坏，可持续利用最好，这就是《谋攻篇》的"全胜"思维，有可能一场战争都不打，所有资源都得到保全。要做到全己还要全敌，这一点很难，这个思维可以推广到我们的 21 世纪，当今的自然环境破坏得非常厉害，全胜的目标就是全天全地。打仗对自然环境的破坏很严重，21 世纪不仅要保全我方、保全敌方，还要保全自然环境不受破坏，可持续利用。

全胜思维除了全天全地全人，还可以全鬼神，战争常常可能毁灭一个民族，毁灭一个国家的文化传统、宗教信仰，像破坏庙宇、破坏博物馆，这些都是很造孽的事情。《孙子兵法》提出保全的观念，就是尽量保全一切不要被破坏，不只是保全人，保全天地自然生态环境，还要保全不同国家民族的文化资源。不要因为一场鲁莽的战争把文明破坏掉，文明没有办法重建，假如一场战争把故宫文物摧毁了，怎么重建？那是不是很大的遗憾？像阿富汗的塔利班组织，一炮就把巴米扬大佛打坏，永远都不能重建了，对信佛的人来说，这就种下了仇恨的种子，永远不能解开。用粗暴的武力去破坏人家的信仰，破坏清真寺，破坏庙宇，破坏教堂，都是不齿的行为。《孙子兵法》虽然没有明言保全一切，但是根据前后的逻辑可以推出这些道理，尤其在 21 世纪特别重要，全胜思维，保全的思想，可持续运用的思想，涉及一切天地人鬼神的资源，就像谦卦

（䷎）一样把全胜思想发扬光大。可见，懂得如何"不战而屈人之兵"，有了这样的观念，那真的是功德无量。全胜思维，不仅全己、全人，还全天、全地、全鬼神，这是非常有发展性的思想。这种"不战而屈人之兵"的和平思维，在西方的兵法思维中是没有强调的。

形势虚实

下面连着三篇是精华中的精华，即《形》《势》《虚实》三篇，概括来讲就是形势、虚实。整个《易经》就是在谈形势、虚实，任何事物都是如此，如果有了形，就可以积形成势。这是《孙子兵法》中最精彩的部分，虽然高度抽象，但是非常的具体落实。对任何事物形势的判断，我们应该牢记："形势比人强。""形"在"势"先，《形篇》接着《势篇》，由知道静态的形势之后，才能了解动态的虚实运用。过去读兵法的人都把这三篇当成一组，就如同一个段落，全部都要搞通。不懂形就不可能懂势，不懂形势，就不可能明白虚实的妙用，形势、虚实是一贯的。所有的战略，包括一些最高层的兵法思维，面对形势、虚实之时，都是非常重视的。

迂回相争

第七篇叫《军争篇》，这一篇大概可以看成是《孙子兵法》的前半、后半的分野。前面的都具备了，下面就是**两兵相争或两国相争**，一定有一些必争的资源。为了攻占或防守要害，你死我活都要争夺，要抢先机。

这种非争不可、非到手不可的东西，大家的企图都很明显，最后谁争到，那就要讲究靠什么路线争到。这一篇就讲到迂回路线的重要性，谁先到，谁就占上风，如何确保能够让自己先得到，如何误导敌人要不到，这就是《军争篇》的主旨。

千变万化

再下面其实就进入细节了，我们或者可以说前面谈得都是比较高层次的战略，是大纲要，《军争篇》之后面的五篇（第七到第十二）都是细节。这五篇是古代战场地形、地势的描述，有一些东西在现代来说有点落伍，因为冷兵器的时代是以陆战为主，既没海军也没空军，连水战都是附属的。但是现代战争的形态已经扩及太空，也包括那种看不见的、瞬息万变的网络战，完全是立体的、有形无形相结合的。但是，我们仍然可以从古代的冷兵器时代，归纳出很多重要的原则。当然，整体来说，就是在古代，这五篇的重要性仍然不如前面的篇章。

《军争篇》之后的为《九变篇》，一言以蔽之，就是战场形势千变万化，不一定是九种变化（九是数之极），如何应变，不能拘泥，"不可为典要，唯变所适"。《九变》之后就是《行军篇》，当过兵的人都知道，"行军"讲的是战场的运动，一旦展开运动战，行军的时候就要根据地形地势的变化保持动能。这一篇举了很多的实例，很有趣。

再下面就是《地形篇》，《地形》后面就是《九地篇》，这是最长的那一篇，《九地》后面接《火攻篇》，谈完常规战争之后，谈特殊战争。《地形篇》顾名思义这是限于陆战，地形、地物的辨识特别重要。《九地篇》讲的是在一种极端情境下，几乎是必败，这种最危险的情况有时候反而可以置之死地而后生，激发人拼命的创造力，这就和《易经》中的大过卦（☵）、坎卦（☵）有点类似。"大过"就是非常，那种情况下展现的魄力、勇气，用环境激发出人的潜力，往往可以反败为胜。《火攻篇》描述的更是一种特殊形态的战争，破坏力也特别大的战争。

以上就是《孙子兵法》的基本架构，战争领域中的方方面面，十三篇全部照应到。严格来讲，我们如果活学活用《孙子兵法》的法则，就会发现没有古今中外的差别，商场、情场、官场等各式各样的场合都可以。

第六章 算无遗策
——始计篇第一

扫一扫，进入课程

现在我们开始进入《孙子兵法》的具体内容，第一篇《计篇》和最后一篇《用间篇》，这两篇的篇幅是十三篇中的典型，不长不短，但是这两篇特别重要。我在介绍十三篇的篇章时，就提起其结构的首尾相应，完全像"常（恒）山之蛇"的灵动。

《始计篇》其实本来叫《计篇》，"始计"之"始"应该是北宋时候编《武经七书》，为了使其意思更凸显，才加上的。也就是说，在战争还没开始之前，一定要有全盘的规划和算计，诸如胜算败算、风险利润等，加上一个"始"就更清楚了。古人，尤其在先秦的这些思想家，文辞非常简练，能够一个字讲清楚的，就不必用两个字，《计篇》其实已经很清楚，只是后来在普及化的过程中才成为《始计篇》。

"始计"，开始估计算计、精打细算、知彼知己，算出敌我实力的对比，如同当今的沙盘推演，打仗前把两军交战可能需要的战场平台以堆沙盘的形式进行模拟，在上面插上旗子，代表兵力的部署。这种现象我们在电影中能具体看到，像几十年前的战争中，有所谓的山川地势模型，没有模型，也有山川地貌平面图。不管是陆战，还是海战、空战，甚至网络战，都有战情分析，即按照原先的战争计划实施进行演算、追踪，这就是"始计"。

我们人生也有很多的战役，如重大的投资计划、重要的人生规划，行动之前都要算一算，算了之后，可能放弃，可能加码。估算是针对目标物，即对敌我双方的实力做尽可能客观准确的评估。另外一个就是战场的形势、大环境，周遭的形势，不是只有知己知彼就可以解决问题的，因为敌我都会随着大环境的变动，而出现瞬息万变的变化。形势比人强，周遭的大形势，就像泰极否来、剥极而复一样，都会严重冲击到对战的双方。所以兵法中，除了强调知彼知己之外，还强调知天知地，要知道天地的大环境；用《易经》的话讲就是泰卦（☷☰）和否卦（☰☷），泰极否来的突然变化，一定要了解。我们所有的战争计划中要算到道、天、地、将、法，道理就在这里，不能只估算人这一方面，敌我双方只是人的因素，还有自然环境等因素。

《用间篇》确实是两个字——"用间"，因为间谍要灵活运用，在《用间篇》中就提到有五种间谍的分类。用得好就神乎其神，用得拙劣，那就必须甘拜下风。全在乎人怎么用，会用的化腐朽为神奇，不会用的化神奇为腐朽。用间谍，绝对不是只有一个，有一点类似于现在进行式，永远无所不用其极，随时都有间谍的活动在进行。

不管是《始计篇》还是《用间篇》，用《易经》来说，就是豫卦（☳☷），事情还没开始，一定要预先准备好要做的动作。"用间"的成绩作为"始计"的基础，这是基本常识，不然怎么算呢？只要有了侦测的基础，了解客观的实况，掌握敌情，同时也了解自己的虚实，才可以做行动前的决策。这些都是豫卦的预测、预备。

《用间篇》是《始计篇》的基础，《始计篇》又是开始任何实际行动前的基础。我们都知道，《易经》中的师卦（☷☵）是实战，从战争开始到战后。豫卦是备战，是前置作业，运用好情报系统做准确的预测、预算，根据预测尽量做好周全的预备。"凡事豫则立，不豫则废。"这是《中庸》思患预防的意思。这两篇用豫卦最能够代表，也是非做不可的，如果你预测准确，预备充足，当然就有豫卦的豫乐的结果。豫卦也是强调斗志的卦，《大象传》称"雷出地奋，豫"，用种种的方式，鼓舞士兵的斗志，最好能造成万众一心的局面，在军队组织中绝不可以有三心二意的存在，一定要统一号令，大家有一个共同的目标。豫卦外卦震（☳）是行动，也是领导人登高一呼，靠着其领导魅力、卓越行动力，带动下卦坤（☷）的广土众民（士兵），顺势用柔，顺服其命令。中国兵法有很多明显的是斗智强于斗力，很多人认为中国兵法是一种比较柔道的兵法，而不是硬碰硬的刚道的兵法。像实战的师卦上卦也是坤，所以坤卦顺势用柔的智慧，会影响到广土众民如何在坤的土地上扎深根使叶茂。

豫卦还有"不忒"的概念，这是出现在《彖传》中的"天地以顺动，故日月不过而四时不忒"，意即天地顺着时势而活动，所以日月的运行不会失误，四季的次序也不会偏差。也就是说要零失误，百分之百精确，就好像天体运行一样没有任何误差，一切在轨道当中运行。还有观卦（䷓），也是观测敌情，其《彖传》也强调"不忒"："观天之神道，而四时不忒。"百分之百精确，在兵法中这么高的准确度的确很难，但是至少要百分之七十以上的把握，不管是"始计"还是"用间"，都是如此。

中国斗智六字：计、策、韬、略、谋、猷

《计篇》之"计"，从字形上看，就是"言之十"，一般来说，方位有八方，即东、南、西、北和东北、东南、西南、西北，但还有空间上的上、下，总共十个方向，这才是全方位的。建立理论、进行企划、提出看法、拟定计划，那就是"言"，"言之十"就是全方位的，这才是"计"，周到周全，算无遗策，滴水不漏，有十足的把握，绝对不会漏算哪一面，方方面面俱到。如果只算到十面的一两面，那漏洞太多，就谈不上是"计"了。

前面不加"始"，我们也知道《计篇》的要求是非常严格的，必须十拿九稳、十全十美。"计"字就是中国的智慧韬略之一，在中国斗智的书中，大概经常出现的有六个关键字。第一个就是"计"，《孙子兵法》的《始计篇》《用间篇》就满足这个严格的标准。第二个就是"策"，"计策"二字常常合用，"策"字在《易经》来说，就是用蓍草占卦，一根蓍草就叫一策，策就像"大衍之数"一样的，也是要求"不忒"。策也有鞭策的意思，马鞭也叫策，如果觉得进度慢，拖延了进程，马上就得挥鞭要求，让马

跑快一点，各方面要赶上，照预定的计划策动。跟《易经》和《孙子兵法》关系极为密切的《三十六计》，每一计都要考虑周全。从"瞒天过海"到最后的"走为上计"，都是如此，不然跑不掉，也骗不了任何人。《战国策》这部书，也是说在战国时候那些游说的纵横家留下的很多辉煌的外交谈判、游说上纵横捭阖的业绩，谈判、游说一定要有整套方案，先去见谁，再去见谁，见到了如何打动人家，都要有一套完整的方案，那就叫策；而且执行时，进度要管控，直到最后圆满完成。

还有"韬"和"略"，《六韬》《三略》这两部兵书我们很熟悉。"韬"字左边是"韦"，就是熟而软的牛皮，有弹性，不像皮革是比较坚硬的。韬作为剑囊，是用来装利器的，利器藏在里头，光芒不外露，不形于色，就是外面有一个包装，这就是"韬"。成语"韬光用晦"就是如此，平时收敛低调，有弹性，很难被人看出来。初出茅庐者处事生硬，一下就被人家看破手脚，所以国之利器不可以轻易示人，要把利器锋芒要藏在韬里头。《六韬》这部兵书的名称来由我曾经简单提过。因为太公兵法是以武王伐纣战争为例，武王伐纣强调行动的隐秘性、计划的隐秘性，很多的阴谋诡计一定要隐藏，剑一旦出鞘就要成功，没有出鞘以前，绝对不能让人家有所防范，就要隐匿。所以韬不是堂堂之正的阳谋，而是阴谋。这种以小博大的革命战争，采用的就是"韬"字诀，外面看不出来，内部的人才清楚，像《用间篇》里面就提到严守军事机密的重要性。

《三略》之"略"是大纲的意思，不涉及细节，像建国方略，"略"很重要，不能啰唆，要讲要点，这个功夫非常重要，尤其那种重要人物、高级决策者，哪有那么多时间看你啰里啰唆的。详细的资料只能作为背书，最后给领导人看的可能就只有一张纸，但是要点全在上头。二战中的英国首相丘吉尔就是如此要求下属，在英国几乎快被打垮灭亡的时候，他撑到美国参战，最后胜利。在那种非常繁忙、日理万机的时候，最重要的就是军情，所以他常常要求下属练习在多长时间之内把事情说清楚。跟重大人物面谈，往往只有几分钟时间做简报，如果叽叽歪歪讲半天不入正题，机会就结束了。要言不烦，"易简而天下之理得"，成功就在这里头，"略"的意义就是如此。《三略》这部兵书就是强调要点的重要性，即战略，战略的层次又比战术高，战术可能就涉及很多细节，战略是高瞻远瞩，定大方向的。"略"也有权益的说法。像"略"字，字面上看是各人有各人的田，"田"字就是方格跟方格之间有界限，即利益的划分线，如果侵略，他要到你的田里头来，那就不可以，你就要捍卫这种攻防。所以"略"字有权益分配的关系，划定势力范围很清楚，井水不犯河水，不能乱来，人不犯我，我不犯人。

还有两个字，一个是《孙子兵法》第三篇《谋攻篇》的"谋"，"谋"跟"计"都是言旁，但是不一样，是某之言，一家之言，某一个人提的企划方案、对策决策，大家都没有定案，哪一个方案最好或者综合大家方案之长，才能定出一个最后的定案。以前那些最主要的军师就是所谓的主谋，一些政军的重要决策都要跟这位老兄研究研究，因为他是幕僚头，所有的谋由他主导，整个团体提出来，然后他润饰决定之后再上呈，作为提供决策时的重要参考。不像"计"是各方面都算到了，"谋"则不一定，可能有甲谋、乙谋、丙谋、丁谋，未必是代表全部。另外一个字就是"猷"，"猷"也是一种大的谋划、大的策略，甚至大的治国治军的方案，很有智慧、很全面，也很有深度、广度。

计、策、韬、略、谋、猷这六个字，就是中国兵法智慧中最关键的字眼，值得我们重视。

孙子曰

好，我们进入文本。《计篇》只有三四百字，在文本的开头都说"孙子曰"，这就有点耐人寻味了，《孙子兵法》到底是孙子自己写的还是学生整理编辑的呢？因为《论语》不是孔子写的，到处说"子曰"，就是《易经》的《系辞传》《文言传》也说"子曰"。"子"就是老师，"子曰"就是老师说，就像佛经的"如是我闻"，但佛可没写，只是当时参加法会的人写下来的。"孙子曰"就有意思了，假定文章是孙武写的，他不可能叫自己老师，这是不是他的徒子徒孙根据初稿，经过一些修改，然后锤炼编辑出来的，然后说"孙老师说"？"子"当然也不是只有"老师"的意思了，也是那个时代男子的美称、尊称，"孙子曰"即"孙先生讲"。

但是我们又不完全排除上述两种意思，从文本来看，也可以这么理解，即主要还是孙子自己写的，因为这样的文字才华，辞如珠玉，不是一般人写得出来的，而且思想的东西恐怕也不能完全假手于人，这是天才之作。他自称"孙子"，也不见得不可以，"孙子曰"也是郑重其事的意思，代表别无分号，就是我孙某人特殊的看法，这一讲出来必传千古，绝不是混讲。

兵者，国之大事

> **孙子曰：兵者，国之大事，死生之地，存亡之道，不可不察也。**

"兵者，国之大事，死生之地，存亡之道，不可不察也。"《始计篇》的开篇，没有一个废字，开门见山就谈兵。这个"兵"当然不要落实为战场上的士兵，也不是具体地讲兵器，而是军事学、兵法学，是有关战争的所有学问，也就是英文译本所说的"战争艺术"。

"兵者，国之大事"，军事，是国家大事。《左传》称"国之大事，在祀与戎"，祭祀和战事，是国家重要的事情。祭祀就是为了政权永续和国祚绵长，也是《易经》中震卦（☳）的概念，保住宗庙，祭祀不断，才能够永续经营，代代流传。另外，要捍卫政权，就得面对对内、对外的战争。国之大事就这两件事，政治和军事，军事当然是为政治服务的，没有政治、政权，军事上的攻防就失去了依据。以政领军是必然的，这是本质上就决定的事情。师卦（☷）就讲得很清楚，军事是为政治服务的，战略要服从国家的政略。兵者是国之大事，非常重要，这是不会有任何异议的，从古至今，乃至未来，都是如此。

军事是重要的国家大事，也是"死生之地"，不可轻视，否则就可能灭亡。面临生死存亡的关头，就像《易经》中颐卦（☲）、大过卦（☱）的生死关头，所以要高度、严肃地重视，要好好地做战备，要有捍卫自己国家的实力。关于"死生之地"，其实后面的《行军篇》《地形篇》《九地篇》谈到了大量的战场地形，以及在那种地形下人的特殊心理，里面就有所谓的生地、死地，有的是绝地，几乎九死一生，一旦陷入绝境、死地，就要置之死地而后生。当然，领军作战都是希望要有生地，战胜的机会才比较大。因此，战场的选择、战场地势的考量，就是"死生之地"的权衡。

军事、战争的学问是整个国家的大事，涉及国死、国生的问题，很重要。那么，为什么不讲"生死之地"呢？这不完全只是一个习惯的说法，有过死里求生的经验的人就知道，死比生还重要，公司要倒闭很容易，百年老店在一个大的冲击下会完蛋，所以要重视死，不要怕牺牲，要先练习往最坏处想，有没有可能投资失败，有没有可能灭亡，后果承不承担得起，先想死，再想生，才不会一开始尽往好的方面想，失去应有的警惕性。风险一定要考量，甚至再高估一点都可以。人生不如意事十之八九，先讲死，再讲生，这是必要的。尤其关于军事战争，死很容易，只是一瞬间的事情，所以要特别小心，战战兢兢才能心生警惕。正是因为这样，战国时期造成四十几万赵军被活埋的长平之战的纸上谈兵的赵括，才不会被其父亲欣赏。

谈兵好像在谈艺术品，在谈纯学术的理论，军事是涉及战场上不知道多少家破人亡的事情，不是谈谈就行的，所以要认真看待。先强调死，再强调生，《易经》的《系辞传》也是如此，关于死生之说，它说："原始反终，故知死生之说。精气为物，游魂为变，是故知鬼神之情状。"先讲死，再讲生，这才比较务实。如果把死参透了，把可能的挫败都参透了，做好了心理准备，就不会一蹶不振，而是努力寻找生机。如果一开始都想顺利成功，忽略了可能死的重大风险，一旦遇到风险，就无法承受，下面一塌糊涂，光是造成的心理挫折就让人生不如死。

"存亡之道，不可不察也"，"存亡之道"比较容易理解，死生和存亡差太多，都是大事，绝对不是小事。当然，严格讲，死生与存亡还有差别，肉身的毁灭及存续为死生，而精神性的薪尽火传、永恒永续为存亡。《易经》中的颐、大过二卦是生死，只是肉体而已，坎（☵）、离（☲）二卦则为存亡，影响更大。"存"字，从字形来看，是所有的资源都足以影响到后代子孙，不只是现在，而现在的"在"就是所有资源的影响仅限于当下这一块土。

存、亡相对，生、死相对，《老子》云："死而不亡者寿。"真正的长寿是肉身虽然死了，但精神的力量永远没有毁灭，永远还存在，这才叫长寿。"死而不亡"，如果"死"等于"亡"，这句话就变得荒谬了。我们通常考虑的生存不只是考虑肉身，还要考虑精神性的，要考虑长期造成的对后代的影响。

"不可不察"，明察秋毫的察，观察、洞察的意思，在中国古代经典中，"察"字是高度精密的。最粗浅的曰"视"，视力好不好、视野如何等；深一点曰"观"，这就要用心，要看得很透；再深刻一点就是"察"，要缜密分析。视、观、察三部曲，在《论语》中孔子就说："视其所以，观其所由，察其所安；人焉廋哉？人焉廋哉？"第一步"视其所以"，用视的功夫看明白他现在做的事；第二个"观其所由"，用观的功夫看清楚他过去的所作所为；第三步"察其所安"，还要深入追踪，用"察"的功夫看仔细,看他的心态安于什么状况。这样一来,整件事情的来龙去脉可以一清二楚,就像镜头一样由粗略到精细,尤其对一些比较错综复杂的事情,一步一步推进,视、观、察深入审看,一个人还能有什么隐藏的呢?"不可不察",就说明要看得很细、很透、很深入,肤浅、浮躁都不可以。

道、天、地、将、法

> 故经之以五,校之以计,而索其情:一曰道,二曰天,三曰地,四曰将,五曰法。

下面就是根据观察、洞察建立的兵学体系:"故经之以五,校之以计,而索其情:一曰道,二曰天,三曰地,四曰将,五曰法。""道、天、地、将、法",一出来就是五项,跟阴阳五行类似的结构,多多少少跟中国文化喜欢讲"五"有关,在《用间篇》中,间谍也是五间。

这五项的提出,各方面都考虑到了。道、天、地、将、法是所有的计之中最根本的,后来有一个专有名词"五事",所以有的版本在"故经之以五"后面加了一个"事"字,当然也可能就是"经之以五事",精简的版本把"事"拿掉了。"经"就是经常性的项目,是常道,而且最重要,孙子列出来五项。"校"就是审校,要求精密,"校之以计",就说明不能有任何错。"经之以五,校之以计",光这个还不行,不够细,有一些还要量化,就有了后面的"七计","七计"其实就是"五事",一点也没有脱离,如果"七计"脱离了"五事","五事"还叫经吗?

"经之以五",五个最重要的项目,事关要不要发动战争,战争到底可不可以进行,需要"校之以计",还有细节的计算,必须做这样严密的功夫。"而索其情","而"是能够，才能了解敌情，了解自己这方面的实情，这是不能有任何欺骗性的数据的。像现在有很多的报表欺上瞒下，就是欺骗，是对公司和机构极不负责的表现。作为一个决策者，一定要有最客观、最真实的资料，不能多报、虚报。20世纪二三十年代军阀混战时期，有时一个师经过战争恐怕没剩多少人，但是为了吃空饷，有些人还是把死亡人员列在名册上，以便多拿军饷。所以不能太迷信报表，看报表都要练习一种眼力，能够看出假象来。"索"就告诉我们，要了解事情的真实性没有那么容易，要探索，就得像绳索一样曲求，而不是直求。一伸手就能得到是不可能的，得不到，就要探索，要旁敲侧击，要迂回印证。五事、七计所提出来的基本项，目的就是为了能够了解真实的状况，彼此的实力如何，敌情如何，需要严谨、认真的态度。

哪五个基本项呢？道、天、地、将、法。最重要的是道，然后是自然环境，就是天时、地利，然后才是人和，就是有没有将才，指挥官很重要，兵随将转，像鸿海富士康这种彪悍的企业，领导人决定的成败大概七成以上。将领的个性、风格，其成功失败可能都跟这个有关，这是必然的。尤其是创业者，更是如此。所以"将"太重要了。孙子谈人，第一个就谈"将"，其前面谈的是自然环境，合起来就是孟子所说的天时、地利、人和。比天地还高的当然就像老子所说的道，这是最高的真理，不管是哪一个领域，包括军事斗争，都得合乎道。我前面所讲的全胜，其实还不是最高，最高的是"道胜"，即站在正义的一方，合情合理，得到了全面支持，那样的力量就大，因为"得道者多助，失道者寡助"。

道是最高的，然后才是天、地，就像乾卦《彖传》所说的"大哉乾元，万物资始"，"乾元"就是道，"乃统天"。为什么要打仗，就要看它合不合乎道。如果这一关过了，才可以考虑天时地利如何，国际环境如何，国内环境如何，战场环境如何，然后谁主打，那就是将才的选择。

一旦具备，就是具体的军事行动了。战争很残酷，千千万万的人随时可能牺牲，贪生怕死的人是不会干这种事的，所以军法是非常严格的，这就是"法"。值得注意的是，"将"在"法"上，领导者的人格魅力很重要，有没有将才，比好的法还重要，有时平庸的将领和杰出卓越的将领相比，即使他们的法完全一样，结果完全不同。

法通常都是铁面无情，就像军令如山，同时也涉及后勤、部队编制、军事组织的问题。像富士康曾被批评为血汗工厂，至于真实的状况是否如此，我们可以肯定它的经营绝对不是一个好的氛围，虽然不是血汗工厂，但肯定是"压力锅"。郭台铭很像中国传统的法家，有一套领导统驭的法术，然后是最严酷的管理，所以即使工厂的福利好，像有游泳池等，但员工压力很大，没有时间游。企业的绩效就是压力大来的，郭的经营风格就像《易经》中的颐卦（䷚）第四爻所讲的"颠颐，吉，虎视眈眈，其欲逐逐，无咎"，像老虎一样能追逐利益，而且无咎，除非这样的生态彻底崩毁，否则是动不了他的。他这种优势的存在，就是丛林中的老虎，依靠无情的军事管理手段。

上下一心

道者，令民与上同意也，故可与之死，可与之生，而不诡也。

"道者，令民与上同意也"，道义就是使民众与君上的主张相通。要知道老百姓不见得都同意打仗的，上面的人种种的作为，下面的人不一定同意。一人一张口，很多人有很多不同的想法，而反对派又有其个人的利益。但是，战争如果合乎道，能够说服人，是所谓的正义之战，不是无理取闹或者穷兵黩武,那就会得道多助,有办法借着道义的力量,让那些原先不同意的老百姓最后都同意,这就是"令民与上同意"。

  同意就可以通过决策机构授权,像二战时"珍珠港事变"发生,美国本土同仇敌忾,当时的总统罗斯福就可以因此对日宣战。如果民没有与上同意,就代表道还有问题,为何而战、为谁而战都不合乎道,说服不了人。换句话说,"令"字对一个领导人来说很重要,本来下面的人不是都同意的,很勉强,就要想办法操作,制造舆论或者自己调整策略说服下面的人,站在同一条战线上。内部一定要统一意见,因为这是国之大事,战争虽然带有强制性,如果没有赢得大多数人同意,强制就会很成问题。

  所以"道"讲得很实际,不像老子说的惚惚恍恍、恍恍惚惚,或者如"道,可道,非常道"。这是军事领域,有"民"就有"上",上面想打,下面不见得想打。"令民与上同意",上下一心,这是第一关要过的。战争合不合理?为何而战?为谁而战?还有没有别的解决方式?这些都要考虑。

  "可与之死,可与之生,而不诡也",这一句有两个版本,后面的"而不诡也"有作"而不畏危也"的,其实大致的意思差不多。这一句的前提是,要出生入死,如果民众不同意,不赞同战争,那么这场战争是不义之战,"民"怎么会跟"上"一起去死、一起去生呢?所以先要"令民",先要说服他,他就不怕危险了。

  "而不诡"作何解呢?"不诡"即不会开小差,绝对忠诚执行战争的任务。因为由衷同意这仗非打不可,这仗是正义之战,是有道之战,师出有名。不管是"不畏危"——不怕战争的危险,或者是"不诡"——不搞怪,不会表里不一,这两者的意义是通的。总之,就是先要把内部力量和意志统合在一起,决定之后,绝不能有第二个意见,道的力量才可以发挥大用。

天时地利

天者，阴阳、寒暑、时制也。地者，远近、险易、广狭、死生也。

"天者，阴阳、寒暑、时制也"，天就是阴阳寒暑时令，阴阳寒暑因地因时不同，当然要重视。有的地方是寒地作战，装备不同，训练也不同，而且能不能打都不知道，冬天有的地方根本就不能打；有的地方是热地，士兵根本就不能长时间进行军事活动。"时制"这两个字说得很准确，及时控制一切、决定一切。

学过《易经》的就知道，宇宙间主宰的力量就是时，此一时彼一时，时机最重要。不管是阴时、阳时、寒时、暑时或者是什么时，世界环境如何，士气如何，还有自然环境如何，"时"所涵盖的一切天时的变化决定一切。有时候会完全地限制一个人，只有在这种制约的条件下才能进行，不然老天爷都不配合。像二战时的"诺曼底登陆战"就是"时制"，这是有史以来最大的一个登陆战，各方面的配合很到位，才不至于付出很大牺牲。不同的时，不同的恶劣气候环境下，牺牲成败绝对不一样。照《三国演义》中的说法，诸葛亮火烧连环船是借了东风，其实是孔明兄根据天象算到届时有东风，才采用火攻。如果没有东风，就不能用火攻，要知道火不会认识敌方、我方，自然气象的影响人人均等。

既然一切为时所节制、制约，这个条件当然要考虑，时不可为，花更大的资源成本也不可为。时如果可为，就可以好风凭借力，送你上青云。

"地者，高下、远近、险易、广狭、死生也"，"高下"比较易懂，有的地势比较高，有的处在低洼。"远近"，是远是近，涉及作战，包括行军的速度、远的目标、近的目标，近期的是要达成的，远期的是要准备的，这都是"地"必须考虑的因素，要算计进去的。如果一个目标很重要，可是实在离你太远了，可能要放弃，因为来不及，敌人会比你先到。远水解不了近火，只有远交近攻，这才是远近的灵活运用。在战国的时候，山东的齐国和陕西的秦国不接壤，它要加入六国一起去打秦国，就觉得不合算，因为其余五国都跟秦国接壤，就算把秦国灭亡了，它根本就没有可直接管辖的土地。

所以远近的因素、相对的关系，当然要考虑。震卦（☳）中说"惊远而惧迩"，在远处放一个炮，目标是要把旁边的人吓住，这都是远近关系的地理运用。

"险易"，平坦的地形和险峻的地形，都有不同的规划。"广狭"，像一个袋口的阵地和一个谷口的阵地，进的地方非常窄，一夫当关，万夫莫开。如果正面很宽，可能就挡不住，不好防守，这就是广狭的关系。如果是商战，市场是广还是狭，都很重要。如果过分饱和，剩下的空间就很狭窄，如果时间来不及或者勉强挤进去，市场占有率就很少，也要考虑。像以前的蜀国，蜀道难，很窄狭的地方就可以苟延残喘；如果是平原，四面受敌就很难防守，这是地域广狭的问题。还有涉及一些人的习惯问题，有人他总觉得要比较大的战场、平台玩起来比较过瘾，蝇头小利他不要，宁愿把战场搞得很大，他才有兴趣，这也涉及广狭。广有广的打法，狭有狭的打法。

还有生地、死地。死地就是置之死地而后生，使得死地变成生地。生地则贪于安逸，掉以轻心就会变成死地。

《易经》讲的一阴一阳会互相转化，和高下、远近、险易、广狭、死生都一样，客观的距离可能离得很远，可是能够把关系套得超近，就会使远亲像近邻一样。

将才与管理

将者，智、信、仁、勇、严也。法者，曲制、官道、主用也。

"将者，智、信、仁、勇、严也"，"智"第一，"勇"第四，"信"即威信，要孚众望，言出必行，信赏必罚才好管理。"仁"即要有爱心，要视卒如爱子、如婴儿。吴起做将军时，和最下层的士卒同衣同食。睡觉时不铺席子，行军时不骑马坐车，亲自背干粮，和士卒共担劳苦。士卒中有人生疮，吴起就用嘴为他吸脓。这个士卒的母亲知道这事后大哭起来。别人说："你儿子是个士卒，而将军亲自为他吸取疮上的脓，你为什么还要哭呢？"母亲说："不是这样。往年吴公为他父亲吸过疮上的脓，他父亲作战时就一往无前地拼命，所以就战死了。现在吴公又为我儿子吸疮上的脓，我不知他又将死到哪里了，所以我哭。"这个有名的故事记载于《史记·吴起列传》中，这就是仁，长官不爱护部属，就不会有任何战力。广义来讲，仁是核心的创造力，才有竞争力。

关于"严"，一般人会说是严格，军事管理很严格，这是没错。但是要先从管理自己开始，严于律己，《易经》中的家人卦（☲）就说"家人有严君焉"。要刮别人胡子之前，先得刮自己胡子，不然怎么能够带得动人呢？可见，所谓的"严"要率先垂范，士卒没有吃饱饭，你就不能开小灶，要一视同仁，才能使整个纪律严明。

"智、信、仁、勇、严"，一般来说，很多的将领是没有办法完全做到的，通常很难赢得部下的尊重，想打胜仗就很难了。

"法者，曲制、官道、主用也"，这是讲管理办法。"曲制"，即部队编制，也就是部曲，部队的编制有一套管理办法。"官道"，就是人事的升迁，将、校、尉、士官等所有的人事管理，各种部队组织的编制。"主用"

是讲后勤补给，后勤管理也是非常重要的学问，第二篇《作战篇》几乎专门在谈这个。这就是法，整个战斗组织的管理办法，编制、人事、粮草辎重全部在内。

知之者胜

凡此五者，将莫不闻，知之者胜，不知者不胜。

前面把五个经常性的基本项目——"道、天、地、将、法"，做了一个说明，简单明了。特别凸显的是"人"，"法"是整套的组织编制管理办法，是人定出来的，道、天、地，还要看排第四的将（人）怎样体察、辨认，去灵活运用。然后有很多的工具，就是"法"。

最后就是总结了："凡此五者，将莫不闻，知之者胜，不知者不胜。""道、天、地、将、法"这五事，凡是自诩为将才的将领，没有人没听说过，没有人不懂得。"闻"不只是听一听而已，而是听了、学了，有一定的心得和看法，要闻一知二、闻一知十。"道、天、地、将、法"是为将者需要掌握的经常性的项目，任何战争不可能脱离这五个基本需要考虑的因素。这五者其实很多人都听过，没什么新鲜，但是理解的深浅高下，决定胜与不胜。真正懂得的人才能胜，马马虎虎、一知半解的人就不能胜。"知"在《孙子兵法》里面比"闻"更深入，代表了解得很透彻。"知之者胜"，透彻了解的人，打仗就会胜。虽然也听过"道、天、地、将、法"，但是不真正了解，而是人云亦云，下的功夫也不深，运用掌握起来就不灵活，那么想胜都难。

"知之者胜，不知者不胜"，就这么简单。有些人运用得很巧妙，因为够深入、够全面，做到了透彻的掌握，这就叫"知"。《孙子兵法》六千字，"知"字出现多次，由知识而智慧，甚至探讨到最根本的良知良能，统统在里头。了解得深入不深入，运用得自如不自如，决定着最后的胜负。不是说读过、学过，晓得一些基本道理，就可以赢的。还要看下的功夫有多深，了解的程度有多少。

校之以计，而索其情

> 故校之以计，而索其情，曰：主孰有道？将孰有能？天地孰得？法令孰行？兵众孰强？士卒孰练？赏罚孰明？吾以此知胜负矣。

下面谈到更具体的了，不光是谈五个基本大原则。

"故校之以计"，重复的校验，不能出错。"校"也有比较、较量的意思，敌我双方的比较，方方面面都得算到，像做财务的，就得巨细靡遗，绝对不能误算。"而索其情"，这样才能够掌握真实的情况。这里可谓是千叮咛万嘱咐，"校之以计，而索其情"就出现两次。可见，落实得更细密一点，是必要的。古人一般写文章是不希望重复的，但是这里的重复就代表重要，有其必要，而且刚好是从前面基本的"五事"转到更具体的"七计"。真想了解实情，那就得下尽探索的功夫，该比较的都得比较，不要马马虎虎。

接下来就是七计的内容了，完全是问卷的形式："主孰有道？将孰有能？天地孰得……""孰"到底是谁，是敌方还是我方？每一个项目比较比较，最好记分，看最后总分谁高。哪几个项目自己占优势的，哪几个项目不如敌人。"主孰有道？将孰有能？天地孰得？法令孰行？兵众孰强？士卒孰练？赏罚孰明？"这就是较量表，也就是所谓的"七计"，该算的都算到。这比"五事"具体多了，"道、天、地、将、法"，一个字就包罗万象；而"七计"就用列举法，比较具体。

第一个要比较的项目就是"主孰有道"，即要考虑两边的政治领导人谁占据道德的高度，战争合理，师出有名。国家之间发生战争，谁是有道之君？这是第一个要比较的项目。例如二战的时候，"主孰有道？"几个主要参战的大国，斯大林、丘吉尔、罗斯福、希特勒，这四个主角"孰有道"？大大小小的战役，首先就要想这个。国家政治比较上轨道、比较得民心，这个国家的领袖就是"有道"。哪一些是侵略成性的或者是残暴成性的，在"有道"上面，领导人的分数就不会高。把"道"归到国君或最高领导人上面，就比光谈"道"实际得多，而且"道"本来就是"令民与上同意"。"主孰有道"，先比第一人，先比政治，因为政治决定军事。

如果真要打仗了，那就要考虑第二个："将孰有能？"双方的将领谁是比较能干的？这里偏重于将领的能耐、能干，"主孰有道"是偏重贤，是最高领导人需要具备的。"能"是军事专家的专业水平。谁比较强？麦克阿瑟、蒙哥马利、朱可夫、山本五十六，这些将才，在二战的时候确实也是风云际会，各国的名将非常多。像三国时候也是一样，曹、刘、孙"孰有道"？下面就是"孰有能"？这些基本分数都得落实，不能谈虚的，不能谈形而上的，都要设计出一些指标。

"天地孰得？"谁占尽天时地利？天时地利的大环境对哪一边比较有利，得天就独厚。客观的自然环境，整个形势谁占优，先就占了便宜。蒙古的铁骑征服天下，就征服不了小日本，因为日本地处复杂的海洋环境，"得天"，总是有"神风"来相助，把载有蒙古十万大军的战船统统吹翻，最后只好放弃。法国的拿破仑与德国的希特勒率部攻打俄国或苏联，都因西伯利亚的严寒兵败垂成，俄国（苏联）既得地，也

第六章　算无遗策——始计篇第一 | 069

得天，不用动刀枪，严酷的自然环境就可以收拾入侵者。"天地孰得？"这就是整个的战略形势，现在当然更复杂了，不只是陆海空，还包括太空、网络战。但是再怎么新颖的战争形态还是不能脱离兵法的基本原则。

"法令孰行？"不是说法同虚设，立了法，就得言出必行，这样就有力量，人就不敢轻易违法乱纪，组织的战力就能带动。法令在于行，有一些人不当回事，形同虚设，还是一团混乱。法令只有贯彻实行才有力道，虽然有时得罪人，但力量的强大可以令人立于不败之地。

"兵众孰强？士卒孰练？"前者比较偏于先天因素，像拼体力，东方人跟西方人比，就有一点吃亏。春秋战国时，那些纵横家分析各国的军队就很到位，不同国家的民众，因风土人情不同，士兵的凝聚力和战力个个不同。后者偏于勤能补拙，士兵本来没有那么强，但是严格的训练，可以让他的战力得到提升，成为精锐之士，可见训练很重要。士卒有没有好好操练，操练到像呼吸一样自然精致，这就是借着后天的严格训练提升战力。这又是一个比较了，是先天和后天的比较。如果兵众先天能力强，但是完全荒废训练，那么其战力也是要打折扣的。不要讲兵法是万人敌，就是一人敌也是一样，拳不离手，曲不离口，需要天天练，天天练的一定超过老师。练很重要，士卒训练到一定程度高下就分开了，所以兵众先天既强，后天又严格训练，当然就更强。

"赏罚孰明？"赏罚分明是最基本的原理，绝没有任何例外。这是强调法。

我们再回过头来看"七计"，有脱离"五事"吗？根本就没有。"天地孰得"就是"天、地"；"将孰有能"，就是"将"；"主孰有道"，就是把"道"更具体化表现在政治领袖，以及他代表的国家政治得不得人心上；"法令孰行、赏罚孰明"，从"法"衍生出来；"兵众孰强、士卒孰练"也要看"将"怎么琢磨。"七计"涉及的都是贯彻落实的问题，其实就是"五事"的具体衍化。也就是说，照着五个基本要素，根据所有的情报资料比较比较，看看最后有没有胜算，这样才能了解实情。

"吾以此知胜负矣"，这时孙子就拍胸脯了，只要这基本资料都有，五事化为七计都衡量过了，就可以知道谁赢谁输了。训练的状况、法令的贯彻、赏罚的严明，就如同《易经》中的师卦（䷆）最后一爻"大君有命，开国承家，小人勿用"，师卦的第一爻"师出以律，否臧凶"，就强调基层的兵众纪律非常重要。当然，这些只是军事的领域，凡是一个有战斗性的组织，胜负乃生死大事，不可自欺欺人。从"主孰有道、将孰有能"一直比较下去，得到最有用的基本分析。

将听吾计

将听吾计，用之必胜，留之；将不听吾计，用之必败，去之。

"将听吾计，用之必胜，留之"，"吾"是指国君、君主，"将"指考虑要不要用的大将。《兵法》十三篇是献给吴王的，其实就是孙武的自荐。要说服领导人，并委以重任，双方绝对不可以在基本的战略上有大出入，一开始就得谈好，要有共识，千万不要勉强。作为大将，应该站在君主的立场、政治领袖的立场，像吴起到魏文侯处谋职，孙武到吴王阖闾处谋职，就要替国君设想，国君的雄图大略要通过有将才的人来完成，尤其是战国时代。所以在大的方案上双方绝对不可以有太大的出入。如果国君对大将的才能表示首肯，甚至认为大将执行自己的大略可以达成目标，这就是"听吾计"。

计是大计，不是细节，而是目标管理。像三年消除边患，五年征服邻国，七年统一天下，这就是目标。作为一个将领，要实现国君的构想，必须要有共识，办不到就不要勉强。如果"将听吾计"，那么"用之必胜"，因为有共识，双方都是这个想法，等于是不谋而合，这样就可以和衷共济。为了大计，将听君主的，不会自作主张，那么"用之必胜"，就"留之"，留下来委以重任。

"将不听吾计，用之必败，去之。""将不听吾计"，是指有些将领不知道军事是为政治服务的，不依国君的企图和规划为目标，总是自己另行一套，这样的将领"用之必败"。如果还勉强用他，他完全不按照既定的方案行事，国君心里也不爽，久而久之，甚至不要很久，一定出问题。所以，要找人才完成大计，听信不听信、赞同不赞同你的主张，这是第一关。如果不听从的，用起来一定会出问题，那只好"去之"，不要用。

"将听吾计，用之必胜，留之。将不听吾计，用之必败，去之。"在《计篇第一》，孙子就为国君设想，提出一个标准，即国君和大将绝对要一条心，在大形势上要有共同的看法，在基本国策上，大将要以国君为重，以后不管发生什么样的惊天动地的变化，基本的路线不要动摇。诸葛亮对刘备就是如此，隆中对策中，提出天下三分，刘备基本上同意，同意以后，大家就按照这个执行。但是最后刘备因痛失关羽，以致破坏规矩，向东吴开战，这样的感情用事，就破坏了当初定下来的大计。诸葛亮只有"鞠躬尽瘁，死而后已"，因为老板可以破坏大计，臣子不可以破坏大计，而且不能对国君有意见，不要勉强，不要心里有疙瘩，只有照做。这在现代的用人上也是一样。

有时候即使"将在外，君命有所不受"，要是其基本意图和国君的想法有出入，国君不会视而不见。要么说服大将改变主意，要是不能说服，那就临阵换将。因为这是大事，"将听吾计，用之必胜，留之。将不听吾计，用之必败，去之。"这就是兵家冷静的性格，绝不感情用事。

因利而制权

计利以听，乃为之势，以佐其外。势者，因利而制权也。

"计利以听"，如果你们投契，有共通的愿景，谈得很高兴，大家认为这个计有机会取胜，是有利可图的，那么这是一个好计。"以听"，这一大战略他愿意听从。如此一来，君、将一拍即合，如鱼得水，水乳交融，政治的高瞻远瞩和军事上的运筹帷幄就可以落实执行。这就是《易经》中常讲的相应与，就像一个卦的"九五"和"六二"的关系，中正相应与，简直就是天作之合。

"乃为之势"，这时就要造势了，而且君王要利用自己掌握的雄厚资源，帮大将造势，要协助、支持他。他既然可以帮你执行，使策略付诸实施，你就要调度一切尽可能的资源来帮他造势，树立其威信，让一些嫉妒的人不要捣蛋。一般来说，新官上任，比如说"空降"到地方的，下面的人可能会不服。当然，要降服那帮地头蛇，也要看他的本事。但是作为国君，也要尽可能地协助自己派下去的人树立威信开展工作，执行自己的方针政策。换句话说，这个人用了之后，你不能不管，要盯、要看，看他能不能服众，尽量帮他排除障碍，帮他在外面造势，让他依计行事，迅速进入最佳的状态。"以佐其外"，除了从内部调度资源尽量帮忙之外，还要从外帮忙，在外面帮他疏通关节，打好招呼，或者交代一些老臣不要杯葛，不要扯后腿。可见，"乃为之势，以佐其外"是为了加强大将的威信，让他好办事。

关于"势"，是指造势、形势、权势、势力。严格讲，形和势不是一个概念，在《易经》中，乾卦讲形，坤卦讲势，先有乾才成坤，先有形才有势，积形造势。"计利以听，乃为之势，以佐其外"，接下来孙子给

"势"下了一个定义，这个定义很到位。到底什么叫势呢？"势者，因利而制权也"。

换句话说，事在人为，利是比较正面的优越的因素，有利，就要懂得因应。因为利存在，就要懂得巧妙运用，然后把它扩大运用的效果，"因利而制权"，能制出权变无方的灵活应对的方式。势在不断地变化，对策也要不断地变化，这就是权。《易经》中的巽卦（☴），作为忧患九卦第一卦，就讲到"权"，权变、权宜的措施，就像孔子说的"可与共学，未可与适道；可与适道，未可与立；可与立，未可与权"，权是最高的境界。也就是说，势是活的，不是死的。要获利，一定要造势，要善用形势，即"制权"。巽卦被称为"德之制"，巽也是权，这也是"因利而制权"，就看你怎么活用，怎么体察"势"，因时制宜，因地制宜，因利制权。此一时也，彼一时也，在那时认为有利，马上跟着调整，结果获利，等到下一回合，环境又变了，再调整，如此机动灵活，然后又取得了最高的效益。"因利而制权"，绝对不是死板、一成不变，势灵活得不得了。君王要帮助大将，光是"佐其外"的造势就灵活得不得了。

兵者，诡道也

兵者，诡道也。故能而示之不能，用而示之不用，近而示之远，远而示之近。利而诱之，乱而取之，实而备之，强而避之，怒而挠之，卑而骄之，佚而劳之，亲而离之，攻其无备，出其不意。此兵家之胜，不可先传也。

"兵者，诡道也"，"五事、七计"谈完了，下面就谈"十二诡"。这里的"十二"并非特定，数字是多少没有关系，不像"五事"不容易加加减减的，"七计"要加加减减，细分具体比较的项目，但也不是很困难，所以不要执着于数字，因为"诡"本身就是机变无方，只是作者刚好举了十二项例子。后面的"攻其无备，出其不意"，有人加进来称为"十四诡"，其实"四十诡"都可以，"千万诡"也无妨，毕竟"诡"完全是见招拆招、机变灵活的。"兵者，诡道也"，这一句话在春秋末期讲出来，也告诉人们战国时代快来了，跟《司马法》所处的时代，以及前代的战争已经不大一样了。

战国时代要斗智，兵不厌诈是家常便饭。在《易经》中，讲究兵机韬略的师卦（䷆），绝对找不到诚信的"孚"字，"兵以诈立"，这是孙子在当时的时代风气中体察到时代的变化，绝对不像宋襄公那样等待对方过河，排好阵势，最后送死。时代风气转了，因应时代需要，必须要做相应的调整。像美国的西部片，刚开始时两个人背对背，走十步回头拔枪，再扣扳机，这是一个时代，到后来就不是按照这一套了，有人走了九步就回头拔枪射击的。要是老老实实就会吃亏。以前的堂堂之阵，到现在不是了，现在要兵不厌诈。对敌人讲诚信，那是对自己残忍，道理就这么简单，但是敢这么明目张胆讲出来，只能在春秋末年，即使在末年，讲出来都有道德争议的。

"兵者，诡道也"，兵法的本质就是诡道，不骗才奇怪。虚虚实实的战场，就是如此，不然绑住手脚怎么打？下面就举例了，告诉大家实战的经验或者从战史中综合出来的经验。兵者是诡道，《用间篇》就是诡道中的诡道，间谍战更诡诈，它是没有硝烟的战争，军事行动要靠枪杆子，间谍的战争被称为刀把子，白刀子进，红刀子出，更是阴谋诡诈到极点，隐秘到一般人不会发现，但它常常是决定一场大规模战争胜负的关键。

"故能而示之不能，用而示之不用，近而示之远，远而示之近"，高下、远近、险易、广狭、死生等，都是虚虚实实。给敌人看到的，大部分不是真的。要误导敌人，就得要点儿招数，不能老老实实。"能而示之不能"，指明明有实力，要装孬种，扮猪吃老虎，这样的示弱才能吸引人家上钩，目的就是为了诱敌。

"用而示之不用"，即用兵时，什么地方投入何种兵力，外面显现出来的形态好像是你绝对不会动用这些兵力，其实眼角余光早就盯住了那里。为了欺敌，表现出来的是"不用"，用人、用物、用资源、用财，统统在内，用兵就有假象，像《易经》中的噬嗑卦（䷔），其另外一面就是包装的假象，也就是综卦贲卦（䷕），扔出一颗烟幕弹再说。

"近而示之远，远而示之近"，远近运用得好，也是高手。运用巧妙的大将，可以改善客观的远近。明明想要打近处，摆出一副好像要打远处的样子，这样敌方的近处就没了先前严密的防备。"远而示之近"是一样的道理。总之，前面四句是显现的表象，和实际的企图不同。这是利用假象。

"利而诱之"，如果要调度敌人，一定要给他一块肥肉，利诱其上钩，等到一上钩，其重心失去，弱点暴露，就可以出手。要利诱，一定要有一个东西吸引对方的注意力，否则就找不到出手的机会了。

"乱而取之"，让对方阵脚大乱，心里乱，就像绑票一样，"夺其所爱"，使其方寸大乱，趁乱就可以取胜。如果敌方不动如山，一直保持很严谨的状态，你就没有什么机会出手。所以先要把它搞乱，然后从中找取胜的机会，这也是诡道。战争就是如此，明明陷入劣势，陷入劣势就像下围棋一样，看起来大局不利，没有了机会，这时就要拼命搞一些怪招，把对方看似很稳定的形势给搞乱，等到对方阵脚、方寸已乱，稍微应对不当，就可能翻盘。下棋开始赢的人一直领先，总是希望一直领先到终场，始终让事情化繁为简，离输局不远的人，希望环境搞得越乱越好，如果对方搞得心烦意乱，就有可能出错，出错之后你才可能有翻盘的机会。让局面由简单变复杂化，对方就可能犯错，原先胜算的一方希望什么事情都简单明了，这样最适宜"乱而取之"。

"实而备之"，如果发现敌人真的很有实力，那就要防备。对方出现混乱的时候可以下手，如果对方始终是坚实的，无虚可乘，就要采取防备的手段，以防对方下手。"强而避之"，如果对方真的比我方强很多，那就最好避开。实力太强，没有机会下手，不要主动惹对方。这都是很客观、务实的描述，对方实就备之，对方强就避之，不要用鸡蛋去碰铁球。

"怒而挠之"，想办法激怒敌人，让其心绪不平稳。如果不是明君、良将，一旦激怒就容易生气，生气就有可能判断错误，你就达到破坏的目的了。所以面对这样的情况，绝对不要被激怒以致上当，明君、良将都是负重大领导责任的人，一定要管控自己的情绪，绝不可以随便生气。作为我方，我们想办法激怒敌人，让其失去冷静的思考，我们就可以使其思想挠曲，让他不那么难对付，有机会挫败他。可见，急怒攻心，气急败坏，都可以给我们制造机会。这就是情绪战、心理战。

"卑而骄之"，自己装着很卑微，就可以助养敌方的骄气。这样的战例自古以来也多得很。我方本来没有那么卑下，只是自己压低而已，敌方本来也没有那么高明，但是一骄傲，就会自以为高。其实，双方的差距哪有那么大？借着这样的形势消长，对方一骄傲就容易出事情，这就是我们常说的"骄兵必败"。这种策略就是自己先卑，才能让对方骄，卑也就是《易经》中谦卦（☷）的概念，即谦卑。尊对方，卑我们自己，可以养对方的骄气，达到毁灭对方的目的。老子云："将欲歙之，必固张之；将欲弱之，必固强之；将欲废之，必固举之；将欲取之，必固与之。是谓微明。柔弱胜刚强。鱼不可脱于渊，国之利器不可以示人。"意思是：将要收敛它，必须暂且扩张它；将要削弱它，必须暂且强化它；将要废弃它，必须暂且抬举它；将要夺取它，必须暂且给予它。这叫作微妙的启明。柔弱胜过刚强。鱼不可以离开深渊，国家的有力武器不可以向人炫耀。前面的"将欲"都是假动作，让真实的差距夸张，借着"消"与"息"调整自己，养对方的骄气，对他故意示以卑微。就像谦卦最后赢得完整胜利，天地人鬼神都搞不过"谦卑"。千万不要学丰卦（☳）的自大，骄傲必败，以致"亢龙有悔"。老子还云："以其不争，故天下莫能与之争。"海水是最低的，河川高高在上，但是到最后统统被海吸纳了。这就是不争，最后反而没有谁能争得过他。不过，"卑而骄之"针对的是浮躁的敌人，如果说对手始终心平气和，这就很难斗。对于不动如山的人，就要想尽一切办法搅乱其常态，用各种方法找其弱点，给自己创造机会。

"佚而劳之"，"佚"就是安逸，如果对方太安逸了，就想办法制造干扰，让其疲于奔命。前面所谓的"将有五危"就是如此，在官场中，有的人以清廉自负，那就用清廉做文章，捏造其贪污的罪名，让他惹上官非。就像马英九当年参选台湾地区领导人一样，民进党利用"特别机要费"使马惹上官司，无心竞选。虽然有惊无险，但是那些官司纠缠就够人受的了。成语"以逸待劳"，就是要给对方制造疲劳。如果对方安逸得很，那就让他晚上没有时间睡觉，一夜数惊，制造小纷扰，使其神经过敏，精神紧张。"佚而劳之"的目的就是要制造纷扰，不让人安闲、从容，使自己获得机会。

"亲而离之"，对方亲密的人际关系，要想办法离间。还有对方高层之间的矛盾，要善于利用，他们本来是配合无间，现在要想办法让他们心里有嫌隙，鸿沟越来越大，就是胜利。经过分化，再亲的人都会离开。

"攻其无备，出其不意"，这也是有名的成语了。突袭是无上的心法，有时候双方实力相当，奇袭或者突袭就可能取胜，造成对方全面崩溃。"攻其无备，出其不意"，就是没有准备好，不管是心理的，还是实际的战备，都特别脆弱，绝对不会想到敌人会攻打。像日本对珍珠港发动的奇袭，就是"攻其无备，出其不意"的典型战例。敌人绝对不会料想到，这样的战例有很多，像第二次世界大战的时候，斯大林就不相信纳粹德国会进攻苏联。因为他们之前签订了互不侵犯盟约，而且德军攻打英国迟迟下不来，美国也在背地里支援英国，两面作战一般来讲是兵家大忌，所以斯大林不相信希特勒敢打苏联。其实那时的间谍已经得到德国要进攻苏联的可靠情报，但斯大林不相信希特勒会发动闪电战，更不相信会启动几百万大军攻打苏联。结果战争开始，就被德军打得鸡飞狗跳，德军的推进很神速，这种出其不意的进攻，其瞬间的能量会超过真正的实力，使得同样强大的对方无力反抗，节节败退。可见，"攻其无备，出其不意"，是永远都存在的兵法的心法。要是有戒备，破坏的力量是出不来的。只有突袭的"出其不意"，才会造成极大的破坏。"攻其无备，出其不意"，要想到对方会想到的，什么地方会防备，专门找对方绝对想不到的地方，在一个绝对想不到的时间，绝对想不到的空间，然后用全副的力量突袭，打对方一个措手不及。

"此兵家之胜，不可先传也"，兵家取胜的最高智慧就在这里，先传也没有用。这些用兵之道都没有办法先教的，需要随机应变，它是活的智慧。先告诉你，一怕泄密，二怕不会灵活运用，而且环境形势瞬息万变，没有固定答案。

将才的重要性，就在于善于临敌应变，当下的判断需要非常精准。这种"诡道"，没有标准答案，就如《易经·系辞传》之"不可为典要，唯变所适"。不可先传，也是防止泄密。不只是用兵，包括我们用人，知人知面不知心，要考核一个人很难，他要是知道你在考核他，一定摆出最好的一面，尽量表现好。这样一来，装腔作势的人就多了，各方面巧用心思，怎能考验出真相？如果突击检查，很多漏洞就出来了。有时突然一句试探的话，对方随口一答，就会露马脚，或者随便一个行为，就会泄漏对方的心事，泄漏其品性。所以，"攻其无备，出其不意"，有时也可以显露真相，暴露对方的瑕疵、弱点。

庙算胜者，得算多

夫未战而庙算胜者，得算多也；未战而庙算不胜者，得算少也。多算胜少算，而况于无算乎？吾以此观之，胜负见矣。

最后就是《计篇》的结论，逻辑很清楚。"夫未战而庙算胜者，得算多也"，看看两边对战的阵容、表现，然后"庙算"，所谓的"始计"就是在做"庙算"，"庙算"就是在宗庙前面、在祖先的英灵前面议政。以前的誓师、出征，希望祖宗保佑，又希望对得起祖宗，就在宗庙前面进行沙盘推演，这就是"庙算"。因为那是一个神圣的地方，创业者的英灵在那里，他能协助我们在做规划的时候头脑清晰，态度认真严肃。在"未战"之前，如果我们推出来有机会取胜，这就是"得算多也"，因为没有漏算，都有客观的数据，又有种种的讨论，这就是"得算多"，还没打时，大概已经知道差不多可以赢。《易经》中的萃卦（☷）称"王假有庙"，也是大家聚集在宗庙的前面开会，以"除戎器，戒不虞"。"王假有庙"就是"庙算"。"夫未战而庙算胜者，得算多也"，算起来机会比较大，确实的数据一出来，经过议政讨论，即夬卦（☰）所说的"扬于王庭"。朝廷和庙堂是两个重要的议政场所，最重要的决定，先报告祖宗，或者君臣聚集在朝堂，一起决策讨论。

"未战而庙算不胜者"呢？怎么算都没有机会胜利，"得算少也"，因为实际推出来的，再加上一些讨论，有没有可能人定胜天、勤能补拙，有没有可能变化，算来机会甚微，没有什么胜算。也就是说，筹码太少，难以胜利。

"多算胜，少算不胜，而况于无算乎？"所以不管怎么讲，事先一定要有计划。大的战争行动发生的时候，跟原先的计划有出入，其实也没有关系，但是绝对不能不算。"多算胜"，既然要算，尽量把重要的东西都纳入考量，才有最大的机会取得胜利。如果算少了，漏算的偏偏是很关键的，那你就准备接受失败的命运吧，这就是"少算不胜"，有些东西没算到。"而况于无算乎"，还有一些人就是凭着一股蛮勇之气，完全不算，那就绝对不可以，这样的人，其胜负完全可以预卜了。"吾以此观之，胜负见矣"，以这样的角度看来，胜负基本上可以预见。

"多算胜，少算不胜，而况于无算乎"，没有讲百分百的"全算"，因为利益和风险、胜算与败算兼备，后世的政经决策，包括企业活动，这种重大的算度，大概都有一个经验值，至少有六七成以上的胜算吧，如果有七成胜算，就代表有三成不确定、不可测，老天不帮忙也没办法，算不到的也不能勉强。俗话说，人算不如天算，永远有一块灰暗的地方。这叫"人间无完算"，人世间，靠人的智慧，不管如何集思广益，不会有百分之百的胜算。人间确实无完算，有时候有无妄之灾，有时有无妄之疾，整个大环境突然有变化，那不是你能够预测到的。但是人所算的，根据"庙算"的结果至少要有七成可确定的利益，有三成不确定的风险，风险的预备方案就要做足。如果要提高到八成的胜算或者九成的胜算，就要花天文数字的调查、预算成本，结果还不是百分之百，因为永远不会有百分之百的胜算。所以不可以有完美主义的想法，《计篇》也告诉我们要务实，多算就好了，就有可能胜，没有"完算"，没有百分之百的预算，要提高百分之一都要付出昂贵的代价。整个环境是动态的，不断在变，算的时间、计划的时间一拖长，刚开始算的数据就已经过时，又得重新算。可见，"庙算"还是行动主义，实际胜负是要在行动中见真章，除非知难而退，认为实在是没有机会。千万不要一天到晚在那边算，不要以为说孙子说"多算胜"，多多益善，一天到晚在那边算，结果错过了时机。脑袋很大，脚特别小，这样的人多得很。

第七章 胜机在握

——用间篇第十三

《用间篇》的篇幅比较长，也写得非常精彩。古今中外以来，所有谈兵法的著作，没有人像孙子一样用专章来讨论关于如何运用间谍战、情报战，以及如何建立情报间谍网的，而且体系严谨、一应俱全。这可能也是全世界最早的一篇谈情报战的理论文章。

　　《用间篇》一开始就讲战争太昂贵了，所以要尽量争取在间谍战中取得胜机，因为准确的情报会减少战争的耗费。涉及计算钱财的问题，这就跟第二篇《作战篇》有关。《用间篇》一开始也是从算钱开始，告诉我们间谍战很重要。战争耗费之昂贵，一般国家会受不了，会被拖垮。如果能够花小钱省大钱，那就宁愿把情报预算编得很高，用少数的精英搜集第一流的情报，在发动实际的大规模的军事战争的时候，因为情报准确，就不会造成浪费，可以省下很多的钱。但是，有些人不愿意在情报搜集上花钱，觉得投入很昂贵，但是那只是情报战的成本，相对于整体的战争费用来说，情报战只是其中一个很小的单元，成本有时甚至可以忽略不计。

　　间谍战如果成功，就可以准确行动，省去很多的消耗。所以千万不要省小钱花大钱，情报网的建立非常有必要，在间谍战上不要在乎花大钱。如果舍不得花钱，结果反而造成军事行动的不利，那不是花更多的钱吗？

战时经济

　　孙子曰：凡兴师十万，出征千里，百姓之费，公家之奉，日费千金；内外骚动，怠于道路，不得操事者，七十万家。相守数年，以争一日之胜，而爱爵禄百金，不知敌之情者，不仁之至也，非民之将也，非主之佐也，非胜之主也。

《用间篇》一开始就是数据的概算。因为战争绝对影响经济，除了军火商得意，其余的包括民生经济在内，大概都得被拖垮。很多人要服兵役，就会耽误民生。战时经济属于非常的状况，所有生产的力量都被用来打仗。"凡兴师十万"，要养十万人的部队，还要"出征千里"，距离那么远，运费消耗就不得了。战费从哪里来？"百姓之费"，即抽取百姓的各种税，甚至在战争的时候还有种种的苛捐杂税，用来支援前线，这些税务成为百姓的负担，破坏了民间经济。"公家之奉"，即政府预算投入的战费，要想方设法找钱。"日费千金"，以当时的春秋末年孙子的估算，每一天就要费一千两黄金，对于现在的战争来说，"千金"就是小儿科，现代战争，以美元来计算，日费都是几亿甚至十几亿。像越战的时候，据说最多的时候一天花费一亿美元，但那还是在六七十年代。而海湾战争的时候，美军为首的多国部队，在没有出动多少人力的情况下，日费就是一个天文数字。以美国来说，一战耗费 2530 亿美元，二战耗费 4.1 万亿美元，朝鲜战争和越战耗费达万亿美元，两次海湾战争耗费七千多亿美元。比起古代来说，现代战争绝对是奢侈的。"日费千金"，真的是多打一天就多花不少钱，所以战争的消耗品绝对不是按一周、一月算的，多打一天经济损失就更大。

"日费千金"之余，还有"内外骚动，怠于道路，不得操事者，七十万家"，内外受到骚扰，交通运输也受到影响，所有的民间经济都会收到严重的影响，不能够投入正常的生产，而且十万兵要七十万家去养。"不得操事者"，是指平常大家都投身在生产中，现在生产的人力通通调来用于军事，经济被迫停摆。在二战的时候，连 IBM 这样的大企业都要挪用一部分生产线专门生产枪炮，进入战时的生产，这对企业的影响是非常大的。

打仗很贵，什么东西都要有预算，要估计成本效益，所以打仗一方面除了不人道，造成很多破坏之外，另外一方面大家都皱眉头的就是太花钱，一打起仗来，除了发国难财的军火商、投机商，其他几乎没有一个行业是欢迎的。战争会破坏平时的经济，这是很显然的。所有的资源都是为了建军备战，而且又没有建设性。在春秋战国时期，大规模的远征行动是屡见不鲜的，尤其到战国的时候，十万军队几乎是一个基本单位，春秋的时候还没有这么吓人，战国时动辄就是几十万，秦国大将白起光是坑杀赵国的降卒就是四十几万。

政府民间都得出钱，多打一天就要多花不少钱，整个社会都动荡不安，尤其以前最主要的是农业经济，讲究的是季节时令，一旦发生战争，农人统统都去打仗或者支援前线，以致农业生产无人进行。这就是"不得操事者"，不能拿着农具下田。那样的影响很大，十万大军可以影响到七十万家，七十万家不是七十万人，每一家假定有五口人，就有三百多万人，这么多的人才能够支撑十万远征军。加上交通费、粮草运补，如果"相守数年"，战争不是一下子可以结束，双方僵持不下，一拖好几年，那就是师老兵疲，绝对不利。所以，不到万不得已绝不要打仗，一旦打仗，那种烧钱的事业越快结束越好，速战速决，一拖就要命。在21世纪的现代，美国作为天下第一强国，就犯了这个大忌，不管是阿富汗还是伊拉克，何止"相守数年"？美国大兵撤不走，海外驻兵更是天文数字，从2003年到2010年，美国国力的疲弊、债务的惊人是有原因可循的。要维持其世界第一军事力量的霸主地位，每年军费六七千亿美元的耗费，小国、中等国家怎么出得起？光是这个就差不多占了全世界军费的一半。

养兵千日，用兵一时，养兵贵得要死，而且真正用的时间，用不了多久，有时候在一天之中，战场上就有决定性的胜负。要争就争那一下子，可是要准备多少时间、精力和物力呢？为了不至于功亏一篑，所以"相守数年，以争一日之胜"。古今中外的战争，在决战的那一天就决定了胜负。一战末期的时候就是典型的"相守数年"，那时以壕沟战为主，真的是很惨，交战双方谁也不能推进，德国的军队跟协约国的军队，在沟里头僵持、消耗，天天都在花钱。电影《西线无战事》描述的就是一战的情形，"相守数年，以争一日之胜"，到最后德国其实也并没有被击垮，只是战备难以为继，所以一战就宣布失败、投降，以妥协退让换取休息，在二战时再报前仇。

换句话说，"以争一日之胜"，而"相守数年"，春秋战国那些诸侯国的财政实力来说，实在打不起，所以军事战争要取得绝对性的胜利，情报战的绩效就非常重要。情报员的单价虽然非常高，但是情报员能有多少人呢？因为单位成本高，所以会引起一般的军事人员的妒嫉，会觉得不公平。他们没想到情报员是关键的少数，如果表现好，可以影响大局，可以少打好几场仗。因为情报正确，对敌方的虚实了解得很清楚，优秀的情报战就可以让军事战不用花太久的时间而取得决定性的胜利。总体来说，情报战是小钱，只是单位成本高，但是数量有限，总成本很低，是隐秘性的行动，不像大部队行动，数量很大，花费也巨大，所以千万不要因省小钱，结果却花了更多的钱。情报战的不成功，有时就是不肯给情报员多的预算，结果打了败仗或者延长战争的时间，导致总成本更高。这笔账，稍微想一想就知道了。

"爵禄百金"，就是指这些优秀的情报人员、特工，如果绩效卓著，赏他百金，比战费的"日费千金"不是差很多吗？一次任务给他百金又能怎样呢？当然，百金远远超过一个战士的军饷，但是情报员的影响太大，给予重赏，才有勇夫打入敌方换来准确的情报。《易经》的萃卦（☷）代表出类拔萃的精英，这些少数的人要怎么处理呢？一定要高配，即"用大牲，吉"，有时还要加官晋爵。不"用大牲"怎能得到精英，甚至是精英中的精英呢？"爱爵禄百金"就是爱惜钱财，心疼小钱，项羽最大的毛病就是"吝赏"，该赏人家的时候吝啬，有时候战胜之后要对下面的一些将才论功行赏，却迟迟不决。他的对手刘邦就不是如此，刘邦豁达大度，不把钱当钱，不问出入，不必做账，不惜耗费巨资收买、分化间谍，屡收奇效。

做大事业的人，不在乎小钱，要是觉得赚钱不容易，"爱爵禄百金"，就会"不知敌之情者"，下面的情报员就不会帮你卖力了。情报工作不优秀，就不能了解敌情，那是"不仁之至也，非民之将也，非主之佐也，非胜之主也"。省小钱，结果没有办法了解敌情，这样的领导人是不仁到了极点。"非民之将"，如果他是将，亲自掌握情报网，那他不是老百姓可以付托的大将。"非主之佐也"，不是国君好的辅佐，"非胜之主也"，绝对不可能求胜。

知敌之情，必取于人

故明君贤将所以动而胜人，成功出于众者，先知也。先知者，不可取于鬼神，不可象于事，不可验于度，必取于人，知敌之情者也。

"故明君贤将所以动而胜人，成功出于众者，先知也"，英明的领导人行动起来就想胜过别人，成功比其他人显著，就是做到"先知"。还没开打之前，就把对方摸透了，对方的行动，甚至机要会议，还没付诸行动，通过情报都知道了。在解放战争的时候，国民党吃亏比较大的，就是情报战，老蒋的亲信就是共产党人，国民党军部才开完最高军事机密级别的大会，解放军那边都清清楚楚，所以能够一动手就胜人，这些都是因为先知，情报准确，就不会摸瞎，所有的行动都有针对性，不会造成浪费。

一个优秀的情报员，是不可以曝光的，所以当上间谍就不要想出名，没有人知道你是谁。优秀的情报员需要出类拔萃，优秀的间谍要有很高的胆识和智慧，要经过严格训练，面对极大的生死风险。21世纪几大情报国家，像以色列的摩萨德、美国的中情局、前苏联的克格勃、英国的军情五局，这四大间谍组织的情报员都特别优秀，他们不只是用钱来维系，还要有对国家的绝对忠诚，要有"王假有庙"的效忠精神，也就是萃卦（䷬）的概念。

美国的情报机构，是全世界最复杂的，2002年成立的国土安全部，由二十多个联邦机构合并而成，而联邦调查局和中情局的情报都在这个部门汇总和分析。整个机构叠床架屋，把多种类的情报机构整合到一起，不见得有太高的效率，但是花钱吓死人，尤其最昂贵的间谍卫星，一般小国根本养不起。各种情报费用差不多占其军费的十分之一，一年六七千亿美金的军费，情报费用就占六七百亿，如果那六七百多亿的花费绩效显著，一年的军费就可以省下许多。这就是萃卦的道理所在，一定要有拔尖的、关键的来左右战局，这也是《用间篇》的思维。间谍卫星就是"先知"，可以二十四小时监控地球任意角落，分析出地球上任一角落的状况，花这么多的钱用于情报，目的就是为了"先知"，用最先进的科技抢占太空轨道，就是希望居高临下，能够掌握整个大地上的所有军事行动。当然，这种花钱如流水的监控也是有弱点的，不见得有智慧，因为所有的科技都可以反制，很土的办法就可以把它骗过去，不要花那么多钱，可以骗过那么精密昂贵的仪器。

间谍卫星，巨细靡遗，把地球看得清清楚楚，通过网络传到决策者的办公室，让美国的政军领袖决定全球的种种行动，讲起来很是了不得，弥天盖地，犹如天罗地网，但是为什么还吃很多亏呢？科技优越就能先知吗？不然。因为"先知者，不可取于鬼神，不可象于事，不可验于度，必取于人，知敌之情者也"。这句话太精彩了，高瞻远瞩，在孙武的时代，做梦也想不到有现在这种情报卫星，但是兵法的人性、人情都让他琢磨透了，到现在想要"先知"，也不能逃脱这个法则。

"不可取于鬼神",这是打迷信的一棒,尤其在古代,在两千五六百年前,迷信的太多了。兵法家绝不迷信,这一点很难得,但是他会利用迷信,因为下面的士兵大多是大老粗,可以用迷信去操纵他们。他本身绝不迷信,然后也不会用算卦、算命,或者看星象之类决定这场战争怎么打。"不可取于鬼神"就是如此,古代有古代迷信鬼神的方法,现代有现代的迷信鬼神的方法,换句话说,你要取得情报,要得到"先知",就不能通过这些达到"先知"。其实答案很简单,如果每一个人考大学,都到庙里拜一拜,那么菩萨也会累死。两伊战争的交战双方都属阿拉伯国家,都信真神阿拉,战争的时候如果他们祈祷自己胜利,你说阿拉是不是很为难?都是自己的子民,帮谁呢?可见,胜负"不可取于鬼神"。军事战的胜利在于情报战的优越,情报战的优越跟你向谁祈祷没有关系,还是务实吧。

"不可象于事",有一点儿比类、类推的意思。过去类似的战争是怎样的,那现在就按照过去的比照推断一下这一次的胜负会是怎样,这就没有很务实地去要第一手的资料,不派情报员建立情报网,渗透、打入去了解真实的有关敌人的情报。有些人觉得要安排一颗棋子,进入到敌方的最高核心,谈何容易,因此认为这一场战争反正跟上一次差不多,类推一下就可以了,这一次也可以怎么打。这样做实在是太冒险了,因为每一场战争都是新的,所以一定要根据现实的敌情判断,绝对不可以偷懒。"象于事"就是这个意思,根据既定的经验类推,永远不行,事物变化万千,"不可为典要,唯变所适",经验仅供参考,不能直接套上去。如果说根据前面的战事可以决定这一场的胜负,2010年足球世界杯比赛,西班牙首战,就不会输给瑞士队了,因为它是最有冠军阵容的,以前跟瑞士交手没有输过,十五胜三和,而那次首战就零比一输掉了。所以,"不可象于事"太冒险。

"不可验于度",即不可根据一定的规范来验其为真。每一个时代都有每一个时代的科技,美国的间谍卫星是全世界水平最高的,但是再先进的科技仪器有一个最大的弱点，即没有办法探讨人心。人起心动念的变化，人家主将或者政治领袖心中所想，间谍卫星能够看穿吗？那是不可能的事情，占卦说不定还可能。就算是我们看到的具体的东西，有时都是假装的。真的要知敌情，就要探知对方的心中想什么。敌方主将可能一念之间改弦更张，一个意念就可以影响整个战局了。这些起心动念，间谍卫星就不能够分析，也是不可能的事情。

那要靠什么呢？还得派情报员，用人来判断，即"必取于人"。"不可验于度"说明再精密的情报机器也有弱点，会被人家骗过，甚至被反利用。所以不要太迷信那个"度"，认为那是绝对灵验的。要知道，人是复杂的动物，一个人的想法很复杂，战场上千万人的想法又受制于领导人的一念之间，变数太大，不是各个时代的量化规范的测验方法可以精密掌握的。人心是活的，一个意念就变了，要了解他的意念，就要派人去跟他相处。换句话说，这种出生入死的情报员，绝不能省。间谍卫星怎能判断人心？人的意念可以改，高科技赶得上吗？所以人力的派出不可省，人是活的，不能取代以冷冰冰的科学仪器。可见，迷信、经验、规范，都不行，只有一条路，即"必取于人"，踏实的也只有这条路，就是一定要派情报员去。派情报员当然很危险，布置情报网也很不容易，有时候一旦被破获了，可能鱼死网破，又得重建，但是这张网不能省，只有人能搜集到真切的情报，任何东西都不能取代。中医、西医之争现在越来越热，西医那些仪器，X线、B超、CT、核磁共振，越看越吓死人，真精密，真昂贵，但是有时面对生死，却是真的无效。因为病人是活的，他的想法无法看到。

"必取于人"，这才是活的斗智，"取于人"才能"知敌之情者也"，不然不可以真正透彻了解敌情，仪器也可能被骗过。一个活的情报员，一个间谍网的布置要多久？可能几十年，可能一两代，都得用心经营，这些不能以取巧的方法取代，不是花钱的问题，而是要用心的问题。

五间俱起，莫知其道

故用间有五：有乡间，有内间，有反间，有死间，有生间。五间俱起，莫知其道，是谓神纪，人君之宝也。

下面就是孙武有名的间谍网布建。前面已经告诉我们，不能用鬼神、迷信、类推，不能按照精密的探测方法来钳制心灵。所以一定要培养训练情报员，然后要分类布建。

"故用间有五"，孙武的时代大概是受阴阳五行的影响，很多理论脱离不了"五"，五行相生相克，彼此的互动复杂，但是稳定。道、天、地、将、法是"五"，智、信、仁、勇、严也是"五"，间谍也有五种，到现在其实还是这五种。这也是孙子文章的特色。

"有内间，有反间，有死间，有生间"，第一个是"乡间"，有的版本写作"因间"，都可以。其中，乡间、内间、反间都不必自己训练，直接取材于敌方的资源。"乡间"就是利用敌人地方上的老百姓，把他收买过来，通过他的管道尽可能地了解他们在野的信息。这些人，有的用钱就可以收买，有的可能不满意自己的祖国，不用钱都可以利用，利用这些人在敌人的民间安上很多的棋子，帮助传递情报，像水银泻地一样到处都是你的触角。"乡间"，有的版本叫"因间"，其实意思差不多，"因"为因其固有，就可以因地制宜。本来是对方的老百姓，但是我可以把他吸收过来。老百姓土生土长，了解当地的地形地物、风土民情，只要他心向着我或者愿意帮我搞情报，就可以因地使用，不必从头训练，这就叫因间。

"内间"就是敌方在朝的政府官吏，当官的有时候不满意老板，但是他又恋栈，不肯辞官，那就把他吸收过来。把对方的反对派、失意政客，在朝的有影响力的、有实力的，花钱收买或者利诱，把他们吸收过来，在敌方既做官，又接受我方的津贴，把敌方的一些重要决议信息传过来。于是上至朝堂，下至民间，都有情报来源。情报战需要花钱，很多的人事费用其实也是花在这里，不仅仅是本国的情报总部那些人要花钱。人都贪利贪财，人情可以利用，尤其失意政客更好利用。这就是"内间"，在决策层的核心就有你的人。

"反间"，这是最时髦的了，本来是敌方的间谍，派到这边，技艺不精，被你逮到了，逮到了再策反他，让他领双重的津贴。一方面好像还在继续做敌方的间谍，但是他第二重身份是你的间谍，自古以来这种斗智的游戏，早就有了。这种反间，发展下可以变成"反反间"，有三重身份。我相信这种无间道，搞久了自己都会发疯，因为他自己也搞不清楚，最后到底效忠的对象是谁。但为什么要用"反间"呢？因为间谍的训练太花钱、太专业，杀掉很可惜，我们要全敌，保全敌人的资源，只要他反过来为你所用，你不就省了间谍的教育训练费吗？拣现成的，让他改变效忠对象，然后还有身份的掩护，如果对方不知道，这颗棋子就特别有用。他了解的信息一定比一般人多，有时比政府官吏了解得还多，只要他还是在那边的间谍网中，替你服务就好了。所以，自古以来，大家都在拼命争取"反间"。像哥伦比亚的毒枭，美国缉毒局把他抓到之后，有时候辛辛苦苦抓到，最后得意扬扬地回去，因为杀掉他，远不如利用他，把他送回去，这样就可以抓大鱼。所以反间更复杂，每个人都知道有这个可能性，怎么检验自己的间谍是否反叛，这种风险永远在，尤其是间谍高级主管，这样的情报战在20世纪和21世纪都有，也不乏一些轰轰烈烈的例子。

换句话说，乡间、内间、反间，原来都不是你的人，要转为己用，就像太极图，这边是白的，对方黑的里面有一个白点，里应外合，就可以全变成白的。

如果不能依靠上述三种间谍，自己就得派出人员，需要扎扎实实从头训练自己的间谍。后面两种间谍就是自己训练的间谍，"有死间，有生间"。"死间"就是随时要为组织牺牲的，牺牲小我，成全大我，要他牺牲的时候，有时"死间"未必知道。可是，他死了之后，整个组织得以保全，或者给予敌方假情报，造成假象。间谍为组织牺牲，要有这个心理准备，有时候自己都不知道。这样的"死间"，说明了这种行业的特性，不能讲人情，牺牲才可以成全更多的人，有时是自愿的，有时死得不明不白，甚至误导你去送死。"生间"，就是要活着回来的，活着对组织、对国家的效益更高，让你去了还能回来，或者把你送到那种地方去，任务一完就得派人接回来，这种"生间"需要的是更高级的间谍。死间、生间都是我方的情报员，用生死来判分两种，其实是可以变的，孙武没有固定说一个人是生间或死间，一切由时机决定，一下由生变死，一下死里又变生，完全是"不可为典要"，但是牺牲的可能性是随时存在的，常常不知道自己怎么死的。

"五间俱起，莫知其道，是谓神纪，人君之宝也。"这一段关于情报网的总括，意思很明了。这五种间谍同时起用，能使敌人摸不清我方的行动规律，这就是使用间谍神妙的道理，也是君主克敌制胜的法宝。等闲的事情，用其中一两种间谍就够了，或者专门用一种去了解情报就够了。情况复杂的，涉及整个大局，要全面发动情报网，需要"五间俱起"，要动用五种类型的间谍，谁也不知道谁是谁，只有在后面掌握的人知道。间谍网一定都是上下纵向的关系，绝对不可以有左右横向的关系，一方面免得踩线，另一方面防止泄密。如果所有的线都操纵在后面的少数几个人手上，哪条线要是被剿了，不会影响到别的线。所以不允许有横的联系，如果像蜘蛛网一样纵横交织，其中某一个点被破获了，那么一点破则全局破，其余的都很危险。重新调整，又得花很多钱、很多工夫。为了降低风险，情报网只有纵向的指挥，不可以有横向的联系。"五间俱起"，对发动者来讲才知道这种千变万化的复杂性，敌人就看不懂了，因为到处都是间谍。有的是在自己阵营中的间谍——乡间、内间、反间，有的是敌人派来的生间、死间，而且综合运用。有时候"螳螂捕蝉"，但是"黄雀在后",这就是"五间俱起,莫知其道",使得敌人手足无措,"是谓神纪",纪就是网络的象征,即纲纪,出神入化,阴阳不测,就是"神纪","神无方"。"人君之宝也",一定要由最高领导人亲自掌握。如果只用一种间谍,变化是有限的,几种间谍一起动,然后中间互相还有监控、策应,则会相当复杂,但是真正了解全局的只有一二人而已,其他都是棋子,这就是人君之宝,斗智必备,太重要了。

乡间、内间、反间、死间、生间

乡间者,因其乡人而用之;内间者,因其官人而用之;反间者,因其敌间而用之;死间者,为诳事于外,令吾间知之,而传于敌间也;生间者,反报也。

好,我们看具体的五种间谍。"乡间者,因其乡人而用之",意思很明显,即对方的乡下老百姓,直接拿来用。"内间者,因其官人而用之",对方的失意官僚,对方的贪官污吏,尤其到战国的时候,直接就可以收买。收买看似是很贵,有的甚至几十万两黄金,但是这比打仗要便宜得多。"反间者,因其敌间而用之",本来是敌方的间谍,不杀他,反过来用他。

"死间者,为诳事于外",要准备牺牲我们的间谍,让他出生入死,在外面放假情报,"令吾间知之,而传于敌间也",让这个可怜虫——准备牺牲的我方死间,让他了解的是假情报,要借着牺牲他"而传于敌间也"。"生间者,反报也","反"就是返,对于"生间",就很厚道了,觉得他还有大用,不要轻易牺牲掉,还要把他救回来。"生间"入了虎穴之后，得到第一手情报，还可以活着把情报带回来。《易经》中的明夷卦（䷣）第四爻就是"生间"，因为他"入于左腹"，打入人家的心腹，"获明夷之心"，得到了我们一般不能获取的最核心的情报，然后他还可以"于出门庭"，成功脱险出来。明夷卦第四爻，谁也不知道其身份，可以混到敌方的高层核心，对方的起心动念，第一手就可以掌握，然后还可以安全脱身。脱身就是要"反报"。第四爻同时也可能是内间，也就是说，早就是我方的棋子，只是从小就被送去，在敌方做高官，第四爻作为高官，离领袖很近，这样才能掌握"明夷之心"。所以他可能是"生间"，为你所用，活着回来报告，也可能是"因间"，在敌方阵营做官。明夷卦第四爻爻变为丰卦（䷶），完全掌握非常丰富的敌情，丰卦"明以动"，就是我们所有的行动完全依据明明白白、清清楚楚的情报资讯来行动。根据准确无误的情报去采取行动，当然可以成就丰功伟业。这是《易》卦三百八十四爻之中，一个很明显的符合用间原则的爻。而且，那个爻就是如此，要打入敌方阵营。重点是能不能打入人家的心腹，做资深卧底。这种间谍能够产生这么高的用处，怎么可以苛刻对待呢？

无所不用间

　　故三军之事，莫亲于间，赏莫厚于间，事莫密于间，非圣智不能用间，非仁义不能使间，非微妙不能得间之实。微哉！微哉！无所不用间也。间事未发而先闻者，间与所告者皆死。

　　"故三军之亲，莫亲于间"，关于"三军"，周制，诸侯大国三军。中军最尊，上军次之，下军又次之。一军一万二千五百人，三军合三万七千五百人。《周礼·夏官·司马》载："凡制军，万有二千五百人为军。王六军，大国三军，次国二军，小国一军。"古代所说的三军又指骑马打仗的前、中、后三军。前军一般是先锋营负责开路、侦察、应付小规模的战斗，带部分军需物资。中军就是统帅所处的大军有当时作战的大部分作战兵种（骑兵、步兵）。后军主要就是全军的主要军用物资、工匠以及大量的民工。后来，"三军"就指整个军队。三军之亲，没有比间谍跟领导人距离更近、更亲密的了。

"赏莫厚于间"，重赏没有比对间谍更厚了，而且这种赏赐因为不能曝光，还是暗地里。"事莫密于间"，所有事情的机密没有比间谍更要保密的了，不可以让任何人知道。"非圣不能用间（有的版本写作'非圣智不能用间'），非仁不能使间，非微妙不能得间之实。微哉！微哉！无所不用间也。"这里写得越来越精彩了。间谍这么优秀，要给他最高的赏赐，然后他跟组织的关系特别密切，超过其他所有人，而且没有人知道这种关系，也超过其他所有人。那么这个用间谍的人绝对得是高手，绝对得仁、圣，而且心思智慧各方面都微妙到了绝对精微的地步。这样的人，他才能够用这种间谍，他才知道如何调度运用。如果有这么优秀的情报网，而组织者昏庸无能，那根本就没有办法使间谍起作用。

棋逢对手，间谍才可以运用得奇妙。不管是明君还是良将，如果不是到圣的地步不能用间，这种高度斗智的游戏，不是一般人能玩的。非仁义不能使间，智慧修为要到微妙的地步，一般人猜测不透，不然就不能够得到"间之实"。也就是说，不管是从哪一个管道来的资讯，你能确定都是正确的吗？可见，又不能够太相信一个单独的管道获得的情报，所以要有"五间"，要有多管道获取，道理就在这里。这样才不会被蒙蔽，可以拿来印证，这就是领导人，需要有多方面的才干，要"圣智""仁义""微妙"，不然怎么判断？搜集情报相对于综合判断情报来说，前者比较简单，后者非常难。就像"演卦容易断卦难"一样，算卦的方法很简单，但是结果出来，断占却不是那么容易的事。

一个间谍，理论上不负责所有情报的判断，他只要出生入死，搜集更多更翔实的情报，而且他也不是组织的唯一情报来源，组织对各方的这些情报还要做检验和判断，要是没有判断力，面对堆积如山的情报，有真的，有假的，有半真半假，就无从判断，决策起来就很难了。所以，孙子才说非圣、非仁、非微妙，不能"得间之实"。间谍搜集的东西就一定是真实的吗？是不是敌方更高一招，喂假情报给他？这些都会误导我们的判断，所以需要谨慎地核实。"微哉！微哉！无所不用间也。"情报网的发动是随时随地渗透到每一个地方，任何一个所在，任何一个时间，无晨、无昏、无昼夜，也没有正式场合，随时随地都在进行，所以我们平常不感觉它的存在，就像用显微镜才能看得到微生物在动，没有专业的显微镜，什么也看不到。这就叫"无所不用间"，太微妙了，太微妙了。用心的人有时候还会有一些感应，不用心的人啥也不知道。"无所不用间"，随时随地都有间谍活动。换句话说，间谍人员，理论上没有休假，随时都可以做调查。没有说一定要派到哪一个国家才可以做，很多事情依靠人脉经营，就可以"无所不用间"，行住坐卧，永远没有休息的时候，这样才能让敌人防不胜防。可见，间谍的世界一定要用特殊镜头、特殊感应，才看到其活动得很剧烈，不然就好像不存在一样。

　　下面就讲严守机密的重要性了。要绝对的残酷无情，只可以让一家哭，绝不能让一路哭。兵法的领域已经不讲情了，到间谍的领域讲情，那简直就是笑话。如果为了整体的安全利益，不泄露机密，对自己人都得很残酷。一是"间事未发"，情报还有保密的必要，还不可以发出来，更不可以见报，"而先闻者"，突然泄漏了，让很多人都知道了，甚至不相干的人都知道了，这下糟糕了，马上就得处置，"间与所告者皆死"，要全部杀掉，这叫灭口。这件事情只有我们的情报员和间谍网才知道，所以泄漏绝对跟他们有关，不管有意无意，一定都得杀掉，堵住情报的来源，让对方追不到、断线。

二是告诉过谁，谁听到了，叫"所告者"，不管是有意听到的，还是无心听到的，马上都得铲除掉——"皆死"，没有第二句话。对于过太平日子的百姓来说，这是不大容易接受的，但是事实上在这个领域上就是如此。像曾国藩跟太平天国作战时，有一次在中军大帐召集重要幕僚在讨论，有一个冒失鬼闯进帐来，他们讨论到一半就不能讨论下去了，曾大帅就马上把他拖出去杀了，因为不能确定他听到多少，可是不能冒这个险把他放掉。这就是"间与所告者皆死"，所以我们不要太有好奇心，不要包打听，三十米以外的事情最好少管，人家一看到你耳朵一长就会对你下杀手。不能让你听的，你可能听到了，那就是活该倒霉，没有办法，只有让你死。为了整体的利益，不能够那么久封锁机密，还是"皆死"，绝不能留，只能灭口。

一网打尽

凡军之所欲击，城之所欲攻，人之所欲杀，必先知其守将、左右、谒者、门者、舍人之姓名，令吾间必索知之。

所有这些情报网的建立，需要严守机密，参与者的薪酬也是比较高的。用间谍的人，决策、判断需要的修为更高，不然再好的情报网都不能发挥绩效，这是一定的。那么，下面就讲情报的深度和广度，巨细靡遗，哪一个东西重要，哪一个东西用不上、用得上，搜集到的东西全部都得报上去，而且要很细。军事行动的时候，"凡军之所欲击，城之所欲攻，人之所欲杀"，两军相对，不是部队想要打谁、要攻敌人哪一座城池、杀掉对方哪一号人物，只能搞暗杀，这也是间谍里面的任务之一。要杀谁，那么你要知道目标。不但要了解你的目标，还要深刻掌握其日常行动等所有的资讯，搜集这些资讯才知道如何逮到机会一击得手。"城之所欲攻"，要攻的城池，那座城池的所有情报都要搜集好，要打击哪一个目标，要杀谁，"必先知其守将"，必须知道守城的敌方将领是谁。了解对方的守将之后，他旁边的人也很重要，因为一天到晚在其身边的人，才知道有没有机会切入进去，甚至可以争取过来。从"左右"切入有时有意无意间可以掌握到主角的行动。还有"谒者、门者、舍人之姓名，令吾间必索知之"，不管绕多少弯，一定要求间谍把这些人全部一网打尽。不但要知道守将，守将左右的人，还有通报的人、看门的人、管理寝舍的人，别看这些人官小，可都是情报的来源。像"谒者"可是一个肥缺，不管什么大官要见上司都得经过他，有时还得给一点儿好处。千万别小看这些大人物身边的人，他们看到的机密事情集中起来就是丰富的信息库。这就是主要目标和次要目标要通吃，只要可能产生关联的，主将一天到晚能接触到的，大人物、小人物全部都要了解。这些情况，作为间谍"必索知之"，有时没有办法直接得到，间接的方法也要追索到。

反间之大用

必索敌人之间来间我者，因而利之，导而舍之，故反间可得而用也；因是而知之，故乡间、内间可得而使也；因是而知之，故死间为诳事，可使告敌；因是而知之，故生间可使如期。五间之事，主必知之，知之必在于反间，故反间不可不厚也。

下面就是反间的利用，即如何把敌人的专业间谍人员直接转为我用。

"必索敌人之间来间我者"，敌人的间谍来打探我方的消息，要把他抓到。这是重点。"因而利之"，不要杀他，并许以利益，利诱对方，"导而舍之"，进行劝导之后，放他回去。"故反间可得而用也"，因为不杀，而且还掌握其弱点或者把柄，断了他的归路，这样就可以把敌人的间谍转为我方使用。

"因是而知之"，注意，"反间"的使用价值连城，因为他在对方情报网的中心，了解对方内部的情报，像"乡间""内间"了解的可能只是外围的情报，仅作参考。而"反间"是核心，"故乡间、内间可得而使也"，"反间"动了，外围的间谍可以根据反间要得到的核心情报与之配合，供其调度。"因是而知之，故死间为诳事，可使告敌"，因为反间这一中心点突破，一旦掌握、了解对方虚实，我方布在敌方的在朝、在野的间谍，可以因为这些发动间谍的行动。我方派去的死间，"为诳事，可使告敌"，要他把假情报喂给敌方。"因是而知之，故生间可使如期"，而且，掌握了"反间"，"生间"可以如期安全地把情报带回我方。

"五间之事，主必知之，知之必在于反间，故反间不可不厚也"，由此可见，五间中的重点在反间，大家都在争取把对方的东西变成我方的。所以孙武认为，反间的酬劳待遇要更高。五间中，反间的运用是关键中的关键，只要反间这步棋运用好，其他派去的生间、死间，还有在敌方卧底的乡间、内间，都可以做到最好的调度安排。因此，像这样关键的角色比一般的间谍待遇不可不厚，当反间的人风险超高，一旦破获了，就是杀无赦。天天处在这种高风险中，代价当然昂贵。人生在世，一般来讲，在意的大概也就是名利，可是间谍这个行业不能有名，就算你轰轰烈烈地贡献，大得不得了，也不会、也不可能有人会知道你是谁。那么，剩下的就是利，要用超优厚的待遇来回报这些间谍的努力。也就是说，重赏是必要条件，钱一定不能少。

上智为间

  昔殷之兴也，伊挚在夏；周之兴也，吕牙在殷。故明君贤将，能以上智为间者，必成大功。此兵之要，三军之所恃而动也。

  最后的结论很有意思，前面都在讲理论，结论部分列举了历史事例，增强了说服力。然后又异军突起，在整个文章之后出现新的用间谍的境界。这种间谍的境界，不能说它是属于五间中的哪一种，可能哪一种都是，可能哪一种也都不是，这种间谍要有绝高的智慧，即"上智为间"。最上层的智慧这种间谍甚至不是专业间谍，但是可以当间谍用，因为他有极高的敏感度，他到一个地方，不是专门做间谍的工作，但他懂得观望形势，能够当下做出天下大事的判断，可以由局部看透整体。这种可以独当一面的人物，前面讲的所有专业的间谍都办不到。这些人本身就是出将入相的人物，不必专门训练他，把这种大人物争取过来，就可以成大功、立大业。因为这种人物不是间谍学校毕业，但是有间谍的功能，甚至不让他搜集情报，他当下可以判断情报，还可以临机应变。

  孙子举了几个例子，我们也可以用间谍这种功能跟角色去定位。伊尹和姜子牙都是夏、商、周三代革命时期的重要人物，伊尹之所以能够帮助商汤革了夏朝的命，姜子牙之所以帮助周武王伐纣成功，是因为其中也有他们在用间上面的独到见识。"周之兴也，吕牙在殷"，吕牙就是姜子牙，我们知道，传说姜子牙在辅佐文、武王之前，就住在商朝的首都朝歌，在那里待了很久，对于一个有心人来说，可以了解得非常深刻。一般间谍只能搜集情报，可是姜子牙之类知道自己要什么，听闻什么可以做出一个完整的判断。分析能力和判断能力皆具，同样在伊尹身上也体现得很完美。伊尹是中国较早的名相，也是一个惊天动地的人物。好，我们看前一句："昔殷之兴也，伊挚在夏"，夏朝的灭亡，商朝的兴起，是因为一个关键的人物——伊挚，就是伊尹，注意"在"字，特指不在大本营，而是在敌人的阵营里头，这不就是间谍吗？商朝兴起的时候，最主要的棋子就是因为伊挚在夏朝的都城，甚至有可能就在夏桀身边。我们都知道，伊尹最早是做厨师的。

"故明君贤将，能以上智为间者，必成大功"，英明的君主和贤能的将领，会把高超智慧的人作为间谍，必定能成就大功业。这是因为把上智者当间谍，反而没有专业的羁绊，有更灵活全面的表现。"此兵之要，三军之所恃而动也"，整个大的军事行动都看先前布下的棋如何发挥作用，情报战优秀不优秀，这是用兵的要点，三军要靠着情报的结果来才能决定正确的行动。可见，明君贤将显然要有用人之明，真的是要得"圣智""仁义""微妙"，不然人家为什么帮你呢？

另外，我们要注意两个字。一个就是"在"字，即棋子一定要在对方的阵营才能够了解，不能光凭想象或者算卦、观天象等种种的预测手段，也不是"象于事、验于度"，需要出生入死。这就是所谓的无间道，阴中有阳，阳中有阴，阴极转阳，阳极转阴，这也是太极图在间谍领域的运用。还有一个字就是"为"字。也就是英文中"as"的概念，不是"is"，"is"在中文为"是"，《易经·说卦传》说"乾为天"，意思就不是说"乾是天"，而是乾不只是天，但也可以是君，因为"乾为天，为君，为金，为马"，所以是"as"，这叫"为"。但是"乾，健也"，意思就是说乾一定是健，即不管你是为君还是为什么，都得有刚健的本性，那就是"是"。就像"天命之谓性"，"之谓"即"就是"，天命就是性。还有"一阴一阳之谓道"，一阴一阳就是道，任何一个道一定显示有阴有阳的不同的面相，还在不断地变化。看不到道，但是可以看到一阴一阳，一阴一阳就是道的显现。形而上者谓之道，形而下者谓之器，"谓之"就是给一个名称，这就叫"为"，那就不是"是"。"之谓"就是"是"，"谓之"是"为"。"谓之"就弱很多了，不一定是本质。

上智者明明不是间谍，但他可以发挥比间谍还好的功效，所以不要被专业限制住，敌人的间谍也可以用，不一定要情报局毕业的专业人才，要把他当活间谍用，尊重其看法，运用其观察力，必成大功，这就是"上智为间"，不是五间可以规范的，这才是用间的高境界。无所不用其间，才是防不胜防。

第八章 胜敌益强——作战篇第二

战前预算

《作战篇》涉及战争的预算。想打仗，就要算一算花多少钱。篇名为"作战"，其实并没有作战，而是想要发起一场战事，先看财力。财源在哪里，如何省钱，战前都是要预算的。

孙子曰：凡用兵之法，驰车千驷，革车千乘，带甲十万，千里馈粮，则内外之费，宾客之用，胶漆之材，车甲之奉，日费千金，然后十万之师举矣。

这一段和《用间篇》的开篇如出一辙，思想是一致的。《用间篇》一开始就告诉我们军事行动很花钱，所以要尽量把钱花在用间上，大钱就可能省掉不少。"凡用兵之法，驰车千驷"，孙子处在春秋末战国初，春秋时期还有车战，而且主流的兵种是战车，旁边还有护卫的步兵。战车在平原地带还有用武之地，到了比较特殊的地形，就显得笨拙了。因此，春秋时的战争规模有时看起来虽大，但是大规模的杀戮还是很少。而到了战国，各式的兵种出现，大规模的杀戮战争已是常事，一场大的战争动不动就是骑兵几万、步兵几十万。此时的战争讲究灵活多变，赵武灵王学胡人，胡服骑射，就是因为宽袍大袖妨碍作战。春秋时期的车战在战国时期几乎销声匿迹，因为车战不仅耗费大量的财力、物力，而且远没有骑兵、步兵的作战灵活。但是《孙子兵法》提到车战非常重要，我们就知道孙子还是春秋末期这个时代的人。

"驰车"就是往前冲刺，就像现在的装甲车一样往前冲，"千驷"，"驷"就是四匹马拉的一辆战车。往前冲刺，要用到一千辆四匹马拉的战车。以前只有诸侯大国才有千辆兵车，万乘只有天子才有资格。诸侯的规格是四匹马拉车，如果是周天子的规格，可能是六匹马拉车，所以《易经》中的乾卦《彖传》才说"时乘六龙以御天"，这一点在洛阳出土的文物可以为证。一般诸侯是千乘，打仗的时候整个国家能出一千辆兵车。但是光有这个还不行，因为一定要有辎重补给，还有"革车千乘"，即有多少在前面冲锋的战车，后面就有多少补给的辎重车，那些车用皮革包装，速度就不会那么快。革车也要准备一千辆，因为要消耗，所以革车很有必要。

"带甲十万"，十万大军远征都得披盔戴甲。盔甲也是要花钱的，真的是处处都要花钱。"千里馈粮"，大兵要行动，粮草先行，但是补给线拉得太长，也很危险；如果没有防护，很容易给人劫走粮草。这种后勤作业往往决定了战争的胜负。在现代来说，就是物流的速度。以军事领域来讲，美军在后勤体系的高效率非常科学，据说全世界有名，在海湾战争中，不同的军种、不同的物资都启用了强大的交通工具，在某一个时间点准时送到某一个地方。对于现代战争来说，要做到这一点非常的不容易，如何规划也是一门科学，不能说让前方缺粮，或者补给线拉太长，后面追不上。左宗棠去新疆平叛的时候，曾国藩坐镇为其供给，所以左宗棠没有后顾之忧。不然前方战士吃紧，后方还在浪费，供应不上，这就糟糕了。"千里馈粮"的话，运费就非常昂贵。为什么说美国人在打越战时的花费是天文数字？因为美国这些少爷兵在越南战场上打仗，居然不要求就地取材，连清水都是从美国本土用飞机运去，这样的补给岂不贵得要命？要知道，打仗的时候，有时连马尿都得喝。所以，由这个细节就知道美军越战必败。当时的越共军队在洞穴那么糟糕的情况下都能够存活下来，再强大的科技优势都没有用。

"则内外之费"，就是所有军事行动的费用。"宾客之用"，宾客就是外交使节、外交人员，孔子说"出门如见大宾"，这是外交活动做得好，否则就是出门如见敌。《易经》中的师卦（☷）跟比卦（☷）是一体的两面。所有军事行动，都有一定的外交预算，这叫"宾客之用"，两国相争，不斩来使，传信息的一般是宾客，他们来来往往，都得花钱，尤其是战国时期的合纵连横，"宾客之用"则更大。

"胶漆之材，车甲之奉，日费千金，然后十万之师举矣"，兵器和器械都要用胶漆保养，也要花钱，战车、盔甲都得维修，打坏了还得不断地生产。这些都是"日费千金"，这样十万之师才能动。要不然，根本就动不了。

速战速决

其用战也，胜久则钝兵挫锐，攻城则力屈，久暴师则国用不足。夫钝兵挫锐，屈力殚货，则诸侯乘其弊而起，虽有智者，不能善其后矣。故兵闻拙速，未睹巧之久也。夫兵久而国利者，未之有也。故不尽知用兵之害者，则不能尽知用兵之利也。

因为耗费甚巨，所以一定要速战速决。"其用战也"，十万之师投到战场中，"胜久则钝兵挫锐，攻城则力屈，久暴师则国用不足"。十万之师每天都要花钱，把钱都用在战争中，就算最后取胜，可是一旦久战，会严重挫伤国民经济。很久才取胜，兵器也钝了，士卒的锐气也受挫，正如《左传》云"一鼓作气，再而衰，三而竭"。"钝兵挫锐"，如果是攻坚战，则会死伤惨重，一旦"攻城则力屈"，攻城时力气不够了，不要命都杀不上去。"久暴师"，整个军队在外面暴露太久了，"则国用不足"，一定会影响到国家经济。不断地烧钱，打了这么久，还没有一个确定性的结果，钱就不够了。投资也是一样，跨国投资，一定要考虑资金链的供应。

"夫钝兵挫锐，屈力殚货"，东西都用完了，力量也不够了，空空如也。"则诸侯乘其弊而起"，春秋战国时候，两国交战，旁边还有虎视眈眈的观望国，两虎相争，必有一伤，这就成了"鹬蚌相争，渔翁得利"。国际形势很复杂，不只是敌国，旁边的国家虽然是隔岸观火，但在双方力竭的时候难免趁火打劫。这就是"诸侯乘其弊而起"。"虽有智者，不能善其后矣"，遇到这样的情况，有再高智慧的人，都很难善后。因为你已经没有了力气，人家还是生力军，捡便宜足够。可见，师老兵疲，久战绝对不利。要避免这些，前面就要精算，要评估风险，要看到花钱的可怕之处。

"故兵闻拙速，未睹巧之久也。夫兵久而国利者，未之有也。"这就是第一段的结论。有智者也不能善其后，所以用兵只听到说宁愿笨一点，速战速决就可以节省时间、节省开销。而取巧看似妙招，如果拖久了，再妙的招也不妙了。可见，很朴拙的求胜，省钱省时间，有人喜欢耍花招，结果花招把时间拖长，花好多钱还不如难看一点、平实一点。所以用兵宁拙勿巧。"未睹"二字就说明从来没有见到历史上的战役是专门靠取巧，然后长久，能够撑持的。只要一拖久就得花钱，国家就受不了。"夫兵久而国利者，未之有也"，用兵时日长久，结果国家还能获利的，从来没有。所以绝对不能让战事拖下去，否则会拖垮所有人。

过去研究《孙子兵法》经常会有一些争议，因为孙子说"兵闻拙速，未睹巧之久也"，而用兵有时候就要用巧，使用四两拨千斤的灵活机变，以小博大，这些就是巧，不是硬碰硬，不是拙。但是碰到时间会拖得久的时候，"速"比什么都重要，再巧的手段都是错。可见，"兵闻拙速"，就是为了求速，有时候动作笨拙一点也无所谓。如果硬碰硬、结结实实打,可以快一点结束战争,那就宁愿不要拖。通常的巧,有时候要布局,就算是很巧妙,可是拖久了还没有一个决定性的结果,那就会对整个战局不利。换句话说,孙子并不排除用巧,如果取巧不拖时间,那当然更好。如果又笨又久,那也是没有办法的。

"故不尽知用兵之害者,则不能尽知用兵之利也。"这一句话很重要,永远是合乎时代的。任何一个大的行动付诸实践之前,先练习往最坏处想,就像我们现在讲的评估风险。风险一定会有,只是大小而已,有可能是七成的胜算,就有三成的败算。七成可以获利,至少有三成的风险,问题是把风险算进去,万一发展到这个地步,你能不能承担?有没有后招?所以,先把最坏的情况想好,然后有所准备,如果认为即使是最衰的地步,都能够禁得住,那就可以放手干。不评估风险,认为无所谓,就是"用兵之害",包括花钱、拖时间、影响经济,以及锐气尽消等。所以,要完全了解用兵可能带来的各方面的祸害风险,"用兵之害"是风险,对风险要完全了解,有所准备。否则,没有办法真正追求到利益。"用兵之利",利益必然伴随着风险,所以《易经》中的益卦(䷩)卦辞说"利有攸往,利涉大川",有重大风险,但是冒险犯难,方可得利。"不尽知用兵之害者",就是不彻底了解风险的本质,没有对各种风险进行分析、准备,也没有办法完全做正面思考,当然"不能尽知用兵之利也"。这是孙子千锤百炼的思维,从商、从政、从军,都一样,要尽知利害,就像太极图,先把黑的那一面好好研究、研究,不要老看到光明的那一面。

资源取之于敌

善用兵者,役不再籍,粮不三载,取用于国,因粮于敌,故军食可足也。

"善用兵者，役不再籍，粮不三载，取用于国，因粮于敌，故军食可足也。"善于用兵的人，不会再三从国内征兵，不会再三从国内运送粮草。武器装备由国内供应，从敌人那里夺取粮食，这样，军队的粮草供应就充足了。

军队粮草供应不会有问题，准备的绝对够吃，怎样才能做到够吃呢？不仅吃自己的，还要吃敌人的，运用敌人的资源。远征的军队第一次出发的时候带着装备人员，带着交通工具，因战事变化万千，时间不由控制。要走一个月，这一个月的粮食都得带着，从国内补给的随身带着，这是"随粮"，由大本营提供。等到跟敌人交战了，一旦粮草供给出现困难，就可以到敌人的国境去获取粮食，这叫"因粮于敌"。一入敌境，粮食绝对不要寄望于本国补给，只有消耗敌人的资源，节省自己的资源。也就是说，战前国家供应必备的一些东西，一旦行军过程中用完了，补给跟不上，就要自己想办法生存，绝不可能坐等本国再送粮食。什么情况下可以送粮食呢？如果敌人已经消灭了，或者取得了胜利，在国内的人要去迎接军队凯旋，进行犒劳，这就是"迎粮"。也就是说，粮食的预备只有两次，一是随粮，二是迎粮，绝不运第三次，用完了就得自己去解决粮食问题，这就是"粮不三载"。如果什么东西都仰赖大本营的补给，那谁供应得起呢？因此，一定要就地取材。像如今海外的分公司也是一样，刚开始带了基本的人员配备，预算用完了，生存下去就得靠自己的业绩，不能变成大本营总公司的无底洞。运费太贵，要自己想办法，最好是消耗敌人的。就像间谍也要"因间于敌"，"因粮于敌"这个思维也是如此。所以要全己，还要全敌，道理就在这里，敌人的资源也是资源，转为你用才是最划算的。

"役不再籍"也是如此，招一次兵就好，不能说打得不顺，继续征兵再送到前线送死。换句话说，征兵要一次性在一定的时间内征取多少人。就这么多人，就这么多粮食，就得搞定。没搞定的话，追加人，追加预算，追加粮食，绝对不行。要多少人就给多少人，一次性搞定，这叫"籍"，作战之前人员的准备一定要精算，千万不要吹牛。很多工程投资都是刚开始说得好容易，到后来不断追加，那就变成了一个很坏的习惯，像台湾的高铁就是这样。所以善用兵的大将，估算得很准确，不多也不少。"役不再籍"就是知道再征兵的困难，"粮不三载"也是如此，战争经营中的粮食，一定想办法从敌人那边取得。

"取用于国"，国家能够给你的是一些基本的配备，"因粮于敌"，主要消耗的粮食一定要从敌人那边去搜刮。"因粮于敌"就是《易经》大畜卦（☶）的"不家食吉"，为什么要吃自己的老本呢？要吃就去吃人家的，这样才能"利涉大川"。为什么每一个间谍都要自己训练呢？人家帮你训练得好好的，把他策反过来不是很好吗？"不家食吉"和"因粮于敌"一样的道理。"因粮于敌"后，"故军食可足"，军队粮食够吃。战场的胜利能够让你取得敌人的粮食，所以非取胜不可，取胜就可以掠夺人家的粮食，然后还可以把投降之后的敌人收编到自己的队伍中，征兵也省了。

所谓的"焦土抗战"就是"因粮于敌"的反面运用，敌方的远征军到你的国家来，不可能带那么多粮食，一定要搜刮你们的，我们要撤退的时候，就把所有他可能搜刮的粮食烧光。这就叫焦土抗战，就像俄国或苏联一败拿破仑，二败纳粹德国军队，就是靠这一点，利用地理的纵深，敌军后勤供应无法跟上。败退的时候不留任何东西给敌人，这种焦土抗战就是针对"因粮于敌"的战略思维的反制。有些老板用人才也是焦土抗战，他用的人，如果他不能用了，他就让别人也不能用。战国时候的商鞅，结果让秦孝公用了，秦国转弱为强。本来他在魏国，也是中原强国，但是魏国国君没有这种识才的本事，不能用，同时，魏国也开始奢侈浮华走下坡路。魏惠王的时候，当时的老丞相公叔痤就有识才的本事，他看出商鞅是惊天动地的人物，死前建议魏惠王重用商鞅，做丞相，结果被酒色掏空了智慧的魏惠王，以为老丞相是病昏了才做这种推荐，不接受。老丞相就说，如果你不用他，就得杀他，要不然将来他到别的国家就会来灭你。这种眼力不得了，不能为我所用，就得"焦土抗战"，不可以"因粮于敌""因人才于敌",结果魏惠王就觉得更好笑了,以为老丞相危言耸听。不过,老丞相还算厚道,既建议魏惠王杀商鞅,又私下建议商鞅逃亡。结果商鞅棋高一招,他哈哈大笑,说魏惠王不用他,就不会杀他。后来的发展果然如此。可见,千万不要把有用的东西留给敌人,否则竞争的消长马上就扭转。

务食于敌

　　国之贫于师者远输,远输则百姓贫;近师者贵卖,贵卖则百姓财竭,财竭则急于丘役。屈力中原,内虚于家。百姓之费,十去其七;公家之费,破军罢马,甲胄矢弩,戟盾矛橹,丘牛大车,十去其六。故智将务食于敌,食敌一钟,当吾二十钟;萁秆一石,当吾二十石。

　　"国之贫于师者",战争一旦启动,远征军补给线拉长,会导致国家和百姓贫穷。大军经过,一定会造成沿途的民生物资通货膨胀的现象。这是基本常识,一个地方如果没有兵经过,或者没有兵营驻扎,没有那么多流动人口,物价一定很稳定,供需比较平稳。如果一下子需求这么大,很容易造成通货膨胀,通货膨胀的结果当然严重影响到国家经济的命脉。"国之贫于师者"就像蝗虫一样过去,"远师"就得"远输",运补线拉长,"远输则百姓贫",民间要供应军粮,百姓所剩无几。同时物价一定受影响,"近师者贵卖",离军队近者,供不应求,哄抬价钱,东西也变贵。"贵卖则百姓财竭",这对国家的宏观经济绝对是非常消耗的。"财竭则急于丘役",国家财力陷入绝境,就会进入恶性循环,即开始不断更新名目进行征税，老百姓不堪负荷，不仅要交税，还要服"丘役"，也就是要服兵役。

　　对老百姓来讲，买东西贵了，东西又少，要交的税又多，然后家里的男人这一主要的劳动力又去当兵，这种恶性循环，导致"屈力中原，内虚于家"；更有甚者，"百姓之费，十去其七；公家之费，破军罢马，甲胄矢弩，戟盾矛橹，丘牛大车，十去其六"，"罢"即"疲"，民间的财力消耗大半，国家的财力只剩下原来的十分之四，六成都消耗打光。也就是说，不断地征税，在逐鹿中原的时候力量耗尽了，又没有办法取胜，"内虚于家"，使得"百姓之费"变成原来的十分之三。打造的兵器破的破、烂的烂，"甲胄矢弩，戟盾矛橹"等战争所使用的武器都消耗光，"丘牛大车"，"丘"是以前的行政区域，就像《易经》涣卦（☴）讲的"涣有丘"，运输用的牛车同样被消耗，这些资源都是"十去其六"。民间的财力消耗变成十分之三，政府的财力消耗变成只有十分之四，这样一来，国家不是垮了吗？

　　"故智将务食于敌"，所以一个有智慧的大将绝对要吃敌人的，不会吃自己的老本。"务"就是非这么干不可，一定要想办法从敌人那边取得消耗。"食敌一钟，当吾二十钟；萁秆一石，当吾二十石"，"萁秆"是马吃的饲料，吃敌人一钟的主粮，等于靠运输自己生产的二十倍，所以吃了敌人一钟，就等于自己生产、运送二十钟。马吃的也是一样，马吃一石干草，就等于我们给它准备二十石一样，一来一回相差真的是太多。

胜敌益强

　　故杀敌者，怒也；取敌之利者，货也。故车战得车十乘以上，赏其先得者，而更其旌旗。车杂而乘之，卒善而养之，是谓胜敌而益强。

故兵贵胜，不贵久。故知兵之将，生民之司命，国家安危之主也。

"故杀敌者，怒也"，这一点我在前面讲过，要敌忾同仇，就要利用手下那些人的愤慨情绪，要激怒他们奋勇杀敌，绝对不能心平气和。上了战场，下不了杀手，手软绝对不行，所以怒才能奋勇杀敌。战国时代，田单在守即墨城的时候，就故意让围城的燕军在外面挖他们的祖宗坟墓，激怒这些齐国后代的兵士。

"取敌利者，货也"，把敌人的资源取到手，不要破坏，不要烧掉。下面就是一种非常的激励手段，让士兵分享战果，使之奋勇当先。

人为财死，鸟为食亡，重赏之下必有勇夫。"故车战得车十乘以上，赏其先得者，而更其旌旗。车杂而乘之，卒善而养之，是谓胜敌而益强。"打仗本来是消耗，结果越打越强，很多敌人投降了，变成了你的人，兵力越来越强，然后敌人很多资源转为你所用。所以不但不会越打越弱，反而越打越强的道理就在这里。虏获了敌人十辆车以上，马上赏那些奋勇争先的先锋，改换他指挥。如果是敌人的兵一时落败，把他编制到自己的队伍，就要更换军旗，打散他们原定的编组，化整为零，重新编制，这样他们就不是一个团队，不然敌人投降过来可以相信吗？这就是防人之心，打散其编制，免得都是他的子弟兵。就像企业中，今天他为了多赚三万块来这里，明天有机会了，人家花三十万又挖走了，而且他带着子弟兵就走了。先"赏其先得者"，然后换主管，"更其旌旗"，换旗号，"车杂而乘之"，要监控，不能都是敌人的降兵，中间也要夹杂有你的兵，"卒善而养之"，对降兵还是要善待。可见，对于投降者不能完全没有戒心，要用你的编制去消化降兵的编制，随时有监控，指挥权也要打散，不可以保留原样，免得降将来时带来子弟兵，去时带走子弟兵。奖赏奋勇争先的将士，又把虏获来的敌人编制重新改造，"是谓胜敌而益强"，这样会不断增强部队的活力，而且不怕将来出状况。

"故兵贵胜"，打仗就是要取胜，不贵久。"故知兵之将"，真正了解兵法的将领，"生民之司命"，老百姓的生命都悬在他的手上，由他来主控，"国家安危之主也"，也是国家安危的主宰。国家和百姓的命运主宰在一些关键人的手上，如果这些人明白这个道理，老百姓可以托付给他，所以《计篇》所说的"道、天、地、将、法"中的"将"非常重要。

《作战篇》与其他兵家之证

《作战篇》是计算每天打仗要多少钱，打仗不是定期领薪水，花钱几乎是连续的，每一天都不知道要花多少钱，就像出租车的表一直在跳，跳得你心疼。所以一定要衡量，要尽快结束战争，不然花钱如流水，一直跑下去。

《作战篇》有两个注意事项。一是"不尽知用兵之害者，不能尽知用兵之利也"，先考虑最大的风险，承担能力，再考虑能不能获利。如果没有做过审慎的风险评估，那么所有的利都是虚幻的。用人、做事都是一样，不要老是想着花好月圆、一切顺遂，先评估风险，而且要"尽知"任何一种形势的风险。二是"因粮于敌"，我们一再强调，《作战篇》的关键就在这里。任何人自己拥有的资源，从生产到培训成为气候，不知要花多大的精力，为什么不把敌人的资源转为我方用呢？用敌方的间谍，粮食消耗全用敌方的，那是多么的划算。所以，只要取得战场的主导性，资源都要能够用，就会越来越强，这就是"胜敌而益强"。

"因粮于敌"是反客为主。大唐名将李靖的兵法著作《唐太宗李卫公问对》，认为战争的胜负是由多种因素促成的，不可归结为单纯的一个原因，"兵家胜败，情状万殊，不可以一事推也。"他还认为事物都是在发展变化的，强弱、优势、主客都处在变化之中，"'因粮于敌'，是变客为主也；'饱能饥之，佚能劳之'，是变主为客也。"这是强调主客在兵法中的运用。凡是跑到人家的国度，难免劳师远征，是客军，作为防守的一方，对付侵略者，是主军。主军有主场优势，地形地物熟悉，而且易敌忾同仇，共同抵御侵略者。反之，作为客军，到别国国土上作战，后勤的问题就很重要了。下面这一段就是著名的主客之论。

  太宗曰：兵贵为主，不贵为客；贵速，不贵久，何也？
  靖曰：兵不得已而用之，安在为客且久哉。《孙子》曰："远输则百姓贫。"此为客之弊也。又曰："役不再籍，粮不三载。"此不可久之验也。臣校量主客之势，则有变客为主，变主为客之术。
  太宗曰：何谓也？
  靖曰："因粮于敌"，是变客为主也；"饱能饥之，佚能劳之"，是变主为客也。故兵不拘主客迟速，惟发必中节，所以为宜。
  太宗曰：古人有诸？
  靖曰：昔越伐吴，以左右二军鸣鼓而进，吴分兵御之；越以中军潜涉不鼓，袭败吴师，此变客为主之验也。石勒与姬澹战，澹兵远来，勒遣孔苌为前锋逆击澹军，孔苌退而澹来追，勒以伏兵夹击之，澹军大败，此变劳为佚之验也。古人如此者多。

如果懂得"因粮于敌"，虽然是客军，但是到了人家的地盘，好像变主人，人家的粮食自己打开粮仓就用了，这叫变客为主，取得了主动的优势，不必千里迢迢从自己的国家去运粮食，懂得因粮于敌，就可以反客为主，化被动为主动，取得主导的优势。黄石公的《三略》中也讲道：

  用兵之要，必先察敌情，视其仓库，度其粮食，卜其强弱，察其天地，伺其空隙。故国无军旅之难，而运粮者，虚也。民菜色者，穷也。千里馈粮，士有饥色。樵苏后爨，师不宿饱。夫运粮千里，无一年之食，二千里，无二年之食，三千里，无三年之食，是谓国虚。国虚，则民贫；民贫，则上下不亲。敌攻其外，民盗其内，是谓必溃。

"千里馈粮"，总有吃不饱的时候，万一接济不了，"士有饥色"，要是被人家劫了粮，那就更惨了。补给跟不上，在战场上会时刻充满不测，这不是一件好事。如果老是这样，不能"因粮于敌"，"是谓国虚"，国家就因为这种长程的补给慢慢弱下来，"是谓必溃"，总有一天会灭亡。

关于《孙子兵法》十三篇，我曾用易占去探讨其主旨，关于《作战篇》得出来的结果就是大畜卦（䷙）的第一爻，爻变有蛊卦（䷑）之象，《作战篇》强调后勤补给的重要性，主张"因粮于敌"，大畜卦正是多方储备，卦辞称"不家食吉"，就是不要吃自己的，吃天下，吃四方，就是"因粮于敌"，"因粮于敌"就"利涉大川"。《始计篇》占的结果是无妄卦（䷘），四个阳爻变，变为坤卦（䷁）。《始计篇》是第一篇，《作战篇》是第二篇，无妄卦、大畜卦相综，是一体的两面。也就是说，在"始计"的时候马上就要算钱，千万不要轻举妄动，不要妄想，五事、七计一定都算完，要周到；到作战的时候，一定要储备足够的资源，才能发动战事。大畜卦的第一爻，就强调很多资源要从敌方获取，如果没有这种准备，老吃自己的，就想发动战争，一定败事，就会如爻辞所称"有厉，利已""不犯灾也"，爻变为蛊卦（䷑），说明如果后勤不足，切勿轻启战端，"有厉，利已"就是严正提醒，仓促起事，很难善后，事情难免败坏。

《司马法》说："大小，坚柔，参伍，众寡，凡两，是谓战权。"也就是说，任何事情不能只做单线思考，绝对不能单打一，想获得利益的同时要评估风险，因为利益必然伴随着风险。不要尽想着成功，也要想到失败，任何事情要做两端思考。这才叫"战权"，任何战事一定要权衡，做好各种准备。

司马穰苴这个概念，到了战国时期的《尉缭子》得到了进一步发挥："故知道者，必先图不知止之败，恶在乎必往有功。"真正懂得兵法之道的，一定要懂得适可而止，可能刚开始如秋风扫落叶，但到最后后勤却跟不上导致最终失败。"不知止"，就是不断扩充，好大喜功。所以，没有百分之百的把握，不能说非成功不可，先要想到万一失败时的处理能力、风险承担的问题。

荀子作为战国儒家的殿军，韩非子和李斯的老师，他也到过秦国，那时就觉得秦国多半会统一中国，《荀子》一书中有非常宝贵的阐述兵法的篇章——《议兵第十五》，荀子所论丝毫不逊于《孙子兵法》，荀子之学是有用之学，比喜欢唱高调的孟子有用多了。孟子有很多理想，只是人永远达不到，他高调了一辈子，辩才无碍，文采飞扬，但一件事也没做成。荀子就不同了，他的学说很平实，也是经验之谈，所以他的弟子才会出法家的大人物，还有在事功上确有建设的李斯。《议兵篇》称："无欲将而恶废，无急胜而忘败，无威内而轻外，无见其利而不顾其害，凡虑事欲孰而用财欲泰，夫是之谓五权。""将"就是"万般将不去，唯有业随身"的"将"，是拿来用的意思。也就是说，不要老是想用，老是想好，没想到任何事物用一用之后可能会废掉，什么事情都要练习往最坏处想。还有不要只想听好消息，只想成功，不要急于求胜忘了可能失败。"勿危内而轻外"，有些人就是内斗内行，对外面的又轻敌，千万不要有这种行为，这种心态要降到零。"勿见其利不顾其害"，不要只想到利益，而没有想到害处。"凡虑事欲孰而用财欲泰"，考虑事情一定要深思熟虑，不要很拮据，要够宽裕。"夫是之谓五权"，这就是用在军事上的五种最高的权变、衡量事情的法则。

第九章
不战而屈人之兵
——谋攻篇第三

扫一扫,
进入课程

《谋攻篇》接《作战篇》而来，"不战而屈人之兵"这句千古名言就出自此篇。《作战篇》提出，不但要使自己的资源少浪费、少消耗，还要尽量争取把别人的资源变成自己的资源，不管是粮草辎重，还是人才，都是争取之列。所以不要把别人打得破烂不堪，要设法保全，只要取得主导权，别人的资源可以转为你所用，这就是《谋攻篇》的全己、全敌，是兵法中非常重要的全胜思维。要知道，资源都是给人用的，并不存在着国籍之分。

不战而屈人之兵

　　孙子曰：夫用兵之法，全国为上，破国次之；全军为上，破军次之；全旅为上，破旅次之；全卒为上，破卒次之；全伍为上，破伍次之。是故百战百胜，非善之善也；不战而屈人之兵，善之善者也。

　　孙子说，"夫用兵之法，全国为上"，"国"是指敌国，即用兵之道，保全敌国为上策。"破国次之"，要是把敌人击败，把城池烧掉，资源不能再用，这是最笨的。所以上策是保全那个国家，破国除非不得已。"全军为上、全旅为上、全卒为上、全伍为上"，这种保全的思维从国家的最高的层次一直到军队的最小单位层次。军、旅、卒、伍都是军队建制单位，按照《周礼》的说法，"军"为一万两千五百人，"旅"为五百人，"卒"一百人，"伍"为五人，是最基本的战斗单位。据说希特勒在一战时就是一个伍长而已,可是后来做了三军统帅。

　　全的思维从国家的层次到整个军、旅、卒、伍,要贯彻到底。换句话说,从最高的政治单位到军事单位,都要考虑尽量保全能够保全的资源,全国如此,全军也是如此,反正就是要"全"。要保全,不要破坏。"是故百战百胜,非善之善者也。"百战百胜很困难,中国过去的名将大概只有李靖可以办到,就是战神吴起虽无败绩,但也有打平的时候。百战百胜很难得,但这不是最高的手段,因为百战百胜可能把自己的资源消耗殆尽,同时也把敌人的资源破坏不少,这就不是更高的思维——"善之善者也"。

　　"不战而屈人之兵,善之善者也",这才是最高的境界。让敌人的意志屈服,接受你的政治条件,尽量少杀伤,这样合乎人道,资源还可以永续利用。所谓的兵不血刃,就是"不战而屈人之兵"。"不战而屈人之兵"有时甚至不需要军事层面的大战,通过外交战、间谍战就可以让敌人知难而退,进而获得成功。尽量用谋略化解争端,这是上策。硬碰硬的战争,牺牲惨重,没有办法全胜,全己而且全敌自然成了空话。可见,"不战而屈人之兵"才是最高的兵法——"善之善者也"。

上兵伐谋

　　故上兵伐谋,其次伐交,其次伐兵,其下攻城。攻城之法,为不得已。修橹轒辒,具器械,三月而后成;距堙,又三月而后已。将不胜其忿而蚁附之,杀士卒三分之一,而城不拔者,此攻之灾也。

　　"故上兵伐谋,其次伐交,其次伐兵,其下攻城。攻城之法,为不得已。"上乘的兵法是利用战略挫败敌人，其次则是通过外交斡旋取得胜利，再次就是利用军事威慑迫使敌人屈服，最下等的方法就是攻城略地达到取胜的目的。硬碰硬的攻占城池，这种战争牺牲惨重，那是万不得已才用这种攻坚的方式。"伐谋"，一般解释就是说谋略战，但是说了等于没说，"谋"其实就是国家政策，是大战略。也就是汇总各方信息，像情报战就是信息的来源，把这些信息综合衡量，最后形成对敌决策。敌方的企图还没付诸实现，我方通过真实准确的情报就了解到了对方的底细，敌人就不敢动弹，这样一来，还需要打仗吗？争端化解于无形，不需要后面的硬拼，这就叫"上兵伐谋"。

其次就是外交战，到了要外交斡旋的时候，其实已经有很严重的纷争了，要通过外交进行调解。"伐谋"是化解于无形，"伐交"就是利用外交权衡周边的势力，用《易经》中比卦（䷇）的方法解决问题，外交能解决的争端自然是好事。如果外交谈判破裂，那就只能付诸军事战的冲突，即"其次伐兵"，军事战也可以用各种方法打，不一定要用攻坚的手段，硬碰硬这种损失惨重的方法不可取。"其下攻城"，攻城是最下乘的，就像二战的时候德国军队和日本军队坚决不投降，就得进行登陆战，牺牲不少士兵。在太平洋战争中，中途岛、硫磺岛之战都是牺牲惨重。攻城之法实在是万不得已，完全违反《作战篇》的原则。

"修橹轒辒，具器械，三月而后成"，"橹"是古代攻城的器具，称楼橹；"轒辒"是古代攻城时一种四轮工具。也就是说，修造这些工程的工具和准备作战用的器械，至少要三个月才能完成。古代战争，城池固若金汤，为最后的根据地，攻城的器具一般都是大型器械，从出厂到现场搭建，都要耗费大量的人力物力，要准备齐全这些器械，不是一下子就可以的，所有的准备达三个月之久，甚至更长。这三个月日费千金，还没开打，那要花多少钱呢？像二战时诺曼底登陆，盟军不知道花了多少钱做准备工作，军队要秘密调动，情报工作要全面摆开，一切的后勤供应要通畅，而且准备时间不能拖得太久，否则士气也会出问题。换句话说，光是准备就需要充分的时间和大量的金钱。

"距闉，又三月而后已"，"闉"是修筑攻城用的土山，因为敌人的城墙很高，从下面往上攻一定不利，所以要把彼此的高度差拉平。在城外堆土成丘，可以平视对方，如果能比城墙再高一点儿就可以俯瞰城墙内的防守状况。取得高位，占据制高点，对敌情可以了解得更透彻。但是这样的"距闉"，又要花费三个月。所有的准备工作，都是为了减少牺牲，但是大半年已经过去了，攻坚战还未开始。

为了准备充分一点儿，防护周严一点儿，还得注意："将不胜其忿而蚁附之，杀士卒三分之一，而城不拔者，此攻之灾也。"如果领兵的大将因对峙日久，动不动就生气，情绪管理不好，那是军队的灾难。因为半年大军没动，就花了这么多钱，难以抑制焦躁的情绪，强逼士兵去爬云梯攻城，像蚂蚁一样附着在坚壁上，一瞬间就"杀士卒三分之一"。所以，领军的主将有压力，半年没有寸进，要是万一不冷静，急于突破，兵士损失三分之一，城池还没有办法攻下来，这就是攻城带来的灾难。所以，孙子说"其下攻城"，除非万不得已，否则攻城付出的代价太大了。

全争于天下

故善用兵者，屈人之兵而非战也，拔人之城而非攻也，毁人之国而非久也，必以全争于天下，故兵不顿而利可全，此谋攻之法也。

最极端的、最下策的攻城是如此的不划算，是灾难，真正善用兵的人一定要懂屈人之兵，让他意志屈服。

"故善用兵者，屈人之兵而非战也，拔人之城而非攻也"，善于用兵的人，不靠硬碰硬的手段拿下对方，有很多其他的方法，像渗透、挖地道、搞内讧等。"毁人之国而非久也"，把一个国家灭亡不需要多长时间。成语"倾城倾国"就是如此，有时靠一个女人就够了。"必以全争于天下"，更要争取保全资源，全胜于天下。这才是最高的兵法，没有花大成本，没有大破坏。"故兵不顿而利可全，此谋攻之法也"，"顿"即困顿、疲惫。军队不用担心疲惫，但是利可以全，这才是孙子建议的谋攻之法。

有的人认为，《谋攻篇》到此就可以结束了，但是兵法家是非常务实的，绝对不唱高调的，所以还要细算，下面就是在现实的基础上的计算，很冷静地计算数量上的优势。

务实为第一

故用兵之法，十则围之，五则攻之，倍则战之，敌则能分之，少则能守之，不若则能避之。故小敌之坚，大敌之擒也。

大国跟小国打，不能一天到晚光念经，一般来讲，在孙子那个时代的交战，"十则围之，五则攻之，倍则分之，敌则能战之，少则能逃之，不若则能避之。故小敌之坚，大敌之擒也。"说得真有意思，双方交战，一定有大国、小国，所以人要务实，实力不如人，就要有弹性策略。不要太坚持所谓的大国尊严，如果坚持，不识时务，一旦敌人的实力领先，你所有坚持的资源就会变为敌人所用。这就是"小敌之坚"，没有胜算，坚持到最后被"大敌之擒也"，人家掌握压倒性的优势，你坚持到最后还是落败，沦为阶下囚，获得的资源也转为敌人所用。要是不坚，在刚开始没有消耗，胜负没有那么明显之前，不是有很多运作谈判的空间吗？

好，我们看前面的那一段话，强调了数量上的优势不能忽略。"十则围之"，如果我们的军队是敌人的十倍就可以包围他，把他困死。当然，一定要有十倍于敌的优势才能这么干，不然围不起来，会有裂缝让敌人有机可乘，进而突围。封锁，有时候不但是军事封锁，也可以是经济封锁。冷战时期，美国动不动就要制裁哪一个国家，还要发动全球的国家跟他一起禁运，像制裁朝鲜、伊朗，把他们封锁围堵。但是，除非你有十倍于他的经济力量才能全面围堵，不然别人照样走私获利。以前美国围堵中国，最后还是以失败告终，不得不和中国建交。后来的围堵伊拉克、围堵朝鲜，都是力有未逮。因为杀头的生意有人做，要让他完全围住，要有至少十倍以上的超优势。这就是"十则围之"，没有强大的领先优势是不行的。

"五则攻之"，如果力量五倍于敌人，可以采取主动进攻。进攻的一方一般要有比较大的兵力。"倍则战之"，如果实力是敌人的两倍，可以跟他对打，因为有数量优势。"敌则能分之"，"敌"就是匹敌，实力一比一，势力相敌。关于这句话，敌我双方实力一比一，谁也没有必胜的把握，过去有两个解释，一是说把对方切成两段各个击破，这个好像也言之有理，因为"分"也是半的意思；另外一个就是把自己的部队要分成两股或三股，这边打头，那边打尾，灵活机动作战，很多用兵之道就是分合的运用，分了之后，灵活机动，一边为主，一边为从，进行车轮战。双方实力一比一，没有了数量优势，就在于调度的灵活。"敌则能分之"，因为数量上没有优势，就充满了变化，也就是说，所有的橘子不要放在一个篮子里，要灵活出击，创造取胜的机会。

"少则能守之"，如果数量优势不如敌人，千万不要主动进攻，坚守即可。守的一方，不必依靠数量优势。"不若则能避之"，"不若"指实力不如对方，如果实在不是敌人的对手，那就快闪。大丈夫能屈能伸，孙子绝对不会建议说不是对手也要干到底。"不若则能避之"，就是《易经》

中的遁卦（☶），脚底抹油快闪，还有下一次机会。

找死的就是"小敌之坚"，结果是"大敌之擒"，这样太不智了。人生有时候要坚定、坚强，但是如果实力太弱，以实力原则来讲，相差悬殊的大敌，你越坚，对你越不利。因为兵法不是斗力的，而是斗智的。力不如人，就要强化你的智慧，就像《易经》中的小畜卦（☴），在"密云不雨"的沉闷格局中，以小博大，在艰难的夹缝中求生存，这种手段完全是斗智的。

"小敌之坚，大敌之擒"的前面也告诉我们，数量上的优势为第一，不能感情用事，不顾一切，无视于事实，顶头硬干，那是不行的。硬干不叫兵法，不需要攻城时，非要去硬打硬拼，像蚂蚁一样前赴后继，只会白白牺牲。兵力如果是人家的十倍、五倍、两倍，或者相当，都可以根据相应的对策应对。如果实在差太远，就赶紧闪人，在生存面前，这也没有什么不好意思的。现在打不过你，不代表以后打不过你，所以"少则能守之，不若则能避"，要有忍耐力。

《易经》第二卦坤卦（☷）就教我们这个"能"，有没有这个能耐，能不能忍，能不能顺势用柔，有短、中、长期形势的判断。乾卦（☰）要知，坤卦要能，良知良能，这两者配合得好，才是能耐。"能"字最古的意思是一种像熊一样的动物，现在的"熊"字下面就是"能"字加四点，古代的这种能兽的皮是很厚的，就像练柔道一样，要练摔，在没有碰到敌手之前，会自己爬到树上，然后摔下来，多摔几次，皮越摔越厚，这就叫"能"。有没有这个本领，皮要厚一点儿，不要不好意思，不打最好，要打当然要求胜，而不是要无谓的牺牲；而求胜就要有智慧，有时候就得忍，有进有退。

势均力敌"则能分之"，懂得灵活调度，分分合合，以分合为变。"少则能守之"，兵力不足，但守比攻需要的兵力比较少，可以以寡击众，能守就守，只要不丧失据点，但是不要采取攻势，因为力量不足。如果"不若"，实在差得太远了，那就只能避之，不要找死。要知道，实力的大小，这是客观因素，"小敌之坚"，坚什么呢？坚持到最后还是"大敌之擒"，那就没有必要了。

将在外，君命有所不受

夫将者，国之辅也。辅周则国必强，辅隙则国必弱。故君之所以患于军者三：不知军之不可以进而谓之进，不知军之不可以退而谓之退，是谓縻军；不知三军之事而同三军之政，则军士惑矣；不知三军之权而同三军之任，则军士疑矣。三军既惑且疑，则诸侯之难至矣。是谓乱军引胜。

"夫将者，国之辅也"，一个大将确实是国家重要的辅助。"辅周则国必强，辅隙则国必弱"，既然是良将佐国，最重要的辅助，如果这个大将考虑事情周密，那就是国之干城，国家一定强盛。如果说他毛病多了，到处都是空，到处都是缝，充满了瑕疵，充满了致命的弱点，国家一定弱。《九变篇》说"将有五危"，太清廉、太爱民都是"隙"，是致命的人格弱点。这样的人有情，有情就有弱点。所以一个将才浑身都是毛病，漏洞太多，这个国家一定弱。

前面的《作战篇》也讲过将的重要性，"知兵之将"，真正懂得兵法的将领是"民之司命"，老百姓的命运都在他手上，而且是"国家安危之主也"，确实如此。将在外，君命有所不受。没有办法事事请示，因为战场千变万化，现在还可以通过最便捷的资讯联络，请示一下重大的事情，以前的战场遥遥万里，怎么遥控呢？很多重大的事情必须大将自己决定，所以责任很重。《易经》中的师卦（☷），第五爻的政治领袖跟第二爻大将之间相应与的关系就是师卦的重点，"王三锡命，丈人吉"，讲的就是这个道理。

《谋攻篇》要全胜，要"不战而屈人之兵"，要伐谋、伐交，大将很重要，是国家的辅佐。所以君王面对所任命的大将，要尊重，又不能失去节制，分寸的掌握很重要。既然要尊重其专业领导，那就不要事事干涉，要懂得合理授权，只要授权不至于失控。《易经》坤卦第五爻的"黄裳，元吉"，临卦（☷）的第五爻"知临，大君之宜"，这都是领导统驭术，这些卦中的"六五"跟"九二"之间的关系一定要处理好，"六五"作为国君，要包容，又不能失控。

"故君之所以患于军者"，这里的"君"是政治领袖，在后方，"军"是负责实战任务的大将，在前线。国君不能不控军，但又不能事事都管。如果管过头，外行指导内行或者官大学问大，大将就难做事了。如果还不放心他，在大将身边安排几个探子监军，去分他的权，那就完蛋了，等于是自掘坟墓。自古以来因为这种信任关系不容易，所以千万不要勉强。君和将一定要有共识，才能合作，不要有任何一点勉强。作为国君，对于大将，有任何一点勉强，就不要用；既然用了，就得用人不疑，还要帮大将造势，巩固其领导威望。就像"将听吾计，用之必胜，将不听吾计，用之必败"，留之？去之？在当初任用的时候就得把关，免得事后遗憾。如果当时已经经过很严谨的程序，后来又叽叽歪歪，管太多，那就是自找麻烦。一旦这样，就会成为祸患。"故君之所以患于军者三"，而这种祸患基本的有三个。

其一是"不知军之不可以进而谓之进，不知军之不可以退而谓之退，是谓縻军"。对大将多方掣肘，使之缚手缚脚，这叫"縻军"。军队到底是该进还是该退，前方将领会有自己的专业判断，他负成败责任，国君不知道这个时候不可以进，可是因为自己的政治企图，强迫将领一定得往前冲，这叫"不知军之不可以进而谓之进"。或者，军队正是可以乘胜攻击的时候，上面突然来一个要求将领撤退的命令，结果因为国君的某种错误判断、对自身政权的不安全感，失去了大好时机，这就是"不知军之不可以退而谓之退"。该进的时候让他退，该退的时候让他进，不由前线的将领决定，由后方的君主决定，这两种结果都要命。这就是所谓的"縻军"，拿着绳子遥控，既没有进入状态，也不在第一现场，致使前方将士进退无措。不了解前线，在后方假充内行，这便是二战时的希特勒常犯的毛病，他认为自己是无上权威的领袖，对德国的那些非常专业的军事指挥官动辄干涉。德军刚开始攻打他国的时候，凭着闪电战，攻城略地，所向披靡，造就了德意志帝国短暂的辉煌，后来希特勒就如同《易经》乾卦走到尽头的上爻"亢龙"，以为自己是神，无所不能，在战争进行到中后段的时候，他很多的军事决策是很不专业的，有时就是白白牺牲，让自己战到一兵一卒，不懂得保留实力转进，这就是典型的"縻军"。德军再强，碰到这种无上的元首命令，是将士们的第一个祸患。

其二是"不知三军之事而同三军之政，则军士惑矣"。国君不懂三军军事，但是要插手管三军之政，军中出现两头马车，到底是听将军的，还是听国君的？将权不专，"则军士惑矣"，士兵们迷惑得很，无所适从。可见，这种干涉是很幼稚的，完全违反军事专业常识。

其三是"不知三军之权而同三军之任，则军士疑矣"。"权"即权变，事情一变化，马上就要有权变的措施。《易经》的巽卦（☴），也是《系辞传》忧患九卦的最高段位，就强调"巽以行权"，发号施令，要像风一样无形无象，随机应变，这就是"权"。在后方的国君，如果不懂得权变的重要，不明了外界的局势瞬息万变，"而同三军之任"，就把指挥三军的责任扛在身上，指指点点，"则军士疑矣"，士兵们怎么不会犹疑不定呢？

"三军既惑且疑，则诸侯之难至矣。是谓乱军引胜。"这三种祸患会导致三军将士既迷惑，又犹疑不定。就像乾卦第四爻"或跃在渊"，是跃升还是跳下，就有疑、有惑。"则诸侯之难至矣"，疑惑不定的话，号令不一，然后外行老是干涉内行，列国有机可乘，就要乘虚而入。不禁打，士气也不好，诸侯就来挑衅、找麻烦了。"诸侯之难"在春秋战国时代永远是这些国君和统兵大将们念兹在兹的，所以绝对不能在鹬蚌相争的时候，给旁观者以渔翁得利的机会。《作战篇》就讲过，久战不下，则"钝兵挫锐，屈力殚货，则诸侯乘其弊而起，虽有智者不能善其后矣"。国君始终要有忧患意识，否则"诸侯之难至矣"，"是谓乱军引胜"，这就是把自己的军队搞乱。军心紊乱，指挥体系混乱，都是自乱阵脚。本来人家没有机会可趁，你自己反而搞出无限的破绽，怎么不会引来敌人乘虚而入？

　　这一段很有意思，一个叫"縻军"，一个是疑惑造成诸侯之难，造成外患，叫"乱军引胜"，总共只有两件事情。孙子怎么说有三种祸患呢？如果分项，"进"算一项，"退"算一项，"疑"算一项，"惑"也算一项，那就是四项，再不然就是两项，怎么会是三项呢？"縻军"包括进退，疑惑是"乱军引胜"，只有两项。以前的人早就注意到了这个问题，严格讲起来就是两件事：一个是縻军，包括进和退；一个是管得太多，什么都要插手，让将士疑惑不定，结果引来外患——"乱军引胜"。是不是笔误或者别的原因，还得要当事人孙武来揭开这个悬案的谜底。

知胜之道

故知胜有五：知可以战与不可以战者胜，识众寡之用者胜，上下同欲者胜，以虞待不虞者胜，将能而君不御者胜。此五者，知胜之道也。

　　"故知胜有五"，《孙子兵法》中的"知"是特别重要的字，意思为智慧、知识。换句话说，"知"就是斗智，讲究专业水平，无知就是迷信。"知胜有五"，希望求胜，就跟"知"有关，很多仗在没打之前，要有战力的评估，将相和不和，君将关系如何，根据这些，差不多就可以判断结果是胜是负，这就是有经验的过来人，归纳出来的五项经验。孙子可能受阴阳五行的影响，动不动就是"五"，哪五个呢？

一是"知可以战与不可以战者胜"。实力相差太远，根本就不能发动战争。如果可以，就要有"知"，知才可以战，"不可以战"，就不会图侥幸，有自知之明。既要有始计，也要有战力评估，这样才有获胜的把握。

二是"识众寡之用者胜"。寡有寡之用，众有众之用，寡就是资源实力不足，众就是资源实力雄厚。众寡之用不同，小畜卦（☴）能够以小博大，以小事大，就懂得寡之用。大有卦（☲）则是众，资源雄厚，一应俱全，故大有卦有"众之用"。以寡击众、以众击寡的时候要懂得其用。资源不足的时候短时间玩一下，那叫"寡之用"，资源充沛的时候不能浪费，还要发挥最大好处，像你是人家的十倍，就包围他，如果你不到十倍，就不要采取包围的策略，而是主动进攻。小畜卦在《杂卦传》中就是"寡也"，大有卦就是"众也"。小畜卦和大有卦就是讲众寡之用，"不患寡而患不均"，如果又寡又不均，那就非完蛋不可。"识众寡之用"这是最基本的常识。小畜卦在寡的时候就不跟人家硬拼，而是斗智，以小事大，埋头发展自己，所以小畜卦的《大象传》称"君子以懿文德"，《论语·季氏篇》云："远人不服，则修文德以来之。既来之，则安之。"要发挥寡的用，就要懂得杠杆，哪一个是杠杆的施力点，要掌握好。小一点也要有特色，要有独门的绝活，没有特色就没有存活的根基。小国、大国和小公司、大公司，同样面临竞争，小的如何生存，就要有不一样的地方。因为小，就不可能面面俱到，一定要抓重点去发展，要迎头赶上，要在某一方面争取世界第一，在整个全球的供应链中做得最好，才能达到"众"的目的，这样才有立足之地。

三是"上下同欲者胜"。领导人跟下面的人上下一心，有共同的欲望或愿景，在这一点上他们绝对合作，就像风雨同舟一样，共同面对挑战。"欲"字讲得赤裸裸，这也是兵法家可爱的地方，完全不唱高调，重视事实。像在《计篇》的时候还有一点儿包装，称"令民与上同意"，要争取民意的支持，同意为何而战，为谁而战，要师出有名。"同意"跟"同欲"不一样，"欲"是把所有的利害关系统统绑在一起，非合作不可，这样一来，"上下同欲"，就团结一心，取胜的机会也大。

四是"以虞待不虞者胜"。"虞"字在《易经》中是很重要的一个字。萃卦（䷬）《大象传》"除戎器，戒不虞"，屯卦（䷂）第三爻"即鹿无虞"，中孚卦（䷚）要建立彼此的信任关系，第一爻"虞吉，有它不燕"，就要征信，在兵法中同样如此，君将关系要成立，也要经过一个严格的征信，征信一过，就要用人不疑。"虞"字外形是一个人披着一张老虎皮张口大叫，虞人是古代打猎的时候很重要的一个官职，作为向导，就是事先有计划、周密的部署，才能引导人去打猎，兵法的"始计""作战""谋攻"，一路来都是在做"虞"的动作，"用间"也是在做"虞"的动作，"不虞"就是所有这些该做的基本功不做，心血来潮就上阵，完全没有做准备。如果有充分准备，对待那些完全没有准备的人，当然胜。

五是"将能而君不御者胜"。大将如果很能干，非常专业，超过国君的能力，国君就不要遥控指挥，完全放心让其主导前方战事，这样就会取胜。道理虽然如此，但是历史却不尽然。很多的大将能力太强，君主就怀疑其功高震主，容不得他，事事干涉，这样怎么会胜呢？当然，这句话千万不要误解，孙子强调"将能"，但并不是失去为将的分寸而功高震主；还有，大将如果"不能"，君当然要御，就得管。如果"将能"，国君省心，何必要管呢？

"此五者，知胜之道也"，上述五种，就是预见胜利的方法。

知己知彼

故曰：知己知彼，百战不殆；不知彼而知己，一胜一负；不知彼不知己，每战必败。

"故曰：知己知彼，百战不殆；不知彼而知己，一胜一负；不知彼不知己，每战必败。"这里就出现了举世名言，而且很有发展性。"知己知彼"，不是百战百胜，千万不要乱讲，而是"百战不殆"，即立于不败之地。所谓的"百战百胜"，孙武不会这么说的，很多人说"知彼知己，百战百胜"，其实《孙子兵法》中没有这样的话。没有人会百胜，因为还有"知天知地，胜乃可全"，周遭自然环境不知道，光知道敌我双方，就想百战百胜，要是气候突变，双方都毁灭了呢？知彼知己只是最起码的"用间"、"始计"的工作，"知彼知己"只是说经得起打，即"百战不殆"，不会被打垮，没有说一定取得胜利，更何况"百战百胜"也并非兵家追求的最高目标，"百战百胜，非善之善者也；不战而屈人之兵，善之善者也。"但是俗话老是把它缩短成"知彼知己，百战百胜"，这就误导太多人了。

"不知彼而知己"，如果不了解敌人，对自己的虚实很清楚，"一胜一负"，胜负各半而已。

如果"不知彼不知己"，那就是"每战必败"，每一次战争都会被打垮。不知彼也不知己，不了解自己真正的实力，没有自知之明，也不了解敌人，那是不开玩笑吗？知己比较容易，知彼困难，就得启用间谍，要提高胜算，至少不被打败，就要做到"知彼知己"。知彼最好的方法是靠用间，知己靠部队的战力、国家的国力，不能只看报表，要有深入的掌握，不要被带有水分的报表蒙骗。

《谋攻》与其他兵家之证

谋攻是计划要攻击，绝对不能乱来。第一个最重要的观念是"不战而屈人之兵"，第二个观念是"将能而君不御者胜"。这一章主要就是这两个观念。关于"不战而屈人之兵"，《六韬》中，提出"全胜不斗，大兵无创"，全胜就是保全资源，不斗怎么会破坏呢？不仅全己，而且全敌。但是真正了不起的兵力的运用，是你不会受伤，"与鬼神通，微哉微哉"，这就是极高的智慧。

在《六韬·文伐》中，有一段关于"文伐"的论述，有十二节。

> 文王问太公曰："文伐之法奈何？"
>
> 太公曰："凡文伐有十二节：
>
> 一曰：因其所喜，以顺其志；彼将生骄，必有好事；苟能因之，必能去之。
>
> 二曰：亲其所爱，以分其威；一人两心，其中必衰；廷无忠臣，社稷必危。
>
> 三曰：阴赂左右，得情甚深。身内情外，国将生害。
>
> 四曰：辅其淫乐，以广其志，厚赂珠玉，娱以美人。卑辞委听，顺命而合，彼将不争，奸节乃定。
>
> 五曰：严其忠臣，而薄其赂，稽留其使，勿听其事。亟为置代，遗以诚事，亲而信之，其君将复合之。苟能严之，国乃可谋。
>
> 六曰：收其内，间其外，才臣外相，敌国内侵，国鲜不亡。
>
> 七曰：欲锢其心，必厚赂之，收其左右忠爱，阴示以利，令之轻业，而蓄积空虚。
>
> 八曰：赂以重宝，因与之谋，谋而利之。利之必信，是谓

重亲。重亲之积，必为我用。有国而外，其地大败。

九曰：尊之以名，无难其身，示以大势，从之必信。致其大尊，先为之荣，微饰圣人，国乃大偷。

十曰：下之必信，以得其情，承意应事，如与同生。既以得之，乃微收之，时及将至，若天丧之。

十一曰：塞之以道。人臣无不重贵与富，恶死与咎；阴示大尊，而微输重宝，收其豪杰。内积甚厚，而外为乏。阴纳智士，使图其计；纳勇士，使高其气，富贵甚足，而常有繁滋。徒党已具，是谓塞之。有国而塞，安能有国。

十二曰：养其乱臣以迷之，进美女淫声以惑之，遗良犬马以劳之，时与大势以诱之，上察而与天下图之。

十二节备，乃成武事。所谓上察天，下察地，征已见，乃伐之。"

伐谋是文伐，伐交是文伐，伐兵与攻城才是武伐。武王伐纣，姜太公提出文伐十二节就是因为武王是以小博大的革命战争，有很多地方可以斗智。真正需要武伐的时候一战就可成功。文伐可用外交、金钱、间谍、女色等，看似没有用兵器，但是照样造成"伐"。

武王问太公曰："予欲立功，有三疑：恐力不能攻强，离亲，散众，为之奈何？"太公曰："因之，慎谋，用财。夫攻强，必养之使强，益之使张。太强必折，太张必缺。攻强以强，离亲以亲，散众以众。""因之"就是敌人有什么就要懂得运用，譬如敌方内部有什么矛盾，就挑拨离间，或者争取过来。这就是制造问题，但是借力使力的同时，要"慎谋"，还要用钱去砸，财帛动人心。

《尉缭子》称："曲胜，言非全也。非全胜者，无权名。""曲胜"是指赢得局部战争，没有保全所有的资源，不像"不战而屈人之兵"那么辉煌的战果，所以"曲胜"没有什么了不起，可能还会耽误大局，未必讨得了便宜。因此，非全胜者当不得"权"这种智慧的好名称。可见，尉缭子也是追求全胜，希望"兵不血刃，而天下亲焉"。

《黄石公三略》称"兵有全胜，敌有全因"，全胜已经变成一个了专有名词，不是我们一般人讲大获全胜或者百战百胜。"敌有全因"，是指敌人的任何资源，我们都可以巧加运用，譬如他们有人际矛盾，我们就可以利用他们的矛盾，君将猜忌、将相不和等巧加运用，他们自己就会乱成一团。"战之所以全胜者，军政也"，要全胜，平常的经营管理就要有一套，养兵千日，用兵一时，军队要重视素养的训练。发生那种不期而遇的事情时，可以及时进行危机处理。平时就得养，到时候气势就是不同，这就是"军政"。

《吴子兵法》云："战胜易，守胜难。"美国军队就是如此，在海湾战争中，可谓战无不胜，但是胜利要长久持续下去就很难。"天下战国，五胜者祸，四胜者弊，三胜者霸，二胜者王，一胜者帝。是以数胜得天下者稀，以亡者众。"也就是说，一直取胜最后真正统一天下的霸权很少，反而因为老打胜仗最后灭亡的很多。美国的伊拉克战争、阿富汗战争大获全胜，但问题是赢得战争容易，赢得和平却有无上的艰难，最后陷入战争的泥潭，只有拼命花钱，然后君跟将之间的关系也会出现矛盾，像美国的四星上将因为阿富汗问题，就被奥巴马免职，这就有点儿像当年杜鲁门对待麦克阿瑟一样。

关于"将能而君不御者胜"，是强调国君和大将之间的关系处理。《司马法》说："古者，国容不入军，军容不入国。军容入国，则民德废；国容入军，则民德弱。"军队是一个特殊的团体，要讲军威、军容，这一套跟平常的老百姓或者文人机构不一样。政治的那一套不要带到军队中去，军队是讲究肃杀、威武；同样，军队这一套不能够搞到朝廷或地方去，那一套行不通。所以军队就要像一个军队，如果把平常老百姓或者文官那一套搬到军队中，军队绝对不会强，如果"军容入国"，变成军事化管理，大家过太平日子还要接受这么多约束，会很难受。这就是分寸的讲究。

《荀子·议兵第十五》称："权出一者强，权出二者弱，是强弱之常也。"这是强调权一定要统一。"所以不受命于主有三：可杀而不可使处不完，可杀而不可使击不胜，可杀而不可使欺百姓，夫是之谓三至。"一个大将不受君王的命令在三个特殊条件下才可以。第一个是你可以杀掉我，但是我不服从你乱七八糟的命令，让我的军队处于一个不完备的状态，即充满了弱点，随时可能被敌人突杀。第二个是，一定要逼着我去攻击敌人，在不可能赢的情况下，我就要抗命，再不然我就要辞职。第三个是"可杀而不可使欺百姓"。这就是"三至"。

《孙膑兵法》称："君令不入军门，将军之恒也。"军中只听将令，不直接听君令。汉朝周亚夫屯军细柳营，皇帝入营未得将令，都得下马步行。"君令不入军门"，这是最大的将德，也是常道。"御将，不胜"，对大将管得太多绝对不胜。"得主专制，胜"，得到君王专门的信任、授权，这个仗容易取胜。

《六韬》说："国不可从外治，军不可从中御。"国不可从外治，这是当然的事情，君不可以遥控军队。"军中之事，不闻君命，皆由将出"，军队中的事情，不能等待君王命令，所有决断应由将帅做出。

《唐太宗李卫公问对》称："兵不豫言，君命有所不受。"很多事情是临机应变的，只能交代大原则，没有办法具体指示，环境变了，大将必须临机应变，不但是这样，连出国的外交人员都不能事事请示，有些事情就得自己做决定，自己为自己的决定负责。

整个《谋攻篇》，从《易经》的角度来讲，我们占卦的答案就是咸卦（䷞）第六爻，动动嘴就行了，就可以"不战而屈人之兵"。第六爻"咸其辅颊舌"，以三寸不烂之舌搞定。外交战很多也是动口，"伐谋"的目的就是为了和平，是"不战而屈人之兵"，咸卦的《象传》称"天地感而万物化生，圣人感人心而天下和平"，"不战而屈人之兵"最后换来的就是和平。

第十章 积形造势

——形篇第四

《形》《势》《虚实》这三篇是兵法中的精华，整个《易经》中也在强调形势、虚实，如何判断形势，了解力量资源之间的虚实，即阴阳的互动。华人社会中，对于形势、虚实即便不知道怎么定义，大概都能够有所体会，可以说这也是中国文化中渗透很深的哲理。大的形势，小的形势，虚者实之，实者虚之。但是这么系统性的阐述，除了《易经》在六十四卦三百八十四爻中出神入化的介绍，甚至是动态的四千零九十六种包罗万象的变化，形势虚实叹为观止、比较系统性之外，例证、阐扬、发挥得这么系统的，就是《孙子兵法》十三篇了，谈完了"形"再谈"势"，谈完了"势"再谈"虚实"，前后的顺序也是一点都没有错，这三篇真的要好好玩味。

吴起论将五德

关于将领的五德，吴起有专门的阐述。《吴子兵法》称："故将之所慎者五：一曰理，二曰备，三曰果，四曰戒，五曰约。理者，治众如治寡。备者，出门如见敌。果者，临敌不怀生。戒者，虽克如始战。约者，法令省而不烦。受命而不辞敌，破而后言返，将之礼也。故师出之日，有死之荣，无生之辱。"

《势篇》一开始，孙子就说"凡治众如治寡"，说的就是领导的统驭能力。不管是带大数量的兵，还是带少数人，都没有什么差别，能够化繁为简、以简驭繁，所以作为一个统兵的将领首先要有这个本事，"理者，治众如治寡"，就是理的能力，治理的才干。这是第一。

第二个就是"备",预备周全,"备者,出门如见敌",时刻保持战备,始终要有敌情意识、危机意识,离开家里安全的大门,敌人还没有看到,就像面对敌人一样,保持戒慎恐惧的心,好像住在丛林里头一样,始终做好战备。就像《易经》中豫卦（䷏）的"利建侯行师"。"出门如见敌"与《论语》所说相比,完全不一样,《论语》教我们"出门如见大宾",态度是和善的。不过,"见大宾"是外交活动,"见敌"是军事活动,也就是比卦（䷇）的外交和师卦（䷆）的出师。一出门都要敬慎其事,做好战斗或者是谈判的准备。同人卦（䷌）第一个爻"同人于门",说明不能窝在家里做宅男,要出门透透气,动一动,晒晒太阳。"同人于门",这是同人卦的基本功,鼓励出去交朋友。随卦（䷐）也是如此,人要随缘,第一爻"出门交有功",要出门交朋友,既然不是诸葛亮,就不要天天待在家里等别人来找你,要主动把爱传播出去,积极展开人脉经营,出门就不会落空——"不失也",绝不会失之交臂。"出门如见敌"是吴起这个天生的兵法家的提醒,作为将领,不管任何情况下,都要有敌情意识,做好准备。

"果者,临敌不怀生",一个将领绝对是很果断的,什么都想透了,很果决,真正碰到敌人时,不存苟活的想法,一定是跟敌人干到底。"不怀生",不存有活着的想法,才会死战。

"戒者,虽克如始战",虽然克敌制胜,但是赢了之后的事情更多,像美国赢了海湾战争,就是后患无穷。所以,克敌制胜跟刚开始打仗一样审慎,一点都不敢骄傲,因为有太多的战场清理的事情,或者战后的和平问题都得谨慎对待。可见,按照吴起的说法,用在军事领域这是必要的,如果展开在人生中,这个人活着真是太累了。出门就如见敌人,随时不做生还之想,赢了都不敢放下心来,真是难做人。

"约者,法令省而不烦","约"即化繁为简、以简驭繁,"法令省而不烦",法律不要多如牛毛,像汉朝之所以奠定,在攻入咸阳后就约法三章——"杀人者死,伤人及盗抵罪"。当然这样的法令不能保持长久,但是在战乱时期是必要的，对民心的稳定及拉拢各派势力可以起到立竿见影的效果，所以有时法令要省约，不要太详尽，而且军中都是大老粗，命令要简单可行。

吴起用五个字来解释将领的五德——理、备、果、戒、约，很是到位。但是这样一个从理论到实践的军事天才，最后却不得好死，被乱箭射死。他曾经在好几个国家实行变法，据说杀妻求将，人说其没有夫妻恩情；还有母亲死了不回家奔丧，说是会耽误他的前程。他这样谨慎其事，但是最后他也死得很惨。变法者通常都会得罪既得利益群体，他们的反噬很危险，所以他才如此有戒惧意识，最后还是不得善终。看起来儒家讲的"出门如见大宾"还是有道理，似乎是仁者无敌、匪寇婚媾，没有敌人。可见，只要有敌人，你再怎么戒备，老虎都有打盹的时候，阴沟里翻船、祸起萧墙都有可能。

另外，《六韬》也有论将的部分，将是兵法的关键，其中也提到了五德，这个五德和孙子所提的智、信、仁、勇、严，大致相同，只是作者不如孙武，把勇敢排在第一，孙武把智慧排在第一，不以勇取胜。《六韬·龙韬》论将，以勇为首，其次是智、仁、信、忠，把严改成忠，效忠主子，效忠国家。

《形篇》《势篇》概述

《形》《势》二篇，堪称千古奇文，《形篇》又称《军形》，为军事部署。事物都有形，有了形之后，才有概念。像猫有猫形，狗有狗形，鸟有鸟形，男人有男人的形，女人有女人的形，百形百态。乾卦（☰）《彖传》说"云行雨施，品物流形"，在流动的阶段形还没有定，等到一段时间凝固了，大概就是那个形了，定形之后就很难变。

形是静态的，"势"就不同了，有形的事物会互动，里面就有看不见的势，动起来就不得了，就像《易经》六十四卦，爻有爻变，卦有卦变，千变万化，看不见的势就让人感觉到有压力。势是动的，但是势从形来，没有形，哪来的势？形基本上可见，势不可见，形相对是静态的，势是多形之间的互动，酝酿成一股力量，形成动态的势，而且千变万化。

在《易经》，乾卦讲形，坤卦（☷）讲势，坤卦《大象传》就称"地势坤，君子以厚德载物"，从"品物流形"到"地势坤"，就是积形成势。喜欢艺术的人去看画展，去看凡·高的画作，就会感觉到作品里边有势，看得眼睛发直，他可以在美术馆画廊待一个下午。而对画不懂的人，感觉不到其中的势，他的眼里还是形——摆在那里的仅是一幅画而已。有些人一看到《易经》，读两句就睡着了，有些人会感觉到那个力量不一样，觉得澎湃汹涌。可见，势由形来，形有不同，一互动，势就很微妙，有了形、势之后才有虚实，虚者实之，实者虚之，最微妙的是全面展开的运用，但是最基本的就是形、势。下围棋的也了解，棋是有形的，连成一气，有的形就很糟糕，很难看，不美。形有了之后，就发现有势了，就不在乎一时的得失了。占几个目，占几个角，不如取外势有很强大的力量，等到一攻杀的时候，敌人就跑不掉了，于是就开始回收他的利益。

所以有人追求实利，实际的利益赚了拿了再说。有人追求未来的强大的外势，在攻击中取利。"势"这个字上面是执，一手抓着，下面就是"力"，是有力量的，就像《易经》中的坤卦所代表的广土众民，当然有势。有高山，有深水，有群众，顺势用柔，积形成势。

胜可知而不可为

孙子曰：昔之善战者，先为不可胜，以待敌之可胜。不可胜在己，可胜在敌。故善战者，能为不可胜，不能使敌必可胜。故曰：胜可知而不可为。

《形篇》一开始就是"昔之善战者，先为不可胜"，孙子认为，过去那些善战者，先巩固自己，以求立于不败之地。也就是说，先不急着去打人家，把自身的弱点找出来，巩固自己，让自己变得非常坚强，没有瑕疵或弱点，任何强敌来都不能轻易击败你。把自己造就成一个对敌人来讲不可胜的状况，这就要求自己积极作为，充实自己，"以待敌之可胜"，等到你的实力超过敌人，就有了取胜的机会。这些完全可以操之在己，寻找敌人的破绽，利用空档的瞬间，造成你相对的优势，速战速决，就可击败敌人。这种造势，有时需要长期的等待，就像《易经》中需卦（䷄）漫长的等待，经过"需于郊""需于沙""需于泥""需于血""需于酒食"，最终"有不速之客三人来"。这样的等待要有耐心，等到敌人出现状况，如内部不和，以致阵脚大乱，你就有了瞬间取胜的机会。等待这个千载难逢的机会，需要的耐心是巨大的，在那个机会没有出现之前，千万不要轻举妄动，尽量巩固自己，不出手则已，一出手就成，这样才能立于不败之地。可见，强化自己是操之在己，而敌人有没有出现破绽，只能密切注意，"以待敌之可胜"。一方面充实巩固自己，一方面留心敌人的状况，不要硬碰硬，等到有可乘之机再出手。

这就是"不可胜在己，可胜在敌"，如果敌人始终没有破绽，那就继续等。这不是一厢情愿，有时也是意志力的竞赛，看谁先出错，谁犯的错误多。致命的错误就在那一刹那、电光石火间。万人敌的兵法是如此，一人敌的武术也是如此。像两个人对打，好的出手机会，就是那千分之一秒。高手过招没有随便出手，都是"不可胜在己，可胜在敌"，不能强求。

"故善战者，能为不可胜"，这是你唯一能做的，"不能使敌必可胜"，敌人如果没有出现状况，没有办法让他出现状况变成你可以取胜。那就实际一点，好好巩固自己，等敌人犯错误，你少犯错误。任何人都没有绝对的把握创造那样的胜机，一旦出现那样的机会就不要放过。《易经》中的姤卦（䷫）"有陨自天"，就是一刹那，陨石没掉下来之前，一点办法都没有，天地没有相遇，"品物"就不会"咸章"，能做的就是"以杞包瓜，含章"，慢慢编织天罗地网，等待机会。这就是姤卦第五爻："以杞包瓜，含章，有陨自天。"一旦准备成熟了，机会让你抓到了，马上就革故鼎新，爻变就是鼎卦（䷱）。养兵千日就是"以杞包瓜，含章"，用兵一时就是"有陨自天"，从而造成"天地相遇，品物咸章"的局面。就像坤卦第三爻"含章可贞，以时发"，时间到了再动手。

下面就得到一个结论："故曰：胜可知而不可为。"这也是兵法的公式，胜利不能强求的——"不可为"，对方要是没有机会给你，强求也不行。"胜可知"，但是我们可以运用智慧，进行分析判断，如什么时候该出手，什么时候要加强准备。"胜可知而不可为"，没机会的时候就要忍得住。

自保而全胜

不可胜者，守也；可胜者，攻也。守则有余，攻则不足。善守者藏于九地之下，善攻者动于九天之上，故能自保而全胜也。

"不可胜者，守也；可胜者，攻也"，既然自己不可胜，又不被敌人轻易击败，就要采取守势。等到敌人出现破绽，有了取胜的机会，那就采取攻势。如果一天到晚防守，不能转守为攻，怎么能获得胜利呢？所以要攻的时候，要争取胜机。

"守则有余，攻则不足"，如果只是固守，资源一定要绰绰有余；如果要进攻，烧起钱来十倍都不够，所以一定要有必胜的把握，才采取扩张的动作。要知道，同样的兵力拿来攻击敌人是不够的，"十则围之"，"五则攻之"，没有准备好，能够进攻吗？侥幸一把就赚回来，那是很少有这个机会的。就像投资，要看自己的财力，要绰绰有余，不然做什么也会说不够。战争也是一样，"守则有余，攻则不足"，资源的配置决定要采取守还是攻。如果要攻，那可得"大畜"，如果只是守，资源再少，"小畜，寡也"，也可以守得不错。如果要"利涉大川"，不多方准备，那是不够的，所以要尽量用外面的资源。

这就是"善守者藏于九地之下，善攻者动于九天之上"，九数是极数，善守的人就藏在地底的地底，人家打不到，就像本·拉登，"入于穴"（讼卦き的第二爻），打不赢，就钻到地洞中，再强的敌人也莫可奈何，然后还神出鬼没，流窜不息。善守的谁都打不进去，"藏于九地之下"，什么样的武器都打不到，他只要粮食够，在里面不出来，你一点办法也没有。善攻的掌握绝对的主动权，居高临下，掌握制空权，什么时候冲下来就"有陨自天"，位能瞬间转成动能的爆发力，动于九天之上。这是善攻的人动于九天之上。在九天之上，看得很远很广，就像苍鹰搏兔，看准的时候疾冲下来，雷霆万钧，不可阻挡。

"故能自保而全胜也"，"而"是能够，意思是大将要懂得《形篇》的道理，要善守，要先会守，"先为不可胜"，等到你该攻的时候，就从"藏于九地之下"，一下变"动于九天之上"，攻守俱佳。自保就是因为善守，全胜就是善攻。全胜仍然是《谋攻篇》说的全胜，取得胜利，破坏最小，保全资源。在自保的基础上，能够保全自己，全胜的时候擒贼擒王，也能保全敌方有用的资源转为我方所用。"自保而全胜"这五个字可谓金玉良言。想要全胜，想要"不战而屈人之兵"，首先得自保，立于不败之地，出手的时候力量就大得不得了。

胜负的判断

见胜不过众人之所知，非善之善者也；战胜而天下曰善，非善之善者也。故举秋毫不为多力，见日月不为明目，闻雷霆不为聪耳。

"见胜不过众人之所知，非善之善者也"，"见胜"，评估胜负，如果见解庸俗、肤浅，见识太低，一般人大概就是那个智慧的层次，你也没有超过多少。所以判断胜负，对胜负的见解，如果没有超过一般庸俗所知道的见解，"非善之善者也"，不是最高的，不是第一流的。"战胜而天下曰善，非善之善者也"，战胜了，大家都说你高明，但那绝对不是最高明的。因为群众见识有限，他们都说你好，你就真的好吗？这就是一流兵法家的自负。像孙武这种眼高手也高的，一定会面临很多庸俗的捧场，尤其是市场化的法则下，到处都讲经典，你能分辨高下吗？笑话越多的就越高，不是笑话的听不懂，肤浅的太多，哗众取宠的太多。打仗也是一样，高手过招的内涵、造势，不是一般人所知，绝非"善之善"，"战胜而天下曰善"，大家都说你善战，那你绝不是真正的高手。真正的是别人都不知道你怎么赢的，"阴阳不测之谓神"，如果都测了，那也太简单了吧？真正的高手，人家还没看懂，他已经把事情办妥了。俗话说，"真人不露相，露相非真人"，中国文化分上品、下品，永远是这样的。"战胜而天下曰善"，大家都鼓掌，"非善之善者也"，叫座不一定叫好。

孙子下面就开始举例子了。虽然话讲得难听，但是对那些智慧低的人来说是必要的。"故举秋毫不为多力，见日月不为明目，闻雷霆不为聪耳"，"秋毫"，指动物秋天换的毫毛的尖端，那个毛多轻，把秋毫举起来，能说你是大力士吗？像《易经》，乾、坤、屯、蒙、需、讼、师，说起来就像"举秋毫"，单是要把《杂卦传》的道理讲出来，那就是"善之善者"了。"见日月不为明目"，看到太阳，看到月亮，那算眼睛好吗？"闻雷霆不为聪耳"，听到雷电，算你听力很好吗？举秋毫、见日月、闻雷霆，这些层次太有限了。

胜于无形间

　　古之所谓善战者，胜于易胜者也。故善战者之胜也，无智名，无勇功，故其战胜不忒。不忒者，其所措胜，胜已败者也。故善战者，立于不败之地，而不失敌之败也。是故胜兵先胜而后求战，败兵先战而后求胜。善用兵者，修道而保法，故能为胜败之正。

　　"古之所谓善战者，胜于易胜者也"，善于用兵的人，往往是胜于无形间，发生什么事情别人根本都不知道，他已经把事情解决好了。"胜于易胜"就如同履霜的时候就把事情解决了，不用等到坚冰出现，把坚冰打得稀里哗啦，然后天下鼓掌说你会打坚冰，那会笑死许多高手的。在霜的时候就化解掉，因为除霜容易，这就是"易胜"，搞到不可收拾的时候，花那么大力气，取得轰轰烈烈的胜利，然后大家多看到了，这有什么了不起？不知不觉中把问题解决，老子也是如此认为："其脆易泮，其微易散。为之于未有，治之于未乱。合抱之木，生于毫末；九层之台，起于累土；千里之行，始于足下。"做事情在有一点点征兆的时候就把它解决了，不是很容易就取胜吗？如果拼老命牺牲不少人，搞到不可开交，才取胜，那多麻烦！真正的善战者是胜于易胜，总是防微杜渐，总是履霜知坚冰，老早就把问题解决了。这才是高瞻远瞩、明察秋毫。

"故善战者之胜也，无奇胜，无智名，无勇功，故其战胜不忒"，真正的胜不是那种庸俗的群众鼓掌的胜，没有智慧的名声和勇敢的战功，而这些是因为他在战胜的时候没有任何差错。这完全是无形无象，后知后觉者，根本就不知道怎么回事。像间谍战就是如此，很多惊心动魄的间谍交手场合，外人无从得知，但是他们暗地里的交手，就可能把一个弥天大祸给弭平了，这时的人们恐怕还在做梦呢。这些无名英雄，是真正的善战者，他们得胜，没有火热的场面让你看到，不出奇，很朴实，但是很结实地把事情解决了，不哗众取宠，不故意渲染卖弄。所以真正的战胜者是很务实的，解决问题，取胜最重要，而且是花费最低廉的成本，不是为了表演给大家看的，所以称"无奇胜"。耍弄智慧，在战场搏杀的时候显现勇猛，这些在兵法中已经是下乘。要知道，预防胜于治疗，真正的善战者之胜，具备大师级的风范，就像艺术品中的妙品、神品、绝品，绝对不一般。一般人能够欣赏的层次有限，还有人云亦云，某个专家说他好，就跟着说好啊好啊，心里没有主见，就像"战胜而天下曰善"。

"无奇胜，无智名，无勇功"，真的是劳而不伐的谦德，就像谦卦（☷）那么高的山藏在地底下一样。谦卦不着象，"无奇胜，无智名，无勇功"，很多人有那个爱心，不会凸显自己，图那些虚名虚利。"故其战胜不忒"，能够这样做的人，他的胜利才能百分之百的精确，没有一点误差。只要他在乎虚名，哗众取宠，战胜就有了水分，一挤，水都掉了。"不忒"是豫卦（☷）、观卦（☷）《象传》强调的百分之百的精确，就是零误差，像春夏秋冬一样，"四时不忒"，我们的观察、预测要精确到这个地步。"战胜不忒"，同样是战胜，有的是不忒，有的是忒得一塌糊涂，牺牲这么多人造成你的胜利，一将功成万骨枯，就是希望把自己凸显出来。"不忒者"才是真正做实事的人。

"不忒者其所措必胜，胜已败者也"，"不忒者"，没打仗已经决定我胜敌败。他采取的任何措施、任何动作，结果必胜，精准得不得了，绝不会有闪失。"胜已败者也"，敌人已经败象纷呈，还需要实际交手吗？

"故善战者，立于不败之地，而不失敌之败也"，前文的先求"立于不败之地"就是"先为不可胜"。"以待敌之可胜"就是"不失敌之败也"，一旦敌人出现破绽了，机会绝对不要错过，搞不好几秒钟，就可立于不败之地。我在讲《易经》时讲过，随卦（☱）的第一爻就是这个境界："官有渝，贞吉，出门交有功。"随卦的第一爻变为萃卦（☷），专心致志等出手的时机，灵活性与原则性具备，可攻可守，这样就可以立于不败之地。近可攻，退可守，就是随卦初爻。"立于不败之地"，但"不失敌之败也"，就如《小象传》说"出门交有功，不失也"。

"是故胜兵先胜而后求战，败兵先战而后求胜"，本就已经胜定了，就求战，把它完成，败兵心无成算，只靠赌大运，希望拜济公，先战而后求胜，一点成算都没有。"善用兵者修道而保法，故能为胜败之正"，正就是一个标准，止于一的标准，胜败的标准衡量在哪里？就是懂得"修道而保法"的那一方，他能决定战场上谁胜谁败，他就是标准。"修道而保法"是什么呢？就是前面的"道天地将法"五事，这是基本面；道就是"令民与上同意"，要取得授权，不然怎么发动战争呢？民意不支持不行。如果民意不支持，再看欲望行不行，要"上下同欲则胜"。如果第一次提出来的口号不能唤起民意的赞同，那就再去修一修，换一套说法。这是第一关，是基本面，为何而战，为谁而战，是不是正义之战？这是最基本的。法是什么？规章制度。从最高的道到最后一个法都得贯彻。

法一旦立了，除了有变法的特殊状况，绝不能随便破坏法，不然公平从哪里来？所以"修道而保法"的人，就能为胜败正，多半是赢家。道不修，法不保，特权一堆，爱怎么干怎么干，多半是输家，不能为胜败正。从道、天、地、将、法的五事来讲，这都说得通。可见在《形篇》中，"修道而保法"不是泛泛而谈，谁不想"为胜败正"呢？

兵家五法则

兵法：一曰度，二曰量，三曰数，四曰称，五曰胜。地生度，度生量，量生数，数生称，称生胜。故胜兵若以镒称铢，败兵若以铢称镒。

"法"在《形篇》中是有意义的，兵家的法则，又是五个：度、量、数、称、胜。第四个是"称"，匀称，恰到好处，也就是《易经》中最好的卦——谦卦，因为平衡，大家满意，天地人鬼神都可以通。谦卦《大象传》说"裒多益寡，称物平施"，这里的"称"就是分配很合理。还有，"称"也是称重，有多少分量，就是称前面的"度、量、数"，有了度，就有量，有量就有数，然后称一称合适不合适、均匀不均匀，最后就决定是胜还是不胜，称就胜。

"地生度，度生量，量生数，数生称，称生胜"，注意"称生胜"，不称的，没有达到理想境地的，就不容易取胜，因为畸形发展，结构有问题，结果就是大过卦（䷛）的"大过，颠也"，不像颐卦（䷚）那么匀称、稳定的生态结构。所以，兵家法则，注重分配合理，像人的表现跟才具相称，才能任用各种将领。

"地生度，度生量、量生数，数生称，称生胜"，这是很有名的连珠炮一样的因果关系，度、量、数都可以量化、计算，"称"是总评估，如果结构上比较称的，就会取胜；如果不称的，就会落败。那么，这到底在讲什么呢？旧注中多半拘泥于实战，认为是战场上能够容许多少兵员来决定一场战争的胜负，这样讲格局难免太小，不是《形篇》孙武提倡的主旨。他所讲的不一定是一场战役，而是凡要跟人家决战之前要做的准备，一定要有一个精算的过程。战力是从综合国力来的，两国要相争，战力绝对跟整个国力有关。我们现在讲综合国力，有很多的指标就是国力的评估，国力从哪里来，可能跟人口有关，人力就是生产力，但是还要讲究人口的素质，如果人口那么多，GDP总量那么大，人均GDP要同步，还有文化教养、核心的科技，这都是关键的竞争力。

"形"是打仗前的实力，真正打的时候能够产生什么势，这可是很扎实的功夫，中间一定要算的。第一个就是度，多大的幅员，多大的国土，多大的疆域，不是说战场有多长、有多宽，那样格局太小。因为战场有纵深，广土众民、地大物博就不一样了，所以刚开始一定要有度，这是战力来源的国力。

但是，战力并不等于国力，我们不能把所有的国力都用于打仗，现代有现代的计算，古代有古代的计算，古代计算综合国力，主要是农业。先看幅员的大小，这是度。量，指养多少人口，人口不能都当兵，是军队的资源，能够从这里面出多少兵，出多少军费，这都是能算的。由地生出度，有多大的地，就生出度，由度就生出量，人口的量，然后当兵的能够有多少，武器也可以这么算，"量生数"，两国相争都经过"地生度，度生量，量生数"，最后的战略就是依据综合国力——土地、人口、兵力、战力等，做一比较，然后看称不称，如果实力悬殊，那就不用讲了，强者一定赢，弱者一定输。

还有就是发展要均衡，穷兵黩武，使得国力损耗太大。光是强军，而经济实力不强，只能是畸形发展。现代战争中，军费的预算一旦超过国民经济总量的百分之五就不得了了，在和平时期，发展是硬道理，还有很多地方要用钱，如果把其他必要的发展都缩减，用来买武器，充实军队，做穷兵黩武的准备，这样的国家能久吗？因为不称，就不能胜。

我们平常评价一个美女长得漂亮，身材匀称是第一的。因时代差异和地域的不同，有时审美观不同，像唐朝时期的女人觉得越胖越好，现在一般则是追求苗条匀称。但是，丰满也好、苗条也罢，都要给人匀称的感觉。

《易经》中，谦卦讲的称，是国力均衡发展，丰卦（☷）讲的丰，是指如日中天的大国，但是大国一定要"称"，才能永久。平衡发展，才能够永续经营，取得长久的胜利。军事预算占国家总预算的比例要合理，不能用国民经济的大部分去买武器。这就是综合国力与战力、政治与军事的全盘考量，这才是大算盘，才是像孙武这样高明的兵法家要计算的。

战场有多大，能够塞多少人，要准备多少兵，不是简单的称量、大吃小就行，经过度、量、数、称，之后决定最后的胜负，真正计算出来的有效战力的悬殊就知道胜负，这就是"称生胜"。人格发展要均匀，有些人头脑简单、四肢发达，有些人头脑发达，四肢不行，都不是称，所以现在提倡全人教育。国家发展也是一样，一定要有均匀的可持续的发展，预算的分布很重要，即便有时进入非常时期，还是要有规矩的，不能把所有的鸡蛋放在一个篮子里，那样绝不能久，会导致后续力严重缺乏。

"故胜兵若以镒称铢，败兵若以铢称镒"，两国相争，绝对有胜负，孙子说大概差了五百多倍。当然这个说法很夸张。铢和镒都是计量单位，铢是很小的单位，成语"锱铢必较"，就是说很少的钱也一定要计较。镒是很大的计量单位，当然有不同的算法，但是镒和铢相差四五百倍，一镒大概等于四五百倍铢的数量。换句话说，就是实力悬殊，天平根本就是歪的，胜兵因为那边是镒，这边是铢，所以是以镒来称铢，这不是压倒性的优势吗？败兵这一称量比较之后就算出来了，光看地还不行，地很大，没有多少人，就不能出多少兵，评估商战也是一样，先是"地生度"，市场有多大，有多少产品可以进去，有多少竞争者，塞得下多少，需求量是多少，最后要"称"，要是不比较，一个人玩不转。称才"生胜"，"故胜兵若以镒称铢，败兵若以铢称镒"。

第十章　积形造势——形篇第四 | 155

决积水于千仞之溪

称胜者之战民也，若决积水于千仞之溪者，形也。

"称胜者之战民也"，政治是耍人，兵法家也是玩人，"战民"就是要让老百姓上战场，但是懂得称的观念，平衡感强，称才能胜。"若决积水于千仞之溪者，形也"，《形篇》最妙的就是在结尾。这一篇名曰"形"，但是前面没有一个"形"字，最后才揭底牌说什么叫形，而所谓的解释也没有规范式的定义，就给我们一个像《易经》的卦、爻的象，叫我们去体会。形就是瀑布或者水库泄洪的感觉，水是积累出来的，积形造势，瞬间放水，形就变势，位能变动能，雷霆万钧，势不可挡。前面都是教你怎么造形，怎么流形，要有精密的计算，尽量充实水库中的水。

到一定的时候，"若决积水于千仞之溪"，水积到这么高，就是储蓄能量，就有吓阻力，不放水，下面都不敢乱动。这就是形的艺术。其实中国文化中，"象"跟"形"不同，《易经·系辞传》就说，象在形先，形是已经落实的，可见，而象不可见。发明任何东西，创作任何东西，必须"尚象"，没有说"尚形"，尚形就如同临摹凡·高的画，凡·高都不忍心看，因为你被他的形拘泥了。尚象应该师其意，不师其法，其后面有象，象是虚虚实实的。

孙武给形的定义如此形象，包括《势篇》也是如此，用高山滚石头的象代表势，滚下来的力量有多大，就要造成高度差。敌我的势力要悬殊到四五百倍，不用打，就可以"不战而屈人之兵"。"若决积水"，一点点水没有力量，要积存大量的水，"于千仞之溪者，形也"，这就是《易经》中夬卦（䷪）的象，水库积水到一定程度，就泄洪，气势磅礴。这就是积形。我们用《易经》占《形篇》，结果就是夬卦的象，二、三、五爻动。

夬卦第二爻"惕号，莫夜有戎，勿恤"就是求立于不败之地，先求自保，一旦有了五比一的刚决柔的优势，就可以真正"不战而屈人之兵"，夬卦整体环境是"不利即戎，利有攸往"，先好好积累，第二爻先不要攻人家，先把自己稳定下来，提防人家来偷营，先求立于不败之地，然后找机会以雷霆万钧之势打倒对方，第二爻先为不可胜，然后第五爻君位，发动泄洪，在那之前第三爻也是找机会："壮于頄，有凶。君子夬夬，独行遇雨，若濡有愠，无咎。"二爻自保，三爻跟五爻合起来，同功而异位，就是要求全胜——"不战而屈人之兵"，这三个力量一发动，爻变为震卦（☳）的优势，积水泄下来，挟雷霆万钧之力，势不可挡。"遇夬之震"，用文字讲就是自保而全胜，先做第二爻的动作，再寻求第三爻跟第五爻的配合，就像大有卦（☰）第二爻的"积中不败"，积势很重要，小畜卦（☴）最后一爻《小象传》说"德积载也"，积累不是一朝一夕，冰也是霜积来的，非一朝一夕之故，是日积月累而成。

《形篇》最后无比重要，积水不是一朝一夕，水积到一定的高度，就蕴蓄了很多的能量。《形篇》的极致就是准备积水那一步，放不放水再说，本身就有非常强大的威慑力量，在瀑布下面，敌人会战战兢兢，不敢乱动，这就是"不战而屈人之兵"。如果说对方想不通，逼着你要一战而决，那就把蕴蓄的水冲泄下来，对敌人造成毁灭性的打击。一旦对利害进行了评估之后，处于中下游的就要审慎评估，就像弱国面对强国，小公司面对大公司，实力是"以铢称镒"，差了四百多倍，面对那种压倒性的优势，岂能螳臂当车？一旦造成这种威势，就可以和平解决矛盾，"不战而屈人之兵"。

可见，《形篇》积形造势的目的完全是要贯彻前两篇，既要合乎经济原则，不要吃老本，任何资源都可以转为己用，还有就是全胜，资源积聚不容易，缘分集聚不容易，不要让它毁于一旦，全己全敌，脑袋想清楚一点，要知道，"百战百胜，非善之善者也；不战而屈人之兵，善之善者也。"《形篇》最后蓄势待发的象，其实还是希望不要放水，不要以造成巨大的毁灭性的破坏达到目的。

要取得全胜，要有压倒性的优势，要怎么培养呢？"一曰度，二曰量，三曰数，四曰称，五曰胜"，尤其称就能够"生胜"。这一称量，实力完全不成比例，那就不要打，"若决积水于千仞之溪者"，那么高的位置，一旦放下来就不得了。这就是《形篇》，就是处心积虑地培养综合国力，由综合国力可以算出战力，古代、现代都是一样，都是那个过程，国土多大，多少人口，人是生产力，也是消费的力量，先测度出来，然后比一比称量、称量，是不是在一个水平上，如果差太远，那还打什么呢？所以"地生度，度生量"，综合国力的长期培养，一旦有那种形，就不发动，别人都不敢碰你。不管是农业社会时代，还是现在这么复杂的后工业时代、资讯时代，都不能脱离这个过程，这就是形，综合国力一定要均衡匀称，畸形发展非垮不可。

第十一章 奇正相生

——势篇第五

分数、形名、奇正、虚实

孙子曰：凡治众如治寡，分数是也；斗众如斗寡，形名是也；三军之众，可使必受敌而无败者，奇正是也；兵之所加，如以碫投卵者，虚实是也。

《势篇》开篇一口气讲了四个名词。

一是"分数"，就是分层负责。军师旅团营连排，有多少军队统统编制分层，大大小小的单位指挥体系，要分层负责，不要过界。这叫分数，要懂得分。战争就是资源调度，瞬间分合的艺术。"治众如治寡"，懂得分层负责，再多的人，就算是百万大军，和治理少数人也没有什么差别。真正的最高领导人，要"治众如治寡"，公司再大，可是老板直接管理的可能十个人都不到，所以要尊重部属，不要直接干预他的管辖范围。军队编制也是这样，万夫长、千夫长、百夫长，这叫分数，非分不可，一个人在上面管所有的人，那是不可能的。化繁为简，以简驭繁，就是"治众如治寡"，韩信就深悟这个道理。有一次刘邦问他，人家都说你会带兵，你到底能带多少。他回答说，多多益善。也就是说，多跟少的管理是一样的，只要有几个得力的、核心的幕僚助手管得好，那有什么不同呢？韩信有军事上的高见，但是政治上就有问题了，他向老板吹牛说自己会带兵，这些话说出来有点儿危险。刘邦又问，那我能够带多少兵呢？韩信回答说，主公最多带十万。刘邦当场就不服气了，就说，你这么会带兵，怎么被我抓到了呢？幸亏韩信回答得机灵，他说，我只会带兵，而主公您会带将。这就是"将将"和"将兵"的不同,掌管几个大将就可,不必亲率千军万马。

二是"形名"。"斗众如斗寡",注意,"治众如治寡"是平时,"斗众如斗寡"就是战场上了,一旦打起来,恐怕这个连找不到那个连,可是都能够就地为战,还能维持原来的编制。因为中间的联络非常好,怎么打也打不散,各种联络方式就是"斗众如斗寡",这么大的部队投入战场,跟指挥少量部队完全一样,这就是"形名是也"。"形名"是跨部门联系,组织与组织之间,绝对有一套指挥通讯联系的方式,怎么打也打不散,还维持其编制,阵脚不乱。可见,"斗众如斗寡"是"治众如治寡"的素养发挥到战时,凭着"形名",把各种资讯联系到一起。

三是"奇正"。"三军之众,可使必受敌而无败者,奇正是也",不管人再多,可以让三军完全承受敌人攻击的压力,绝对不会溃败的,就是懂得奇正之道。"奇正"是兵法的神髓,在《虚实篇》的时候会有进一步的发挥,李靖和唐太宗讨论兵法的时候强调的就是奇正。老子也说:"以正治国,以奇用兵。""以奇用兵",是出奇制胜,但是奇、正是互相需要的,没有正兵,奇兵根本就不算奇。两者交相为用,而且奇正可以相生,变来变去,加上前面的"治众如治寡",分层负责,"斗众如斗寡",阵脚不乱,指挥通讯绝对不会被打断,所以不管承受多大的打击,永远不会败。这就是懂得奇正的巧妙运用。

承受敌人凶猛的攻击,绝对不会被击溃,就是因为我们懂得奇正,出奇制胜,所以用兵是"诡道也",是兵不厌诈。就像我们前面讲的十四诡,十二诡之后再告诉我们一个活的原则——"出其不意,攻其不备",这就是奇,像珍珠港事变就是如此。"奇"通常是少数的兵力造成战场上关键性的扭转战局的胜利。而"正"是大部队决战,但是不一定有用。说不定不到交手,就胜负已分,其实间谍也是奇的兵法应用,利用少数的精英,掌握关键性的情报。利用有效的关键的少数出奇制胜,这就是"奇"之道。相对来讲,"正"是比较老实的,靠的是整体的实力。"奇"是非常道，很难预测，神出鬼没，就像《易经》大过卦（☱）就是"奇"——非常。"正"就是常道，就是恒卦（☳）。这两个卦通过君位的调度，第五爻爻变，奇正相生，"奇"可以变"正"，"正"可以变"奇"。大过卦第五爻，爻变是恒卦，"恒"是正常的，是长久，"大过"是马上就会垮，必须有非常的创意，逼出绝招，才可挽回危局。恒卦是"君子以立不易方"，规规矩矩，稳定长久，大过卦因为不能长久，就得用尽一切非常手段，不按牌理出牌，背水一战，死里求生。如果奇正的运用巧妙，奇正可以相生，完全是活的资源调度分合。所以，有时候不能用常规思维，要用特殊思维。

在《易经》中，一、三、五、七、九是阳数，也是奇数，二、四、六、八、十是阴数，比较稳重。阴性的东西比较稳重，阳性的东西就比较冲动，但是阴需要阳，阳需要阴，如果你光是出奇制胜，一天到晚用"大过"的方式来创造人生的业绩，那就不堪负荷了。"奇"之所以能够发挥作用，因为有一个"正"在吸引敌人的注意力，所以，奇必须要正的配合。如果小部队突袭，没有正规的大部队跟上，根本就没有任何战力可言；而"正"如果没有"奇"，老是规规矩矩、一板一眼地打，把所有的资源聚在一起，画地为牢，所有的下一步，敌人都可以预测。就像将领有性格上的弱点，如清廉、好斗，这个人就完全可以预测，因为"廉洁可辱，爱民可烦"，做人正可以，打仗正就死了，是致命的弱点。所以一个一直看起来很正的人，突然出"奇"，敌人也拿他没有办法。可见，奇正要互相变来变去，是奇是正，让敌人无法判断。这种"常"跟"非常"，在大过卦与恒卦的君位（第五爻）这种领导统驭的位置，才有活的智慧。恒卦第五爻，"妇人吉，夫子凶"，需要随机应变，"恒"一变，就是"大过"，正就转为奇。如果大过卦的第五爻发挥作用，奇就取胜，恢复正。如果是这样，敌人怎么打都打不垮你，正常打法，还是反常打法，敌人都无从下手。这就是"三军之众，可使必受敌而无败者，奇正是也"。

作为奇数，针对《易经》来说，像大衍之数，奇的意思很深刻，如"归奇于扐以象闰"，"奇"是一个点，就像科学界所说的宇宙大爆炸，刚开始是一个奇异点，后来变成这么大一个世界，而宇宙还在扩充，那个点上的所有物理规律失效，不受任何归羁绊，我们也没有办法去探测。原先整个宇宙只有一个点，那就是奇异点，它没有规律，所有规律都是它展开之后创造的。创造是没有成法的，不是一板一眼的，在一个点上生效，但这个点是关键点，没有这个点，没有"道生一"，怎能"一生二，二生三，三生万物"呢？宇宙学上的奇异点，"归奇于扐"的"扐"，都呼应兵法中的出奇制胜。一个事物决定一切，而且那个事物不见得守规矩，既然要求胜，就不要受规矩羁绊，规矩是人发明的，不按规矩来，就会让人家想不到。这就是"奇"，但是"奇"一定要有"正"作后盾，不然奇不能发挥作用。一点突破，擒贼擒王，这是"奇"最好的形容。

四是"虚实"。因为前面的分数、形名、奇正，故"兵之所加，如以碬投卵者，虚实是也"，敌人打你，你不会败，你打敌人，就像拿石头去打鸡蛋一样，这就是懂得虚实的运用。虚实的基础在奇正，奇正的基础在分数、形名，在势在形。

分数、形名、奇正、虚实，都是重要无比的观念，环环相扣的，要了解什么叫虚实，先得了解什么叫势，要了解势，积形才成势，得了解什么叫形。一环扣一环，放诸四海而皆准。我们人生在战场上要求胜，必须是以实击虚，实学本领要日积月累，不然就会经不起考验。

奇正相生

凡战者，以正合，以奇胜。故善出奇者，无穷如天地，不竭如江河。终而复始，日月是也。死而更生，四时是也。声不过五，五声之变，不可胜听也；色不过五，五色之变，不可胜观也；味不过五，五味之变，不可胜尝也；战势不过奇正，奇正之变，不可胜穷也。奇正相生，如环之无端，孰能穷之哉！

"凡战者，以正合，以奇胜"，合就是两兵相交，要有实力，还要出奇制胜，即一定要有特殊方的法或者资源调度。"以正合"是指正规部队，这是基本实力，但还要从这里面抽出一些精英部队，组成高度灵活的特种部队，投入到特殊的场合，掌握战局的关键，这就是"以奇胜"，可以从侧翼突破，把握制胜点。这里的"奇"就是《易经》中萃卦（☷）的概念，即少数的精英，间谍就是少数的精英。这就是八十和二十定律，百分之八十的突破性的胜果，是由百分之二十的少数造成的，反之亦然，百分之八十战败的责任是要由百分之二十的精英负责，百分之八十就是"正"，百分之二十就是"奇"。没有"正"，"奇"也用不上，光是"正"也没有办法取胜，一天到晚尽搞诡诈的事情，没有一点正经玩意儿，这也不行。"以正合"，交战双方大张旗鼓，但是"以奇胜"，必须出奇制胜，如果没有"以奇胜"，就没有兵法可言。我们前面讲的"十二诡"，那种调度敌人的智慧，都是属于"奇"。

"故善出奇者，无穷如天地，不竭如江河。终而复始，日月是也。死而更生，四时是也。"这几句话很好懂，真正创意无穷的人，每一个都出乎意料，每一个也都达到目的。这种智慧，"无穷如天地"，没有一定量，没有固定招式，就像"神无方而易无体，阴阳不测之谓神"，如果说根据他过去出的奇招，要预测他下一招出什么，那你就错了。"不竭如江河"，除非气候改变，真的是大旱，不然你会看到江河不流了吗？"终而复始"，就是生生不息，前一波完了，后一波又来了；一个阶段结束了，下一个阶段又换新招。"日月是也"，就像日月起落运行一样。这跟《易经》惯用的象征完全一样。"死而更生，四时是也"，春天死了，夏天来了，夏天死了，秋天来了。春夏秋冬的更替，永远在变，没有真正的四季如春。

"声不过五，五声之变，不可胜听也"，五声就是宫、商、角、徵、羽，这五个音组合成人间的乐曲，可以永远不重复，也就是说，越简单的东西，规律越简单，但是它构成的复杂的变化可以无穷无尽。可见，规矩太多就绑住了其变化，像围棋的变化多还是象棋的变化多？或者陆军棋的变化多？军棋角色很多，身份不能转换，象棋也是诸多角色，变化就很有限，围棋只有黑、白之分，其他没有任何不同，但是就着这黑白两子，却能千变万化，从古到今，没有完全一样的一盘棋，组合的数目永远下不完。所以，要产生灵活的变化，不要有太多的规矩，有一些基本的规律或者基本的元素就够了，像间谍，只要五种就够；五行，只要金、木、水、火、土就够；还有智、信、仁、勇、严和道、天、地、将、法。这些都是简单的组成，但是组合起来千变万化。"声不过五"，但五声之变不可胜听，那么多乐曲都不会重复，都很好听。

"色不过五，五色之变，不可胜观也"，"色不过五"，指红、黄、蓝、白、黑这五色，但就是这五种基本的色，其变化"不可胜观也"，看不完。这就是智慧，材料就那一点儿，低手两三下就被人家看破，高手用起来千变万化，玩味不完。阴阳五行就是如此，要更简单就只有阴阳，但是阴阳的变化是不测的，完全在于如何组合运用。

"味不过五，五味之变，不可胜尝也"，"五味"就是酸甜苦辣咸，中国的烹饪，这一辈子再怎么贪吃，吃得完吗？永远可以推陈出新，这就是五味之变，厨师的手艺施展出来，味道变化，永远也尝不完。

"战势不过奇正，奇正之变，不可胜穷也"，讲了半天闲话，总算把它拉回到兵法了。这一篇是讲"势"，跟兵战结合起来就叫"战势"，战场上的对决，在势上的对决，不过就是奇正。一个奇，一个正；一个常规，一个非常规；一个大部队，一个突击队；或者一个是三军，一个是间谍，都可以为奇正。这一拉开就有无穷的变化了，如果光是正，或者光是奇，变化就有限。所以千万不要把所有的橘子摆在一个篮子里，橘子总数是一样，放在不同的篮子里就会产生很多变化。分兵合击，而且会呼应，这就是"奇正之变，不可胜穷也"。古今中外那么多战争，可没有完全重复的。

"奇正相生，如环之无端，孰能穷之？"奇正产生的变化，就像圆环一样，没有起点，也没有终点。圆环没有端点，一直环转无穷，这才是奇正相生，再有大智慧的诸葛亮、曹操，也绝对想不完这些变化。所以，只要掌握奇正变化的基本规律，那一核心的创造力，永远可以创造新的东西。像《易经》六十四卦，三百八十四爻，经文就四千字，我们还是研究不完。而且圆的东西就难斗，"环之无端"，找不到端点，像"群龙无首"就比"飞龙在天"难斗，群龙无首就是环之无端，没有首，而每一个都可以是首，你打掉哪一条龙都不影响整体，因为每一个都可以独当一面，都是龙，随时可以替补上，这个组织没有任何一个人是不可或缺的。如果是"飞龙在天"，他要是垮了，整个组织就垮了，因为他有首，是一个致命的弱点，一斩首，他就垮了。如果每一个地方都可以是首，那不是天下无敌吗？有些人的智慧就是"环之无端"，没法穷尽，有些人的智慧就是方方正正，再怎么抓就四个角，别的没有了。

势如弓弩，节如发机

激水之疾，至于漂石者，势也；鸷鸟之疾，至于毁折者，节也。故善战者，其势险，其节短。势如弓弩，节如发机。

下面才是导入正文，真正讲"势"。中国的古人就是奇怪，要讲一个观念，就是没有办法用文字好好讲，偏要创造一个意境，像卦有卦象，爻有爻象，文字有文字象，那一个象就太妙了，意思是无穷的，而且体会到了之后，远比平铺直叙的文字要精彩得多。什么叫"势"呢？这是我们经常的生活经验："激水之疾，至于漂石者，势也。"水流得快，可以把石头漂起来，就知道那个速度可以创造势，令人猝不及防。老子说："天下莫柔弱于水，而攻坚强者莫之能胜。"天下最柔弱的就是水，但是水流得快，溪谷中的大石头都可以冲起来。"疾"是速度快，一冲下去，就像利用重力把石头滚下来，"激水之疾"，速度越来越快，重力加速度，"至于漂石者"。石头比水硬，可是水流动起来，速度快的话，石头都能漂移。这就是因为势，水势灵活浩大。

"鸷鸟之疾，至于毁折者，节也"，高空中飞行的猛禽，要扑击地面上的小动物，飞到高高的地方突然一下子冲下来，猎物一定被它扑杀，因为它掌握了行动的节奏。时机，关键点上的"节"，完全掌握，加上高空中冲下来的速度，一扑到位，对方一定被粉碎、抓裂。毁折者，就是抓住了出手的时机。就像《易经》中的节卦（☵），什么时候"出门庭"，什么时候"不出门庭"，错了就没了，对了就妥了；节是关键点，该出手时就出手，不该动的时候动也没有力量，该动的时候力量没有人挡得住。掌握节奏或者关键点，猎物绝对逃不掉，如果扑得太早会扑空，扑得太晚猎物会跑掉。老鹰扑击猎物，简单讲就是瞬间爆发力，什么时候把能量释放出来，要有很精准的估算，这就需要一种敏感的直觉。当然，"节"也代表有所获之后，不要太贪，要见好就收，要是太贪，下面说不定会赔光。

"故善战者，其势险，其节短。势如彍弩，节如发机。"这几句话写得真好。善战的人，他的势是兵行险招。冒险犯难者，要是克服了险，获得的利益不可称量，风险跟利益相关，人生有时候也要冒险，什么险也不敢冒，什么事情也成不了。任何事情要成大功，必冒大险。这个险对你是险，对敌人也是险，也就是套牢跟反套牢的概念，这就是坎卦（☵）

的"险之时用大矣哉"。为什么就你一个人怕呢？其实双方都害怕。"其势险"就是敢冒险，"其节短"，指出手的节奏让对方猝不及防，因为你的距离抓得刚好，等对方警觉到，已是猝不及防。"其节短"，要很紧凑，如果节拉得太长，力量就如"强弩之末，势不能穿鲁缟也"，再强的弓箭，如果距离太远，到目标的时候还有力量吗？薄薄的细绢都穿不透。如果距离很近，突然一下出手，一定马上就为你所擒。正是因为短，所以很危险，像中国的武术，长兵器和短兵器，长兵器的好处是"一寸长，一寸强"，短兵器则是"一寸短，一寸险"。因此，"其势险，其节短"，要做到"不鸣则已，一鸣惊人；不飞则已，一飞冲天"，因为能够出手的有效时间和距离来不及反应，既然非常接近你的敌人，不可能长时间或长距离高速度冲，而是很接近，再突然发难。由此可见，兵法中的"势"跟"节"不可分割。

下面就是举例说明了："势如彍弩，节如发机。"像把弓拉开，引力没有爆发，但是大家都注意到，一旦箭射出去，射到谁谁就倒霉。这就是势，把弓拉开了，可是箭没有说一定指着谁，但谁都怕。这种一触即发、蓄势待发的力量，就是势。"彍弩"不是我们一般的弯弓搭箭，是有弹簧的，一射出来，敌人绝对挡不住。换句话，这也是"不战而屈人之兵"。"势如彍弩"，就可以吓得对方不敢动弹。"节如发机"，如果对方还是不信邪，那就对不起了，我就掌握出手节奏，一扣扳机或者一踩弩机，箭就出去了，出去一定打到目标。"势如彍弩，节如发机"这种造势和节奏，就是《易经》中的知机应变、见机而作。

这种当机立断的智慧，说起来容易，但是表现在实际的行为上却特别难。

数、势、形

治乱，数也；勇怯，势也；强弱，形也。

"数、势、形"都是中国文化里面精彩的字，意义无穷，就影响到国家的治乱，而治和乱跟数有关。为什么会勇？为什么会怯？跟势有关。如果势大，再怯的人大概都会有一点勇。如果势弱，再勇的人都有一点胆寒。其实越害怕，恐怕越躲不过，还不如豁出去，反而有比较好的结果。强弱跟形有关，"以镒称铢，以铢称镒"，那是没有办法的，人生会有种种的形，形有强弱的定判，例如说学武术的，很多的招式，像飞鸟扑下来，像龟形、鹤形、蛇形，形与形之间有生克关系，这里面就可以辨出强弱，如果你发现你的形完全被对方的形克死了，恐怕就要换一个形。就如下文所说的"故善动敌者，形之"，要调动敌人，敌人要是老不动，找不到出手的时机，就得专注等那千分之一秒的时机，有时要引诱敌人动。对于太极拳来说，这是基本功，敌人一动的一刹就可能失去重心，你才可能后发先制，这就叫形，要让敌人服从你的意愿，你做主，他做从。显一个形，给人家一点儿利益，给人一点儿甜头，放长线钓大鱼，中间还有增加短期、中期、长期的关系，以利诱。

上述种种，就是兵不厌诈，所以"浑浑沌沌，形圆"，那是一个假象，"不可败"，"纷纷纭纭，斗乱"，其实没乱，整齐得很，乱是从"治"生出来的，怯是从勇生出来，弱也是假的，是强者装弱，这就是"治乱，数也，勇怯，势也，强弱，形也"。

有效控管

纷纷纭纭，斗乱而不可乱也；浑浑沌沌，形圆而不可败也。乱生于治，怯生于勇，弱生于强。

下面又讲别的了，讲的是如何耍诈。势是有变化的，静态的是蓄势，动态的是造势。"纷纷纭纭，斗乱而不可乱也；浑浑沌沌，形圆而不可败也。"古代战场上，"纷纷纭纭"，部队好像阵脚大乱，没有秩序，但是"斗乱而不可乱"，这是在战斗中扮猪吃老虎，其实没有乱，里面绝对是有效的控制指挥，故意呈现破绽让敌人上当。敌人看着好像乱了，像"纷纷纭纭"一样，以为是"斗乱"了，其实内部是乱中有序，引诱敌人上当罢了。这就是"先为不可胜，以待敌之可胜"。故意卖弄破绽，引蛇出洞，要是敌方误判，看到的是外面呈现的"纷纷纭纭"的乱象，其实内部是井然有序，目的就是要敌人上当。"浑浑沌沌"，好像黑黑暗暗、痴痴呆呆，"形圆而不可败"，其实实力强得很，绝对有效掌控，就是要做一个假的形，引诱敌人上当，以为这是出手的时机。什么叫"形圆"呢？以前的陆军是方阵，尤其是古代，两阵对垒，方阵就代表有效指挥，可是一打就乱了，那就是"形圆"，可是对圆中调度的人来讲，其实没有乱，而是故意呈现一个圆的乱象，好像是打散，但是这种阵，可能是一个口袋陷阱，等待敌人入袋。也就是说，即使是"形圆"，但你要真打他，发现"不可败"，他真正的实力，有效的指挥控制全藏在里头，以表面的乱象吸引你上当。

"乱生于治，怯生于勇，弱生于强"，乱象是假象，乱象是从什么生出来的？其实管理得井井有条，治理好得不得了，因为治理得好，故意显示一个乱的象。也就是说，乱象是从治里面生出来的。"怯生于勇"，外面故意示怯，扮猪吃老虎，其实里面勇敢得不得了，才敢于装作很怯懦的样子，以为他好欺负，你要是忘记他的怯是勇敢生出来的，那就惨了。"弱生于强"，外面是示弱，其实他强得很，强者故意示弱，敌人难免上当。

"治乱，数也"，乱要生于治，就要小心失控。有些人明明是治的状况，要吸引敌人，故意乱一点，有时候一乱却真的乱掉了，收不回来了，那就糟糕了。这就是数上面出问题了，节制出问题了，"凡治众如治寡，分数是也"，治乱的本事是永远都能够有效控管，要表现什么样子就可以表现出什么样子，可以有效地让人家上钩了，马上使乱变治。所以，一定要注意，有时候因为乱，为了吸引敌人上钩，已经乱成习惯，弄假成真，却一下子收不回来，那就完蛋了，所以要有有效的控制，要他治就治，要显现假的乱象就显现假的乱象。一旦显现乱的象，敌人上钩了，马上又恢复治，这完全在乎数的掌握。

"勇怯，势也"，装作胆怯，其实是大勇，这也是"势"的概念。形势比人强，有时候人的勇敢与胆怯，跟"势"有关。勇敢的人敢拼命，再强大的敌人都怕你三分。穿皮鞋的最怕打光脚的，所以勇就有势，如果勇还能够装怯，把势还藏在其中，那真是有一套。有时候在一种非常危险的情势下，人真的会害怕；有时候仗着人多势众，好像很勇敢，其实胆小的要死。所以勇怯也直接就跟势有关。像中国跟美国现在的实力相比，严格讲差很多，可是美国的气势好像不是很足。中国的经济要赶上美国至少二十年，人均超过不知道要到哪一年，军事上美国根本是遥遥领先。但是，人就是一股气势，他不怕你，那你就怕他了。这就是"勇怯，势也"，端看你有没有种，有种的话，就可以旋乾转坤。像大过卦（䷛），"独立不惧，遁世无闷"，怕他个鸟！我们讲兵法才会讲粗话，讲粗话就比较带劲儿。

"强弱，形也"，这一句和上一句，把形势的观念都揉进去了。勇怯是势，强弱是形，形是日积月累的，实力的强弱，"若以镒称铢"。势在形的基础上还可以活用,有时候勇冠三军,一个人发狠、拼命,那时候就不一样,不只是一般实力的强弱。所以,形势有一定的限制,如强弱、勇怯,可能会扭转战局,以小博大,以弱击强,都可能发生。

造 形

故善动敌者,形之,敌必从之;予之,敌必取之。以此动之,以卒待之。

"善动敌者",一定要懂得造形的艺术,给他一个形,你是千变万化,要什么形就给什么形,那个形就能够让对方听从你的。要调动敌人,不要光调度自己。"形之,敌必从之",显现一个形,他就上钩了,配合你的意愿。"予之",故意给他一块肥肉,"敌必取之",他上当了,后面有钩。老子说过,最隐微不显的智慧,叫微明,"将欲歙之,必固张之;将欲弱之,必固强之",给你东西没有关系,我现在给你的,你将来整个的又统统变成我的,只是暂时替我保管一下而已。你以为那是好东西,拿去之后,就等于是咬了我的钩,上了我的套,最后连本带利统统收回来。换句话说,一旦有了绝对的胜算,就不要在乎现在给敌人多少东西,反正将来都是我的,敌人只是暂时帮我保管。敌人的利将来也是我的利,有主权才有无限的利益,权能生出利,利不一定能够买到权。所以,你看老子阴险不阴险,这就是"微明"之术,敌人看不出来,只看到眼前的短期利益。没有看到有一只钩子,有一条线,线后面还有一个老渔翁,老渔翁身后还有一个老太太在等着大鱼下锅。这个世界仍然是斗智的时代,害人之心不可有,防人之心绝对不可无,眼前看到的东西未必是真相,一定要动脑子，贪图近利，会失去将来的一切。

"以此动之"，拿一个东西来利诱，"以卒待之"，后面有很坚强的部队等着收拾他。这里的"卒"是最难解的，很多人说"卒"是最后等着你、强大得不得了、会吞掉你的大部队。也有人说"以此动之，以卒待之"，卒是最后，有始有终，即有始有卒。还有的人因为有不同的版本，说是"以利动之，以本待之"，我给你一点小利息，但是我的本金在这边等着你。还有讲"以实待之"，真正可怕的实力在等你上钩。

释人任势

故善战者，求之于势，不责于人，故能择人而任势。任势者，其战人也如转木石。木石之性，安则静，危则动，方则止，圆则行。故善战人之势，如转圆石于千仞之山者，势也。

最后这一段特别重要，一般的解读有错，说不通，连李靖都读错了。《势篇》主要的意思还是一句老话，"形势比人强"，所以要能够造就比人强的形势。敌人再怎么样，也不能跟大形势相抗。顺着形势走起来比较顺，逆形势就难，时代的大潮不是一天形成的，"势"拥有灵活创造的力量，蕴含着可怕的能量，我们要学会创造，学会巧妙组合。同样给人宫、商、角、徵、羽，有人就弹出《高山流水》，有人一天到晚"小蜜蜂，嗡嗡嗡"地弹棉花。孙子所说的五种间谍，用得笨的，就像提线木偶；调度得好，"五间俱起，莫知其道，是谓神纪，人君之宝也。"

"故善战者，求之于势，不责于人"，注意这一句话，正因为形势比人强，所以真正善战的我们要懂得形势的规律，一定要在势上下功夫，在势上下功夫就等于在形上下功夫，因为"积形造势"。没有形哪来的势？要求创造好的大环境，就要造势，形势一动，大概没有人能够抵抗，都得顺着势去干。所以我们想要求功求成，求圆满，最好要在势上下功夫，不要做被形势所逼的那些可怜的人，如果形势不好，就如孤臣无力可回天，压死他也没有用，他只有牺牲。形势不利，没有创造一个好的形势，要求将士们死守、拼命，结果只能进忠烈祠。所以，要懂得形势，扭转不利的形势，或者顺形势，从形势中捞取利益，不要苛责在大的形势下做个人无谓的挣扎。人没有办法抗大形势，我们与其苛责个人，还不如想办法让个人在形势上下一点功夫。可见，责求个人在不利形势下有所作为是没有用的，像希特勒最后必败的时候，什么地方的军队都不准撤，在调度资源上就损失了灵活性，结果一个一个被吃光，战到最后一兵一卒有什么好处呢？这样，本来很好的形势就变成了死局，所以不要责求于大形势下、大环境下的个人还有什么神武，这不合理，要懂得"求之于势，不责于人"。

　　下面那一句话就有问题了，"故能择人而任势"，这不是马上就抵触了吗？"择"假定是选择，你选择了那个主管，选择了那个业务经理，选择了那个独当一面的将领，让他去争取胜利，听起来好像很有道理，"任势"是什么意思？因为势的力量，沛然莫之能挡，所以一旦了解趋势的走向，就放任他，任其自然，我就在浪尖上，自然就把我带到要去的地方，自己动都不用动，一点力量都不用，顺着力量就流下去。要是逆流而上，那不是太困难了吗？岂不马上立脚不稳，节节败退？可见，要懂得势，而不要在大形势下去苛求某一些人创造不可能的东西，如果这样择人有什么意义？选择谁都是一样。因为人不能抗势，"任势"是一定的，运用势。"择人而任势"是什么意思呢？因为人在势前很有限，众力交推的大形势，个人怎么可以抗衡呢？经济景气好的时候，智商低的可能都会发财，经济不景气的时候，智商再高也无济于事。在大势面前，个人的差异就没有那么明显，择人又有什么意义？选谁不都是差不多吗？选了什么人，不能对抗大势；选的稍微差一点，只要势大，做起来也差不了多少。那么，这样的择不就有问题吗？其实"择"字是指放开的"释"，把个人放掉吧，那个不重要，重要的是势，要顺其自然，关键因素在势不在个人，不要作无谓的牺牲。在大势情况下，合乎势者，所差有限，释人，把个人的因素放开，不要加给个人这种不可能的责任。"任势"就是放弃放开苛求个人的门槛，势才是大目标，也是《势篇》整个告诉你的，人不如势，不要老是盯住个人，要放开，要懂得，识别大势，然后"任势"，把所有的资源都跟势结合，这叫"释人而任势"。

"任势者，其战人也如转木石"，顺着自然的势来行动，"其战人也如转木石"，木石都可以玩转。"木石之性，安则静，危则动，方则止，圆则行"，石头多重，环境没有任何变动就很安静，树也是一样，木头石头，安则静，要是环境是危的时候，狂风暴雨的时候，泥石流一来，木石一定动，在高山上那么危险的一个形势下石头滚下来，非动不可，因为环境是陡峭的，顺着山坡就滚下来。"方则止，圆则行"，如果环境是一个方的环境就停下来，如果环境是圆的环境就停不下来。所以，不管是什么东西，都会随着环境的安、危、方、圆，由静被逼着动，被逼着行，这就是形势逼人，即使是木石，还是要求随大势。

"善战人之势"，运用人力资源的，要懂得势的观念，"如转圆石于千仞之山者，势也"，千仞之山转圆的石头滚下来了，就造成非常大的力量，因为这样的势非转不可、非动不可。就像"若决积水于千仞之溪者，形也"一样。

《形》《势》篇前后呼应，这是孙子高明的地方。最后的意象，需要我们自己去体会，什么叫形？什么叫势？形、势是什么关系？怎样创造瞬间的爆发重力加速度，越转越快？同样一颗石头，从遥远的太空一不小心跑到地球的轨道来，再小的都足以对地球造成大的冲击。这就是《孙子兵法》讲的形势，西方谈这种东西，不会用这种生活的意象来描述形势的奥妙。

关于"其节短",我想再强调一下。这三个字强调的是节奏,讲究的是瞬间的爆发力。像李小龙的截拳道,还有咏春拳的"一寸拳",就是"其节短",就是近距离,突然拳一转,瞬间的爆发力,足以令对手吃亏,这就是节奏,不在乎本身有多大,而在于突然的动,把所有的力量瞬间爆发,打到那个点,就可能造成相对的优势,以实击虚。

第十二章 出奇制胜
——虚实篇第六

扫一扫，
进入课程

《虚实篇》看似很长，但一气呵成，没有前面的《形篇》《势篇》那么难懂，初接触兵法的人，除非真的是冰雪聪明，对于这两篇，很少有学生给我一个拈花微笑。就初学者来讲，这并不奇怪，智慧的产物都是如此，要用心去体会。如果像听戏一样，不用心，就是释迦牟尼佛来度你，都没法成佛，"学而不思则罔"，一切都是落空。

致人而不致于人

孙子曰：凡先处战地而待敌者佚，后处战地而趋战者劳。故善战者，致人而不致于人。能使敌人自至者，利之也；能使敌人不得至者，害之也。故敌佚能劳之，饱能饥之，安能动之。出其所必趋，趋其所不意。行千里而不劳者，行于无人之地也。

"凡先处战地而待敌者佚，后处战地而趋战者劳"，"佚"就是安逸，"劳"就是疲于奔命，这是以逸待劳的观念。对方太安逸，就要骚扰他，让他疲于奔命。所以，一定不可以让自己的战斗资源太疲累，得不到休整，要轮番恢复元气，就像《易经》中说的"七日来复"一样。如果始终是在劳的状况下，敌人已经养足气力，那你不是等着被收拾吗？以逸待劳就是战略要点，这也是制高点。"先处战地"，已经把最重要的战略要地占住，敌人还没到，该做的攻势都完成了，然后敌人才来，但这个地方已经是我方的了，就等着敌人来，使其根本就没有立脚之地。等着疲于奔命的敌人到来，我方则做好充分准备，抢占先机，以逸待劳，就像需卦（☲）的第五爻："需于酒食，贞吉。"也是以逸待劳，第五爻下面的爻则是劳累的命，初爻到四爻都劳——"需于郊、需于沙、需于泥、需于血"，而第五爻占据资源的中心、制高点，就在那里安逸地吃吃喝喝，一开始就占据要点，下面的爻则苦得要死。这就是"凡先处战地者而待敌佚"，"凡"是概论，代表整体一定是这样。对于战略要地，一定要先卡位，卡位之后，最好马上掌握市场占有率，那些后知后觉的想跟进已经来不及了，他就是付出加倍的辛苦，也没有办法得到那块地，更别说分一杯羹了。刚开始的时候，到处都是机会，但只有先见之明者才会"处战地而待敌者佚"，坐着吃，躺着吃，后来的人累死也没有，这就是"后处战地而趋战者劳"。这在《易经》来说，是典型的"后夫凶"，也就是比卦（☷）卦辞所说。要跟人家较量，结果落入下风，因为太慢了，到头来就是"比之无首，凶"。可见，是愿意劳而无功，还是愿意轻轻松松就获利，关键就是掌握先机，一旦慢一拍，就会失去先机。如果失去了先机，还去跟进的，结果只有苦死。

"故善战者，致人而不致于人"，这一句话特别重要，一定要掌握主动权，绝对不要被动，"致人"就是绝对可以调度所有的人，掌握主控权。我要他去哪里就去哪里，绝对不可以被人家调度。"致人"就是主动权，"致于人"就是被动挨打。整个战局、整个产业的主动权在谁手里，他就可以"致人"，其他的都是听他的驱使，是"致于人"。整个《虚实篇》其实就是要造成"致人而不致于人"的局面。唐太宗跟李靖讨论《兵法》十三篇的时候，就说真正的兵法只有一句话，就是"致人而不致于人"，可见这句话的重要性。在你最熟悉的领域中、专业里是"致人"，还是"致于人"，这是很重要的原则。"致人"有主动权，是主变数，人家随你变，是"致于人"，是从变数，这才叫"善战者"。

"能使敌人自至者，利之也；能使敌人不得至者，害之也"，我们要调度敌人，让他好像自动自发到这个地方来，要利诱之。有利益的目标，才会有需卦（䷄）上爻所说的"不速之客三人来"，即使他来得慢，但他还得来，因为这里是资源中心，他非来不可。不来，他就没有生存发展的机会。在生存攸关时节，"利之也"，不怕敌人不来。那么"能使敌人不得至"，如果不想让他来，就要千方百计阻挠他，"害之也"。一个是吸引他来，他就得心甘情愿来，一个是不想让他来，那他就永远来不了。利害是一体的两面，这就是主动权的掌握，要谁怎么样就怎么样，用利之、害之的方式，"能致人而不致于人"。用利诱和阻挠的方式让敌人自动来，就是拼了老命也要来，如果不想让他来，他绝来不了。像《红楼梦》中，贾瑞贪恋王熙凤的美貌，王熙凤设局约他厮会，他自己说死都要来，结果真的是死到临头还不甘心。

"故敌佚能劳之，饱能饥之，安能动之"，这种充分的主动权，就可以掌控战局，除了调度自己还有调度敌人的能力，能使敌人"佚能劳之，饱能饥之，安能动之"。当敌人休整好时，能设法使之疲劳；当敌人给养充足时，能设法使其饥饿；当敌人安营扎寨时，能设法使之拔营行军。本来很安逸，却非动不可，这是为什么呢？因为形势逼人，敌人是被动的，主动权在我方手中。这跟前面的"十四诡"又呼应上了。

为什么能达到这种效果呢？"出其所必趋，趋其所不意。"掌握了敌人的动向，要敌人向哪里就得去哪里，同时还可以在敌人意想不到的地方进行攻击。"行千里而不劳者，行于无人之地也"，远征军奔驰千里，畅通无阻，好像不累，如果那里充满了敌人，那你会轻松吗？如入无人之境，就是因为对那个地方早已了解。虽然你要长途行军，但是没有障碍，没有敌人的阻击，所以好像"行于无人之地"一样，轻松到达。要知道，军行千里，风险很高，中间不知会发生多少事。唐僧取经碰到很多妖怪，如果"行于无妖之地"，那他取经岂不顺畅得多？所以，要掌握主动权，就要对形势掌握得清清楚楚，不随便投入资源，投入资源就一定不要有障碍。为什么对敌人能够"佚能劳之，饱能饥之，安能动之"？就是因为对敌人的主观意图、客观形势判断如神，所有的情况都在算计中，所以要敌人怎么样就怎么样，"出其所必趋"，他非这么动不可，绝对不会说找不到他，同时还知道他下一个时间会如何做。

善攻善守

攻而必取者，攻其所不守也。守而必固者，守其所必攻也。故善攻者，敌不知其所守；善守者，敌不知其所攻。微乎微乎，至于无形；神乎神乎，至于无声，故能为敌之司命。

"攻而必取者"，进攻就一定可以把敌人打下来，是因为"攻其所不守也"，那个地方的防守薄弱，所以很容易打下来，那么如何知道敌人某个地方的兵力不够、防守薄弱呢？这就是本领，要打一个地方，就要找其兵力薄弱之处，"攻其所不守"，没有认真防守，或者没有用重兵防守。

"守而必固者"，因为不可能永远是进攻的，我方有时也要采取守势，那么要绝对守得住，没有人打得下来，道理就在于"守其所必攻也"。为什么防守得让人家打不下来？因为知道敌人绝对会攻这个地方，就重兵防范该处，这就是正确判断敌人的战略意图，在敌军进攻之地布置重兵防守。敌人的意图已经被我所掌握了，这就是"守其所必攻"。整个辖区中有好多地方，不可能处处都用重兵防守，所以要重点防守的地方，一定是敌人的主攻之地。二战时，盟军诺曼底登陆之所以能胜利，就因为诺曼底不是德军重点防御的地方，他以为盟军要在别的地方登陆，德军被盟军误导，结果盟军根本不打德军重兵防卫的地方。如果德军当时知道盟军必攻诺曼底，他把最重要的部队摆在诺曼底，盟军就很难攻得下来。可见，"守而必固者，守其所必攻"，对敌人的攻守太清楚了。有的地方兵力布置得少，因为知道敌人不会进攻这里，有的地方重兵防守，因为知道敌人主攻的就是这里。

"故善攻者，敌不知其所守"，因此善于进攻的人，能使敌人不知道防守哪里。"善守者，敌不知其所攻"，而善于防守的人，能使敌人不知道从哪里进攻。真正防守的时候，敌人好像哪里都打不下来，也不知道到底哪一个地方是重点，哪一个地方是次要的地方，不知如何下手。

关于"守其所必攻"和"攻其所不守"中，"不"和"必"这两个字，很多版本常常会混淆。像为什么我能够善守呢？"守其所不攻"，意即我防守的地方敌人绝对不会打，而我防守的地方绝对不会打，因为我防守他不攻击的地方。这样的解释不是很荒唐吗？敌人攻击的地方，怎么才能守得住，一定是"守其必攻"，加强防御，所以，哪一个地方是"不"，哪一个地方是"必"，用思维逻辑判断就可以出来。在《易经》中，观卦（䷓）的卦辞就有两种版本，一种叫"盥而不荐，有孚颙若"，也就是说只要洗手，保持清净心就好，不一定要上丰富的供品，那么一个重要的宗教仪式，只要修清净心就可以办得到。另外一种则说"不"字不对，应该是"盥而必荐，有孚颙若"，说不上丰富的供品，不用大牲，就没有办法通达基层，所以不但不能不荐，还要大荐特荐，那也就是"盥而必荐"，就像豫卦（䷏）充满了热情，"殷荐之上帝，以配祖考"。这是两种讲法。到底是"不荐"还是"必荐"？各有其说，好像都说得通。但是《孙子兵法》中，关于这一段的"不"跟"必"，确实有不同的版本，不过"守其所不攻"，很荒唐，你要是确定敌人不攻哪一个地方，那你把部队摆在那里干什么呢？当然要防他必攻的地方，这样才好把它打回去。

能够清楚了解对方行动的意向，掌握得一清二楚，这当然归功于"用间"和"始计"的成功。处处占敌先机，才能够处处高人一招。了解其防守的资源，找其最弱的地方集中全力攻打，这就是攻守。"守而必固"，绝对能够坚守敌人必攻的地方，绝对让他打不下来。墨翟曾经和鲁班进行沙盘推演，鲁班设计了各种攻城的云梯，墨翟则是鲁班用什么攻，就知道他要攻哪里，统统让他攻不下来。这就是墨子的善守。"攻而必取，攻其所不守"，重点打哪一个地方，不要被骗，纳粹军队在诺曼底登陆的时候被骗，这就是一个很有名的案例。

敌人在攻守上都落入败部，被动挨打，这种情形真是爽啊："微乎微乎，至于无形；神乎神乎，至于无声，故能为敌之司命。"敌人的生命主宰在我方的手里，因为我方无形，对方有形。对方完全曝光透明，其真实的状况、资源的调度，我都清清楚楚，我方对敌人来讲完全是个谜，"用间"没有办法突破，"始计"也是误导，这种上乘的功夫就是"微乎微乎（微妙啊微妙），至于无形；神乎神乎（神奇啊神奇），至于无声"。《易经》中能做到无形无声，大概只有巽卦（☴）了，对敌人来讲，无形无声，无迹可求，怎么对付我方呢？所以敌人的命运完全由我方来主导——"故能为敌之司命"。敌人是有形有声，掌握不到我方真实的状况，兵力调度和资源的分布，敌人无法知道，无形对有形，看是谁赢？无形的东西难斗，间谍难斗，鬼难斗，就像病毒难斗、细菌难斗。可见，大部队的兵力可以调度到无形的境界很不简单。

大道无形，有形的境界还不是最高的境界，最高的境界是到无形的境界，这就是下文所说的"形兵之极，至于无形""无形则深间不能窥，智者不能谋……"我在讲《形篇》的时候说，形的最高境界是像"若决激水于千仞之溪者"，但那还是有形。从兵法本身来说，有形到了一定地步，进一步就要求无形，完全没有人可以对付了。无形的东西，用"一"就可以收拾人家"一百"，就像哈利·波特穿上隐形衣，他要打谁就打谁，要吻谁就吻谁，根本就抓不到。大部队怎么能够到无形的境界呢？这就是一个创造的战争艺术。敌人的命运完全在手上，完全被掌控。

以实击虚

进而不可御者，冲其虚也；退而不可追者，速而不可及也。故我欲战，敌虽高垒深沟，不得不与我战者，攻其所必救也。我不欲战，虽画地而守之，敌不得与我战者，乖其所之也。

"进而不可御者，冲其虚也"，我们进攻的时候没有敌人能够挡得住我们，因为那是他最虚弱的地方，我用全力去冲击，一冲就垮。为什么能够这样呢？以实击虚也。最弱的部位，是经不起全力打击的。"进而不可御"，不是什么神话，而是判断正确，"冲其虚也"，瞬间就可以把敌人解了。

"退而不可追者"，一旦我要退，敌人也绝对不能把我留下来，为什么呢？因为"速而不可及也"，退军的速度很快，敌人无法追上。这有点像《易经》第三十三卦遁卦（䷠）的最后一爻："肥遁，无不利。"那头大肥猪能够全身而退，而且把什么都带走，你只能抓一手猪毛，肥猪摇摇摆摆地走了。这一爻爻变是咸卦（䷞），"咸，速也"，早准备好了，说走就走，想留也留不住。这就是"速而不可及也"，只能望洋兴叹。

"故我欲战"，整个战局由我的主观意愿决定，"敌虽高垒深沟，不得不与我战者，攻其所必救也"，"攻其必救"是绝妙好计，敌人必救的地方是要害，不救不行。敌人有时候筑有深沟高垒，猫在里头，但是他不得不与我方作战，非得从坚固的壁垒中出来不可。其原因就是我方不攻打那坚固的城池，而是攻打你敌人绝不敢失去的东西，这就是"攻其必救"，就像"夺其所爱，则听矣"，我把你最漂亮的小太太绑走，看你救不救？所以，千万不要"攻其不救"，把他讨厌的大太太绑走，他高兴都来不及。一旦"攻其必救"，敌人方寸大乱，就得出其坚固的城池。换句话说，要攻击敌人，有时不一定要进行攻坚战，只要知道敌人有什么东西是一定不能失去的，"夺其所爱，则听矣"，那是他的生命线，绝对不能失去，他再也不能龟缩在坚固的城池里不出来。敌人只要出来，我方非打赢不可。

"我欲战"，利用敌人致命的弱点，虽然是高垒深沟，敌人也不得不出来跟我打，就像下象棋，老帅面临威胁，外面的车、马、炮就得回防。这是我想战的时候，可以利用敌人的要害部位迫其出战。如果我不想打呢？"我不欲战，画地而守之，敌不得与我战，乖其所之也"，厉害吧，像神仙一样，画一个圆圈，什么狮子老虎、妖魔鬼怪都进不来。最后的"之"是指敌人的动向，我在这里画个圈，敌人接近不了我，因为我的误导，使其误入歧途，带到别的地方去了，我在这边安全得很。这就是调度敌人、误导敌人，根本就不必花那么多财力物力去建一个坚固的城池。"乖其所之"，对方完全听我调度，就是到不了我这个地方，我方根本不必用很强的防守措施。"画地而守之"，堪称用兵如神，完全是想怎样就怎样，想打敌人，敌人不打还不行，我方不想打，敌人想打也无从下手。

形人而我无形

故形人而我无形，则我专而敌分。我专为一，敌分为十，是以十攻其一也，则我众敌寡。能以众击寡者，则吾之所与战者约矣。吾所与战之地不可知，不可知则敌所备者多。敌所备者多，则吾所与战者寡矣。故备前则后寡，备后则前寡，备左则右寡，备右则左寡，无所不备，则无所不寡。寡者，备人者也；众者，使人备己者也。

"故形人而我无形，则我专而敌分"，"形"是动词，让敌人都曝光，而我对他来讲是无形的，他永远摸不透，因为我无形就不必处处防守，刻意把所有兵力集中在一起，集中在一起也是无形，敌人还就得时时处处防守。处处防守，每一个环节都会显得薄弱，而我方因为无形，以相对优势就可能以十击一，这样突破、瓦解敌人的防线就变得容易多了。要做到这一点，主要就是行动快，不露相，利于集中兵力。要知道，在战场中，集中所有的战力资源是非常重要的，才能造成突破性的战果。所以要先想办法隐藏自己，使自己无形，不必处处防守，就如闪电战一样，打到哪里敌人就瓦解。想办法"形人而我无形"，"则我专"，集中兵力，"而敌分"，也就是"我专为一，敌分为十，是以十攻其一也"，等到我攻打敌人的时候，可以投入全部的力量攻打，而敌人有十个地方要防守，那个地方只有十分之一的战力，我方当然可以凭借数量优势轻松打下来。当然，这个数量优势不是绝对的，而是因为无形，在刹那间造成的相对优势，战线不必拉太长，集中优势兵力去攻打敌人其中一个薄弱的部位，那个地方当然守不住，这就是"则我众而敌寡"，相对的众寡出现了，不是绝对的众寡。双方各有一万兵力，我方集中所有的资源，是用一万打敌人一千，其他九千还不知道这一千被我方吃掉。"我众而敌寡"，这就是用兵调度资源造成的相对优势，"集中"破了"分散"。

"能以众击寡者，则吾之所与战者约矣"，"约"就是很少，相对来讲，我以十击一，是我以众击寡，因为那时敌人能够跟我方全部兵力打的只有一部分，那就太少了，当然打不赢。"吾所与战之地不可知"，我要攻打敌人哪里，决战的地方，对方不知道，但是我很清楚。"不可知则敌所备者多"，敌人不知道我要打他哪里，到处都要防备，这就是"备多力分"。"敌所备者多，则吾所与战者寡矣"，因为主动攻击的地方是我方挑选的，敌人把大部分的兵力部署在别地好几处，而这里大概只有十分之一，加上处处都在防备，等到我方集中打其一处的时候，就是以众击寡，碰到的不是全部的敌人，也不是像常山之蛇一样首尾相应反击，所以进攻的好处就在这里，可以选择要攻的目标，防守方就是不知道何处要防备。

"敌所备者多，则吾所与战者寡矣"，敌人所防备的地方多，那么能与我方作战的优势兵力就少了。"故备前则后寡，备后则前寡，备左则右寡，备右则左寡"，前后左右，不管是哪一个方向，敌人要防备，相对的方向兵力就空虚。"无所不备，则无所不寡"，到处都防备，每个地方兵力都很薄弱，打哪里都可以突破。真的是"备多力分"，"寡者"，为什么兵力总是不够用呢？"备人者也"，因为一天到晚采取守势防备人家的攻击。"众者"，为什么兵力其实不多，总是显得很多呢？"使人备己者也"，让所有的人防备你，他也不知道你要打他哪里，所以他处处防备，处处力量都不够。

备多力分

故知战之地，知战之日，则可千里而会战；不知战之地，不知战日，则左不能救右，右不能救左，前不能救后，后不能救前，而况远者数十里，近者数里乎？以吾度之，越人之兵虽多，亦奚益于胜哉？故曰：胜可为也。敌虽众，可使无斗。

"故知战之地，知战之日"，作战的时间、地点由我方挑选，"则可千里而战"，再远都不怕，如入无人之境。"不知战之地，不知战日"，敌人如果连作战的时间、地点都不知道，"则左不能救右，右不能救左，前不能救后，后不能救前"，这个孙老夫子，写这一段一定是顺溜得很。时间地点都不知，那么前后左右，都会失去救助，"而况远者数十里，近者数里乎"，连左右都没有办法相救，等到左手反应过来，右手已经断了，如果两支部队隔了数十里，或者数里，那更不必救了。没有常山之蛇那种首尾相救的灵动性，永远只能用局部的守备力量应付全力攻击的敌人。

"以吾度之，越人之兵虽多，亦奚益于胜哉！故曰：胜可为也。敌虽众，可使无斗。"怪哉，这一句看起来很突兀，其实不然，因为《孙子兵法》是孙武给吴王献策的背景下写就的，当时要打越国。意思是，孙子对吴王讲，以我来推测，前面我讲虚实的道理，看起来越国人的兵比我们多，但是他没有办法取胜，也就是说，胜利是可以造出来的（这和前面讲的"胜不可为，先为不可胜，以待敌之可胜"，没有矛盾，那是刚开始，现在已经到了形、势、虚实之分，就可以创造这种胜机）。"敌虽众，可使无斗"，敌人虽然多，但是还来不及发挥战力，胜负已决。

关于"备多力分"，就如我们平常的"样样通，样样松"，《易经》学一点儿，太极拳学一点儿，中医又学一点儿，结果样样松，做学问、做事业也要一门深入，不能说无所不备，结果是无所不寡，为什么要重点防御？道理就在于此，人生的攻防亦复如是。

应形于无穷

故策之而知得失之计，作之而知动静之理，形之而知死生之地，角之而知有余不足之处。故形兵之极，至于无形。无形，则深间不能窥，智者不能谋。因形而措胜于众，众不能知；人皆知我所以胜之形，而莫知吾所以制胜之形。故其战胜不复，而应形于无穷。

上面孙武突然讲起当时的国际形势——吴越之间的对抗，就说越人的兵虽然多，但是恐怕多了也没用，因为兵贵精，不贵多。《虚实篇》主要就是在前面形势、攻守奇正的基础上，兵力的配置做面的展开、体的运动，然后尽量在某一个时间不要求绝对的优势或者数量的优势，可是在冲突点上，能够造成相对的优势就够，然后速度快，让人家救援不及，就把最弱的打垮了，其他地方点再强也强不起来。甚至快进快出，敌人也追不到你，所以处处得手。当然，这也跟行军的速度快有关。这种所谓的"备多力分"，可以找到敌人的弱点，用我们的强去攻人家的虚，就像用石头去砸鸡蛋，这就涉及调度灵活，节奏快捷，最重要的一点是，综合国力各方面要均衡发展，那是形，平时的组织、战时的联系，就涉及巧妙的用势。由静态的形转成动态的势，形一般是看得见的，势则是看不见，但可以给敌人造成很大的压力。而形、势都是构成虚实的基本单元，在《虚实篇》的时候又谈到了形，形的最高境界是无形，"微乎微乎，至于无形"，无形才是最高的境界，"神乎神乎，至于无声"，就能够主宰敌人的命运。所以，一个名将可以说是两国相争中所有人命运的主宰者，他是"民之司命""敌之司命"，又是国家命运的付托，无比的重要。在《始计篇》中，提到"道、天、地、将、法"，特别凸显出将，并没有凸显出国君，只是用一个抽象的道，然后看国君能不能合乎道。但是并没有提到君，反而凸显将的角色，也就是说，将在外，君命可以有所不受的。

《形篇》真正的最高境界就是无形，所以孙子认为，越国兵多没用，他还来不及发挥众的用途，就被我们打垮了。这就是"胜可为也"。一般人认为"胜可为"，跟前面讲的"胜不可为"好像有冲突，其实怎么会有冲突呢？讲"胜不可为"，是说胜利不能强求，一定要先求立于不败之地。那是在《形篇》，形、势、虚实是三篇一整体，《形篇》就说胜是可知的，而不可为，"能为不可胜，不能使敌必可胜"，那是因为《形篇》刚开始展开，从建军开始谈，等到最后经过形、势，到虚实的时候，运用到淋漓尽致的化境的时候，胜当然可为，这不是逻辑悖反，是已经经过了推演、锤炼，胜是可以追求的，所以并没有任何冲突可言。人一旦要用到兵法，当然要求胜，《形篇》还在酝酿的阶段，没有办法强求，先要求立于不败之地。等到敌人出现弱点，胜利当然可为，可以创造胜绩了，这就是虚实在形、势基础上的运用。"敌虽众，可使无斗"，人多有什么用呢？根本就来不及打，我就已经成功了。

好，我们回到下面的正文："故策之而知得失之计，作之而知动静之理。""策"是运筹帷幄的阶段，理论的推演，跟《始计篇》很像。"策之而知得失之计"，前面一定要有一些根据、理论、情报，一些敌我双方的状况，根据这些资讯要开始推演输赢，输赢胜负，事前总要心里过一过，看看有没有胜算。"作之而知动静之理"，"作"就是一个试探性的动作，即从理论上分析敌情，敌人到底会做什么样的反应呢？战争是双方互动的，太极拳讲究后发制人，敌不动我不动，敌欲动我先动，换句话说，有时候要诱敌，自己要做出一个动作，测试敌方对这个动作的解读和可能的反应。我一动敌人也动，由他的动，我就会窥出他的虚实，那就可以去验证我原先策之时的理论是不是要修正。就像我们看很多的报表，报表也可能是蒙人的，不见得是事实，所以不能光是"策之得失之计"，那只是概括的描述，还要用一些无伤大雅的动作，像打篮球的假动作，把防卫的人诱开，然后你转过去就上篮了。一定要有这种测试的动作，就知道敌人是动是静，从敌人的回应中得到很多的判断。如果对方不管你怎么做，他还是不动，那就有一点莫测高深，不是那么好对付了。

"形之而知死生之地，角之而知有余不足之处"，"角"念"决"，就是角力、较量，"形之"，不管是万人敌的兵法，还是彼此之间的过招，很多都是形，《虚实篇》就是要归纳形跟势，形是真的，也是假的，是要骗人家上当的，要诱敌，要弄一个形，看对方有什么回应，就可以加深我对敌情的判断，知道什么地方是生地，什么地方是死地。死生之地很重要，每个人都有致命的弱点，战场一样有死地，有生地，后面的《地形篇》《行军篇》就有谈到"死地"的问题。这种关键的死地生地，要测试出来，就要做一个假的动作——伪形，这样才能知道相争的生死的关键，这一决战点可能是弱点，可能是强点，都要了解。

《始计篇》就讲，"兵者，国之大事也，死生之地，存亡之道，不可不察也"，我们做任何事情，都有死生之地。先知死，再找生，死里求生，置之死地而后生。先评估风险，再去想能不能从中获利。孙子不讲"生死之地"，而讲"死生之地"，就是希望我们千万不要大意，如果懂得先顾死再顾生，就懂得为什么要先求立于不败之地，先巩固自己，"形之"，"形之而知死生"。这就像下棋一样，从理论到实际的动作，都是测试，不是把大规模的筹码推到前线，只需拿出一部分试探敌人的动向，才能准确掌握对方的状况和意图。这样，才可"角之而知有余不足之处"，在两军狭路相逢之前认识到自己的不足。

《势篇》讲"乱生于治，形圆而不可败，斗乱而不可乱"，都是假动作，故意示弱，但是这种试探你想得到，敌人也一样想得到。是真还是假，虚虚实实，虚者实之，实者虚之，所以最后还要用一定规模的实力跟对方较量、角力，这并不是决战，而是测试一下。就像产品的试销，先进行小规模的测试，看看局部反应，推断整体市场消费行为的结构。这种试销不是真正的销售，是为了试试行情，跟消费者碰碰看，跟竞争者碰碰看，看看什么地方要加强。这就是"角之而知有余不足之处"，其实还是做一个搜索的动作，用一部分的实力玩玩看，看局部能不能反应整体大规模的状况，然后再补强。在正式全面进攻的时候，就可以根据这一次测试的接触战做修整。

策之、作之、形之，都是为了了解死生之地，风险在哪里，利益可能在哪里。"策之而知得失之计，作之而知动静之理，形之而知死生之地"，越来越笃定。"故形兵之极，至于无形"，形的最高境界是无形。"无形，则深间不能窥，智者不能谋"，这写得太美了，无形的就莫测高深，敌人卧底最深的间谍，都不能窥出我们的虚实，因为没有任何东西他看得见，整个大部队好像消失了一样。所有的兵力部署，统统是无形的，对方再聪明，再有智慧的敌手，都不能算计我们，对他们来讲我方的兵力太神秘。整个战力的部署到了无形的境界，很有实力，可是看不见，好像是虚的一样，怎么办到的呢？就像"上智之间"也无法探测到，姜子牙灭殷，就是因为他就在殷朝的首都朝歌，伊尹在夏，就在夏朝的核心地带，但是那么高的智慧，遇到《虚实篇》的无形，也没辙，也没有办法判断，因为无迹可寻。整体状况是一个谜，如大雾弥漫，这就叫无形，就是《易经》巽卦（☴）的境界，巽卦是由被动能够掌握主动，它就是低调无形。

关于《虚实篇》，我占卦的结果是遁卦（䷠），所以要跑的时候，可以快到没有任何人能把他留下来。巽卦跟遁卦是什么关系？巽是无形，遁也可以遁到无形。遁卦有大巽（☴）之象，巽是无形，来去如风，神出鬼没，要做到无形，就要严守机密，真正了解全局的恐怕只有一两个、两三个，不然就难保不泄漏。

"形而措胜于众，众不能知；人皆知我所胜之形，而莫知吾所以制胜之形。"最后这一段写的境界极高，我们少年时期读兵法，读到这里都很激动，写得真好，不只是文章，而是在兵法策略上的运用，也是一气呵成，而且圆融无碍，灵活到了极点。对敌人来讲，完全是无形的，敌人对他来讲，完全是有形的，看得清清楚楚、明明白白。然后形没有固定的模式，形是流动的，不是轻易定型的，在这个环境用这个形，下一个环境因时因地制宜，又换另外一个形。所以，一些成功的人，不管军事的、政治的，还是商业的，有时候几种不同的面具对不同的人，都可以应对无碍。他是"因形而措胜于众"，到最后都是他赢，而我们还不知道他怎么赢的。形充满了变化，完全是活的，就是最后的胜利结果摆出来，"众不能知"。这种核心的制胜的秘密，对一般人来讲绝对是不可窥的，是无形的。"人皆知我所胜之形，而莫知吾所以制胜之形"，"制胜之形"是看不见的，"所胜之形"是摆在面前的样子，这一次是装甲冲锋赢了，下一次空降赢了，都不一定，后面一定有下棋人的考量，这就是"制胜之形"，可是那个形看不见，只能看到胜利的表象，也就是"人皆知我所胜之形"。至于何以致之，则无人知道。即使敌人事后知道是何种方式，也没有好处，因为我方下一次换另外一种方式，同样可以收拾他。可见，胜负的经验对于敌人来说完全没用，因为下一次又是一场新的战局，永远有制胜的法门。巽卦是忧患九卦最高的一个卦，称"德之制也"，就是掌握主动，有绝对的主控权，但是巽低调无形，为什么还能够赢呢？因为德。这和《形篇》"称而隐"一样，结果好极——"称生胜"。巽不但"称"，还隐，当然是"德之制"，"莫知吾所以制胜之形"，碰谁都赢。所以，去背那些形有什么用呢？那都是过去，真正创造核心的是制胜之形，这局棋已经下完了，下一局又创造新的棋谱，去背旧的棋谱又有什么用呢？

"故其战胜不复，而应形于无穷"，形是没有穷尽的，"战胜不复"是什么意思？这一场赢了，下一场不用这一招了，又换一个形收拾你，绝不重复。所以招式不会用老，就是避免用同样的招式来取胜，招式太多，完全是活的，临时都可以创造出新招，绝对不会重复过去胜利的经验，这就是"战胜不复"，永远让你有惊喜，不用同样的方法、同样的形式，一样可以胜利。在《势篇》中，就说道："味不过五，五味之变，不可胜尝；色不过五，五色之变，不可胜观；声不过五，五声之变，不可胜听；战势不过奇正，奇正之变，不可胜穷。"还有"间谍不过五"，可是"五间俱起"，就"莫知其道"。高手跟低手就是差在这里。

兵无成势，无恒形

　　夫兵形象水，水之形，避高而趋下；兵之形，避实而击虚。水因地而制流，兵因敌而制胜。故兵无成势，无恒形；能因敌变化而取胜者，谓之神。故五行无常胜，四时无常位，日有短长，月有死生。

"夫兵形象水"，最后又用《易经》这种卦象爻象的意象来讲道理了，完全像坎卦（☵）奔腾的流水。"兵形象水"，又像师卦（☷），上卦是坎，"兵形象水"，下卦是坤，就是广土众民，既是战争追求的目标，也是运用的筹码。"水之形，避高而趋下"，水一定从高处往低处流，掌握这个基本的原则，所以瀑布冲下来才那么可怕。既然"兵形象水"，水是"避高而趋下"，由高处往下面冲，那么，"兵之形"是"避实而击虚"，这就呼应到《虚实篇》了。《形》《势》二篇的运用就是虚实，当然要避开敌人最强的地方，去打最弱的地方。"避实而击虚"，就得灵活调度，一切都清清楚楚，敌人有形，你无形，才办得到。

"水因地而制形，兵因敌而制胜。故兵无成势，无恒形；能因敌变化而取胜者，谓之神。"这就是最高的境界。水因为流过的地形，可能是高山，可能是黄土坡，可能是断崖，可能是平原，所以水的流动不一定。流过什么地形，流法都不同，有的缓，有的急，所以说水无常形，不会限制自己是同一个形，这就是水的可怕。儒家、道家都在歌颂水，老子就说"天下之至柔，驰骋天下之至坚"，"上善若水"。"水因地而制形"，看地势决定怎么流动。"兵因敌而制胜"，要看对手，看谁的变化多。《西游记》里面的孙猴子跟二郎神杨戬，两个人都会七十二变，你变一座庙，我变一个旗杆，穷尽一切变化。这就是"因敌而制胜"，看对象来取得胜利，就像《易经》的最高法则——"不可为典要，唯变所适"。

"故兵无成势，无恒形"，没有一成不变的势，也没有永久不变的形。这是《形》《势》篇的总结。没有一成不变的形和势，所以必须因敌变化来取胜，不断创新求变，这样的人"谓之神"，这就是兵法家追求形势、虚实，运用兵力破敌的最高境界。关于这一段，有些版本是有一些出入的，像"兵无成势，无恒形"，在这些版本中是"兵无常势，水无常形"，其实意思是一样的。还有"水因地而制流，兵因敌而制胜"，意思都差不多。

但是，就文章来讲，写到"谓之神"结束多好，大家都站起来鼓掌就完了，突然又来一个尾巴，这个尾巴也不能说完全没有道理。有人认为是注解混入本文，这是有可能的。大概是因为后来注解兵法的人，发现这种境界令人神往，就要举例，尤其是到汉朝的时候，阴阳五行学说盛行，所以就把五行的观念注入，于是出现了后面一段："故五行无常胜，四时无常位，日有短长，月有死生。"五行也是千变万化的，"无常胜"，五行有相生相克，但谁说水一定灭火，杯水就不能灭一车着了火的柴，煮水的时候是火灭水，所以要检讨具体条件"因敌而制胜"，是变化的。比如说，他是火，穿红衣服，那我就是水，穿黑衣服。真的是这样吗？商朝穿白，白是金，西方的颜色，灭商朝的周就穿红的，结果秦灭了周，秦穿的什么颜色的衣服，黑色的。其实这些都是胡扯。因为"兵无常势，水无常形"，五行是没有常胜的，如果是那样就好办了，大家就看对方穿什么衣服好了。

"五行无常胜"，不要以为一定是谁克谁，那里面的变化多得很，还可以反克，这跟量有关，还跟边缘条件有关。四时也无常位，春夏秋冬，照讲是最有规律性的，但是也不一定，尤其生态危机之后，四时真的是无常位。"日有短长"，有的白天比较长，有的白天比较短，"月有死生"，月有阴晴圆缺。这些讲得有时有道理，但是在"谓之神"后，讲这些似乎有点儿啰唆，很多人认为是注解，因为以孙武的行文来讲，这些完全是累赘，没有必要，不讲也无所谓。

第十三章 旁通曲成——军争篇第七

"军争"，就是两国相争、两军相争、两个大公司相争，一定有战略要地，是兵家必争之地。如果没有占据优势，动作慢了，就会站不稳脚跟，被排除在外。可见，"军争"讲究的还是速度、节奏、制高点。战争的第二个字就是"争"，像古代打仗讲究地形，有利的地形，就要必争，对于必争的一定要想办法，有时就算后出发，也要先达到。那么，有没有办法让先出发的无法到达那个最重要的地方，而后出发的可以到达？从《军争篇》中可以找到答案。

俗话说，"棋先一招压死人"，这跟《易经》中比卦（䷇）卦辞所说的"不宁方来，后夫凶"的意义完全一样，记得我曾经占问《军争篇》的主旨，就是不变的比卦，比就是"后夫凶"，节拍慢的就失去时机。比卦是大家较量，看谁速度快，看谁拳头大，看谁脑筋比较灵活。尤其两兵要"比"的时候，比的是综合实力，谁能够掌握战略要地，控制制高点，那就是抢占先机。

以迂为直，后发先至

孙子曰：凡用兵之法，将受命于君，合军聚众，交和而舍，莫难于军争。军争之难者，以迂为直，以患为利。故迂其途，而诱之以利，后人发，先人至，此知迂直之计者也。

孙子在这篇一开始就说，军争是高难度的，也就是说，就算大家都读了《军争篇》，知道它的重要性，但实际的战场上还是有人领先，有人落后。"凡用兵之法，将受命于君"，大将当然是承受君王的命令。"合军聚众"，就是聚集部队，"交和而舍"，两军相争战略点快结束时，都停下来扎营，看什么时候交战。古代战争更是如此，大军开拔，先锋营到达，于是扎营埋锅造饭，两军再下战书，这是基本动作。

既然两军对垒，为什么有赢有输呢？因为"莫难于军争"。"军争之难者，以迂为直，以患为利"，一般人认为的"患"，是把患转化为利，把弱点变成强点，把负债变成资产，化腐朽为神奇，而"以迂为直"，就是绕圈迂回达到目的，这样做岂不是要花更长的时间？如果走直线，则可以很快就达到目标，可是为什么绕弯还先达到了呢？因为把迂回路线当直路一样走，畅通无阻，怎么回事呢？把曲线变直线，难道是"缩地术"？一般人认为的险患，在他来讲，运用得恰当，就会变成利，正所谓"险之时用大矣哉"，能打破常规的思考，做反面的运用，高手就是如此，手法高明。我们一般的思考就是平面的思考，没有这种立体的思考，巧妙地运用转化，军争最难分高下的就是把迂回的路线变成好像有一条直路那样畅通的本领，同时把患转化成利。

我们都知道，迂回、绕弯，不能开门见山，有时候连讲话都得试探，声东击西，不知道绕多少弯。为什么要迂回？就是避免暴露自己的企图，防止敌人太早看到，不然再直的路也到不了，因为人家会在路上设置障碍。这就是直路反而到不了的道理，太明显的企图，人家完全看得出来，下一步做什么，都一清二楚。假定这是一个战略要地，大家都要争，就得看谁行军快。有时走直路不一定最快，大部队开拔时，敌人会在直路设置"拦路虎"，让你不能顺利前进，反而拖延不少时间，直路反而不如迂回快了。这就是《虚实篇》为什么要强调"虚者实之，实者虚之"的原因，只有让敌人搞不清你的企图，你才能顺利到达目的地。设计弯道绕道而行，没有任何人知道，就没有任何障碍，白天晚上，二十四小时急行军，神不知鬼不觉，提早到达目的地。而对方可能走的是直路，被我方设置障碍或者敌人担心我方阻击，不敢大张旗鼓地行军，以致行军缓慢。我方虽然迂回行军，但一路上没有任何障碍，消耗甚少，结果因速度快反而提前到达，这就是"以迂为直"。作为领兵大将，就要设计出这种迂回路线，使得中间没有障碍，敌人不知道我方战略企图，甚至还要调度敌人，让其变成天下公敌，使得每个人都要拦堵。可见，"以迂为直"，路线看似增加了长度，可是没有阻碍，而且速度比敌人快，这才是真正的直，可以"以患为利"。

"故迂其途，而诱之以利，后人发，先人至，此知迂直之计者也。"我要准备绕行神不知鬼不觉的迂回路线，就要利诱敌人完全曝光，给他制造障碍，不管是我打他或者天下共击之，就是要让敌人目标太明显，大家都以他为对手或假想敌，让他永远都到不了他本以为很近的地方。而我方不声不响，不知道绕行多长的路和多长的时间，结果我方先到，把我方的旗帜树在战略要点，站稳脚跟，而敌人还在那里与各路阻碍缠斗不休。所以，既要调度敌人，误导敌人，还要帮敌人制造很多的障碍，这样一来，我方一定要选一个没有任何障碍的路，即使绕远一点都没有关系，这样就能够"后人发，先人至"，也就是后发先至。这也是《易经》中随卦（䷐）初爻讲的态势："官有渝，贞吉；出门交有功。"即要打破规矩，打破专业的规范，要求变，让人家不可测，等到该出手的时候，就有可乘之机。这种后发先至，就像太极拳中的"推手"一样，脚下的重心让人家不可测，敌不动我不动，敌欲动，我先动。

"迂其途，而诱之以利"，就是为了"后人发，先人至"。早发不一定能赢，还得快、静，不能让人知道。要知道，早起的鸟儿有虫吃，早起的虫儿被鸟吃。后发先至很重要，如果我先发，就会被敌人看透。所以，要彻底观察出对手真正的企图，诱使他的企图先表现出来，我方就出杀手。当然，这里面还是有风险，讲起来容易，有些人后发还是没有先至，然后再"迂其途，而诱之以利"，结果利诱的东西反被人吃掉了。

兵以诈立，以利动

军争为利，军争为危。举军而争利则不及，委军而争利则辎重捐。是故卷甲而趋，日夜不处，倍道兼行，百里而争利，则擒三军将，劲者先，罢者后，其法十一而至；五十里而争利，则蹶上将军，其法半至；三十里而争利，则三分之二至。是故军无辎重则亡，无粮食则亡，无委积则亡。故不知诸侯之谋者，不能豫交；不知山林、险阻、沮泽之形者，不能行军；不用乡导者，不能得地利。故兵以诈立，以利动，以分合为变者也。

"军争为利，军争为危"，利益永远伴随着无上的风险，人世间很多的利跟危也是必然相伴的。兵行险招，难就难在这里。要敢冒险，不被危险所吞噬，就获大利。什么险都不敢冒，那就要有数量优势，这样做就很笨了。

不过，光讲空洞的理论还不行，故下面举一些实例来佐证。"举军而争利则不及，委军而争利则辎重捐。"部队不光是前锋往前冲，后面还得有粮食辎重等后勤补给，没有那些，军队是跑不远的。《作战篇》就讲过，部队的补给线不能拉得太长，要懂得"因粮于敌"。部队快速出发，是为了争利，一定不可能带重装备，如果"举军而争利"，那就是大部队行动，笨重麻烦，行军速度绝对不够，一定来不及。既然一定要比敌人先到，所以全军行动一定不适宜。还有，运送辎重粮草的跟不上，支撑部队资源的力量就不够，孤军深入岂不是很危险？"举军而争利则不及"，大部队行动速度来不及，"委军而争利辎重捐"，后面这些重装备全部带不走，甚至粮食都带不走，只有丢掉。这样一来，前面的军队即使赶到了，但到了也没有用，后勤补给跟不上。这就是为了求快，轻装疾行，就像二战时伞兵空投到法国，只能带轻装备，一旦遇上敌人的装甲兵团，就只有找死了。辎重舍弃不带，如果不是长久，那还没问题，时间一长，就会因缺乏供应而使部队战力变得非常虚弱。

为了求速度，辎重舍弃在后头。"是故卷甲而趋"，卷甲就是身上的盔甲卷起来，快步前进。以前的步兵骑兵光是全身的盔甲都够累的，还得快步走。"日夜不处"，白天晚上轻装疾行，也不休息。"倍道兼行"，这是强行军，平常可能一小时走六七公里，现在要走十几公里，这么赶，就是为了赶赴必争的要地。"百里而争利"，奔跑百里就是为了争得有利的战略地位。但是这么个赶法，到达百里之地已经是强弩之末，然后什么重装备都没有，"则擒三军将"，三军将领统统都被敌人所擒。这就是为了求速度，实力大耗，该有的资源统统都没带，就算成就了速度，但是到那里因为没有后勤补给和重装备应敌，还是没有用，还会兵败，以致将领悉数被擒。"劲者先，罢者后"，"罢"就是疲，士兵的素质体力体能不一样，有的人强行军可以走得很快，有的人走几步就累了，慢慢地距离一定拉开，有的就跑得快，比较疲倦的就在后头，出现一批老弱残兵。"其法十一而至"，这种赶法大概只有十分之一的士兵到达目的地。十分之九的人还在后面，那么十分之一的兵力能够抢占战略要点吗？一百里的路程，军队的距离就拉开了，不可能全部的实力同时赶到，如果距离近一点儿，差别也不会那么大。

如果"五十里而争利，则蹶上军将"，那就不是三军的将领都会被擒，而是上军的将领有可能为敌人所擒。这是"五十里而争利"，前面的"百里而争利"是最严重的，到处都是弱点，有的快，有的慢，连将领都会被敌人所擒，真正能够赶到前线的兵力只有十分之一。如果是五十里，大概不会损失那么大，"其法半至"，有二分之一的部队会到达交战点，但另外一半还是赶不上，还不是全部的实力。当然，比起前面只有十分之一来说，二分之一算是好的了。"三十里而争利"，如果只有三十里要去争利，"则三分之二至"，三分之二的部队都可以赶到，参加战斗。

"是故军无辎重则亡，无粮食则亡，无委积则亡"，部队没有辎重就会失败，没有粮食供应就不能生存，没有物资储备就无法坚持作战。这是一定的了，后勤跟不上，要是没有办法一下子得手，马上就会缺粮，饿肚子了，没有辎重，就得等着给人家消灭，战场上要用的消耗品，因为为了要求速度都不能带，后续一定乏力，那就准备被敌人吃掉。可是一旦把这些东西都带去，速度就不会快，这就是两难，所以军争之难可想而知。还有，到任何一个地方，一定要了解那个地方复杂的局势，多方势力的意图是友善，还是不友善，尤其春秋战国时代，交战不只是两个国家，旁边还有很多虎视眈眈的势力，所以一定要懂得在军事领域内，至少要知道外交常识。到了人家的势力范围内，或者离人家的势力范围很近，一定要了解主人的想法，这就是"故不知诸侯之谋者，不能豫交；不知山林、险阻、沮泽之形者，不能行军；不用乡导者，不能得地利。"

"故不知诸侯之谋者，不能豫交"，"豫"即预，到那种好多势力交汇的地方，要了解每一个地方的意图，你就得去拜码头，要展开外交攻势，至少让对方作壁上观，保持中立。一定要知道当地的人在想什么，就是"诸侯之谋者"，才能预先在我有军事行动的时候展开交往，孤立敌人，至少让其不插手帮敌人。这就是外交战发挥作用，是伐谋伐交，而不是伐兵，就是《易经》中师卦（☷）、比卦的综合运用，也就是说军事、外交绝对不可分。换句话说，这些不是临时起意，而是早就要预谋，如果"不知诸侯之谋者"，那就"不能豫交"，所以不能临时抱佛脚，平常就要有交谊、默契，先打招呼，先送礼，让其别插手。

"不知山林、险阻、沮泽之形者，不能行军"，这是当然，尤其以前冷兵器时代，以陆战为主，一定要了解地形、地物，山林不好走，险阻不好走，要命的沼泽更不好走，美军打越战就是吃尽沼泽的苦头。既然是军争，绝对有行军的问题，这一路上不会平安，会经过一些什么地方，就要做好准备，在计算速度的时候，要考虑过这些地形方面的因素，不然一定会拖慢行军。"不用乡导者，不能得地利"，"乡导"就是向导，这就是屯卦（☷）的第三爻"即鹿无虞"的"虞"，虞是山林的守官，懂得山林地势地貌，如果不用这些向导，人生地不熟，怎能得地利？

举了这么多例子，最后下结论了："故兵以诈立，以利动，以分合为变者也。""兵以诈立"这个命题被孙子堂而皇之提出来，兵不厌诈，"兵者，诡道也"，这跟春秋前期乃至三代完全不同，为了求胜，把脸拉下来，要诱敌，就得耍诈，没有诚信可言。兵法就是建立在诈的基础上，虚虚实实，不让人知。"以利动"，所有的动是因为我判断对我有利，也可以用利去引诱敌人，如果不是为利而动，这不合乎兵法的要求。"以分合为变者也"，我们在常规中要求变化，就是部队的分跟合，讲起来很简单，奇正相生，奇正也是分出来的，怎么调度？就是不要把所有的东西都放在一个篮子里头，而没有任何变化。变化就是分跟合。可见，兵法建立在耍诈的基础上，没有诚信可言，动是基于利的目的，都非常强调实用性，没有那种假仁假义的包袱，讲实效，求变化。不变化，怎么能够得到利，怎么能够诈得过人家呢？懂得分分合合，就有种种的变化运用，奇正相生，"如环之无端，孰能穷之？"

分合为变

故其疾如风，其徐如林，侵掠如火，不动如山，难知如阴，动如雷震。掠乡分众，廓地分利，悬权而动。先知迂直之计者胜，此军争之法也。

分有各种分法，就产生了无穷的变化，下面就是很有名的"风林火山"，这四个字影响到日本战国时期的武田信玄，他把它变成旗号，就受兵法东传的影响。从"形""势"到"虚实"，"虚实"直接接着"军争"，要想求速度，实力就比较虚。要坚固实力，**速度就嫌慢**，如何找到一个最佳的平衡点呢？"故其疾如风，其徐如林，**侵掠如火，不动如山，难知如阴，动如雷震**。"我在开始的时候也提过，**孙武其实有六句话**，武田信玄的"风林火山"这个旗号上只打了四句，半吊子，学了三分之二，最后还是难免战败。

"其疾如风"，军队行动迅速时，速度快起来就像风。风很厉害，一旦取得主动，就能够变化无方，可以快到无形。"其徐如林"，行动舒缓时就像严整安静的树林，那种震慑人的气氛让人不寒而栗。"徐"跟"疾"刚好相反，一个是形容快，**快打、快攻、快节奏**，一个是形容稳重、舒缓，可是部伍森严，很严整，没有任何弱点。

"侵掠如火，不动如山"，攻击敌人时就像燎原的烈火，按兵不动时就像巍然屹立的山岳。"不动如山"大家都听过，说明有定力，南宋时，金兵形容岳飞的部队，说"**撼山易，撼岳家军难**"。不动时，如山一样有定力，但是动的时候吓死你，很奔放，很流畅，像大火燎原，一下子就蹿烧起来了。这里的"侵掠"，不是掠夺人家的资源，而是指部队行动，如火燃烧的速度，可以打击一片。军事行动要快可以快，要慢可以慢，动静自如，节奏就像《易经》中的震卦（☳）和艮卦（☶），震极转艮、艮极转震，动中有静、静中有动，都是为了因应需要，可以变成完全不同的风貌。行动起来"侵掠如火"，镇定起来"不动如山"，这就是军队以分合为变的控制。

"难知如阴"，隐蔽起来就像阴天看不见日月星辰。因为有这么多的特点，作为敌方就很难搞清楚，对敌人来讲，我方完全是一个谜，就像阴霾天气一样不透明，阴阳不测，完全搞不清楚我方下一步要做什么，是"疾如风"还是"徐如林"？是"掠如火"还是"不动如山"？敌人不知道，所以"难知如阴"。

"动如雷震"，还不知道下一步时，一个急剧的行动就出来了，行动时挟雷霆万钧之势，"若决积水于千仞之溪者"。夬卦（☰）的积水变成震卦，是无法预测的，其节奏和动向，说翻脸就翻脸，说行动就行动，说收兵就收兵，突然一下就不见了，这才难斗。

"其疾如风，其徐如林，侵掠如火，不动如山，难知如阴，动如雷震"，武田信玄就是少了"难知如阴，动如雷震"这最后的关键，只取了三分之二，最关键的没有，焉能不败？

下面的也是《军争篇》有争议的一部分："掠乡分众，廓地分利，悬权而动。"最后是结论："先知迂直之计者胜，此军争之法也。"其实，讲到这里就等于讲完了，前面就讲"迂直之计"，如何使曲线绕道的作用变成像直线一样快速，谁能够掌握"以迂为直""以患为利"，就能够胜。"此军争之法也"，等于是全章的结论了。好，我们先回头讲"掠乡分众，廓地分利，悬权而动"这十二个字。

"悬权而动"，指要讲权变，要看对象、环境，因时因地制宜，"兵因敌而制胜"，采取行动前，要"悬权"，"悬"就是还没有决定，看权衡的重心在哪一方，怎样做会比较好，一定要考虑再考虑，有时候还要"两害相权取其轻"，"两利相权取其重"。换句话说，心中一定有标准，就像秤砣一样。前面那八个字也是非常积极的，有争议的就是那八个字。"掠乡"好懂，大兵已经侵入敌境，不能只在都市打巷战，也要下乡，那里还有很多资源要去掠夺，因为要"因粮于敌"，要从敌人那里取得战地的补给，像粮食的获得就要下乡。抗日战争的时候，日军虽说是百万大军到了中华大地，可是幅员太广，真正做到绝对控制的就是几个大城市，也不敢下乡，因为乡下有游击队的打击，有老百姓互相掩护，为了免除隐患，就得进行所谓的扫荡，也就是清乡。乡常常是腹地，城只是一个集散地，城只是点，点跟点之间就有线，交通线、补给线，线跟线之间还有面，所以乡是很重要的，不能小看，所有的军事行动，甚至生意上的行动，都要懂得掠夺，敌人有很多的资源，可以转为我用，一定要"扫荡"。不要只待在几个点上，毛泽东提出农村包围城市就是熟读兵法，国民党军队就控制几个大城市，而共产党的军队则以乡村为据点，逐步壮大势力，最后实现乡村包围城市的战略布局。另外，之所以要掠乡，因为间谍有时候从乡里来的，乡间（因间）即是。

"廓地"是扩大有效的占领区，扩大有效的市场，不能只限于几个点，要扩充由点而线而面而体，一定要把影响力扩散出去。廓地的目的是要"分利"，掠乡的目的是要"分众"，分众是什么意思呢？历代的一些研究者，因为《孙子兵法》常常是有时候搞不清楚是讲我方还是讲敌方，从《始计篇》就是这样，所以就会滋生出不同的解释。一般的解释"掠乡分众"，就是军队占领人家的都市之后，还要下乡掠夺，再去寻求补给，把部队要分出一支部队乡下去，就是"分众"。"掠乡"是为了要利，可是不能全部都去，要守住城市，就派出一支特遣队去掠乡，这种解释好像很合理、很自然，掠取次要的目标，扩大控制力，把敌人的利转为己用，当然要分利。而另外的人看法则是，"分利"当然要分到我方，而"分众"则是要把敌人的兵力分散，我方骚扰他的后方去掠乡，他就得去分兵支援后方，这样能够正面跟我为敌的就少了很多，我是主动的，敌人要防范，就陷于被动，我方这样的行动就可以降低面临的压力。也就是说，"分众"是分敌人的众，因为敌人太多，我想办法让他疲于奔命，这里也烧一把火，那里也烧一把火，"掠乡"就是纯粹的骚扰行动，"攻其必救"。这种解释当然也通，因为讲到了兵力的集中法则，要集中在一个相对点去打敌人的一部分，以十击其一，古今兵法、中外兵法，都讲到集中原则很重要，实力不要分散，集中的时候就集中攻人家一个点，那个点是人家"备多力分"的点。这种解释还认为，如果说"掠乡分众"是把我们的兵力分成几拨，破坏了兵力集中运用的法则。这种说法是不是完全合理，还得留待我们自己去想。但是，大致来讲，不出这几个意思。前者是考虑城乡之间的问题，攻城是打下敌人的军事基础，而下乡是为了解决补给的问题，还有后方、前方的问题。这些动作要做的话，就得分一部分兵力，至于要分多少去，则是"悬权而动"，没有固定的模式，根据实际情况决定行动，一切随机应变，所以将领的权变要很合宜，掌握这个原则，决定最佳的分合为变方式，取得最好的利益，在敌人境内也是一样，不要只顾一个点，要把点、线、面盘活，兵力的调度才会灵活。

"先知迂直之计者胜"，大军对垒，为了争取最佳的战略时机，有突袭队、别动队，还有那种绕弯的、骚扰掠乡的，那也是迂。但是不管直线、曲线，一定有心中必争的目标，走直线也好，走曲线也好，就是要把它完成。如果光走直线，可能有些东西就要不到，光走曲线也不行，只有奇正相生，"曲成万物而不遗"，就像泰卦（䷊）第二爻"不遐遗"，离我再远的东西，也可以掌控它，就像在我手掌心一样，一个都不落。我要的全部都得到手，用直线、用曲线、用奇、用正、用诈，都可以，只要能用最小的成本、最小的牺牲达到最高的收益就好，至于其他的分合为变，调度兵力，就看将才了，要是做不到，那就是"酱菜"。这就是军争之法。

统一号令

《军政》曰："言不相闻，故为之金鼓；视不相见，故为之旌旗。"夫金鼓旌旗者，所以一民之耳目也。民既专一，则勇者不得独进，怯者不得独退，此用众之法也。故夜战多金鼓，昼战多旌旗，所以变人之耳目也。

《军政》是一部书，现在已经失传，是一部关于军事管理的书。怎么管理呢？就跟我们前面讲的《势篇》一样，要用金鼓、旌旗来管理，鸣金收兵，击鼓进军，用声音，用视听，才能"斗众如斗寡，形名是也"。

"《军政》曰：'言不相闻，故为金鼓；视不相见，故为之旌旗。'"因为距离远，听不见号令，所以要鸣金击鼓。鸣金是敲锣，敲锣就要收兵，曰鸣金收兵，击鼓就得进军，金鼓决定士兵的进退。还有就是视觉，那种听不到金鼓的地方，就得靠大旗来指挥进退，以旗号为令。"故夜战多金鼓，昼战多旌旗"，晚上打旌旗看不见，白天才可以，晚上的时候就要听声音，万籁俱寂的时候，听金鼓决定进退，这就是《势篇》讲的"斗众如斗寡，形名是也"。"夫金鼓旌旗者，所以一民之耳目也"，"一"就是动词，统一大家的意志，统一大家的行动，统一大家的耳目视听，就用金鼓、旌旗来号令。

"民既专一，则勇者不得独进，怯者不得独退，此用众之法也"，这里讲的是《孙子兵法》的运用，老百姓都听调度，一个号令一个动作，勇敢的人不会独自前进，胆小的人也不会私自退缩，这是面对众多的人的号令之法。为什么能"斗众如斗寡"，就是因为大家都听号令行事，特别勇敢的，没进之前不可以贪功，一个人往前冲。不听命令，那是照样要杀头的。我没有让你进，怎么往前进呢？同时，大家都得同进退，胆小的不可以溜号，所以任何大部队组织在战斗行动的时候，一定要有一个"一民之耳目"的旗号统一指挥。军中只听号令，大家都得听命行事，决定进退。"故夜战多金鼓，昼战多旌旗，所以变人之耳目也"，夜间金鼓、白天旌旗，都是为了适应士卒的视听的。

治气、治心、治力、治变

三军可夺气，将军可夺心。是故朝气锐，昼气惰，暮气归。善用兵者，避其锐气，击其惰归，此治气者也。以治待乱，以静待哗，此治心者也。以近待远，以佚待劳，以饱待饥，此治力者也。无邀正正之旗，无击堂堂之陈，此治变者也。

"三军可夺气,将军可夺心",可以挫伤三军的士气,可以动摇将军的决心。"三军可夺气",《论语》也说三军可夺帅,但是匹夫不可夺其志,人的志向不可动摇。坚定就可以以小博大,"独立不惧,遁世无闷",我们要是掌握到一些要点,打到其要害,可以让三军气为之夺,再强都没有办法用上。可见,"三军可夺气",就看你怎么夺他的气。"将军可夺心",对方的主将也有人情、人心,例如说我们把他小太太绑来,他马上就夺心,这也是"攻其必救""夺其所爱则听矣"。将军心为之夺,三军气之为夺,那还打什么,所以要掌握要点,怎么夺心、夺气,这是心战。

"是故朝气锐,昼气惰,暮气归。善用兵者,避其锐气,击其惰归,此治气者也。"这是一鼓作气、再而衰、三而竭的道理,人有时候就是一股气,气盛了,人家比你强,也不敢惹你,气虚了,谁都可以骑在你头上。"朝气",早上起来总是朝气蓬勃,等到天越来越热,太阳越来越高,就是"昼气惰",气就衰下来了,如果没有在朝气锐的时候发挥战力,意志就得打折扣,昼气就惰了。像现在大暑的天气,中午的太阳,出门的人真是惰,啥也不想干,一过了中午,肚子再一吃饱,就有点昏昏入睡。"昼气惰",就是常人也受这个影响,何况是大部队呢?所以要选择决战的时机。"暮气归",到了晚上,都想着要回家了,还打什么呢?暮气沉沉,朝气蓬勃,这完全是真实的日常生活。"善用兵者,避其锐气,击其惰归,此治气者也",孟子也讲要善用平旦之气,人在那个时候脑袋比较清醒。善于用兵的人,总是避敌锐气,趁其士气低落衰竭时就发起攻击,这才是争取掌握士气的方法。

然后就是"以治待乱,以静待哗,此治心者也。"前面是治气,要善用兵的人,要避开敌人气最锐的时候,在他气最盛的时候,就躲他一躲,他不可能永远士气高昂,等其高潮下来了,"击其惰归",就像切菜一样。这就是气也可以操纵管理,哪怕敌人成千上万,都可以从气上下功夫。"以治待乱",我方管理得非常好,敌人管理得非常糟糕,以严整来对待敌人的混乱。"以静待哗",我方很安静,对方喧哗不堪,用镇定沉着来对抗敌人的躁动喧哗。"此治心者也",这是心战,是掌握军心最好的方法。《易经》中循序渐进的渐卦(䷴),通常会赢过躁动的归妹卦(䷵)。渐卦安静沉着,分阶段抓重点,循序渐进,归妹卦冲动不计后果,孤注一掷,结果是"征凶,无攸利"。老子也说"静为躁君",两军相对,沉着安静的称雄,浮躁的只能称臣,"以静待哗",就是很冷静的方式。

"以近待远,以佚待劳,以饱待饥,此治力者也。"离目标近,就免于奔波之苦,战力不会折损,人家千里跑过来,脚还没有站稳,我们就可以把他打垮,以逸待劳也是如此,"以饱待饥",我们吃得饱饱的,敌人还没生火造饭,这就是"治力者也",正确掌握军力的方法。体力是军队战力的前提,部队在体力上占上风,在斗志、在心力、在气势上,才有更多的机会占上风。

"无邀正正之旗,无击堂堂之陈,此治变者也。"邀就是邀请,"陈"即阵,也就是说不要硬碰硬,在对方很强的时候,不要去打他,不要主动邀请对方决战。人家在堂堂之阵的时候,最好不要惹他。等他气势、战力变弱了再说,"此治变者也",这是正确掌握随机应变的方法。

以上这些都是属于战场上的判断,将领需要考量,这些都是变数,都是基本功,需要临机应变。

对阵八法

故用兵之法,高陵勿向,背丘勿逆,佯北勿从,锐卒勿攻,饵兵勿食,归师勿遏,围师必阙,穷寇勿迫,此用兵之法也。

"穷寇莫追",大家都听说过,就是由这里的"穷寇勿迫"演变而来。

第十三章　旁通曲成——军争篇第七 | 211

敌人急着要逃命，他会拼命，困兽犹斗，不要去追他，还不如留下一个缺口让他逃掉算了。"围师必阙"，就如比卦（䷇）第五爻的"王用三驱"，要网开一面，留一个缺口让野兽逃亡，它就不会拼命，要是四面堵上，其战力倍增。如果完全不给人家留余地，他就会跟你拼命，所以何必制造这么可怕的像野兽一样的敌人呢？既然把人家包围了，已经取得战场优势，一定要留一个缺口给残敌，留一个缺口，他就不会拼命，等他跑掉后，再在其他地方设伏收拾他，绝对不要制造出一个四面围堵、逼他拼命的局面出来。一旦"王用三驱"，不跟你拼命，连滚带爬跑掉了，最后就是第六爻的"比之无首，凶"，在这里收拾他。还有解卦（䷧）《大象传》也说"赦过宥罪"，第五爻"君子维有解，有孚于小人"，不要为难小人，第六爻"公用射隼于高墉之上，获之无不利"，杀招就在这里等着。前面放宽，结果敌人松懈，正好收拾。正是因为"围师必阙"，可能后面有杀招，让敌人松懈，放他一条生路，这条生路就导引到下一个阶段的死路，所以到了《九地篇》的时候，敌人一旦识破这个，就自己将缺口堵上继续拼命以免上当，所谓"围地吾将塞其阙"。这就是攻防，通通可以反过来想，"围师必阙"有时是一个陷阱。

"归师勿遏"，要逃回家的部队，无心恋战，不要挡他，一旦挡他，就变成墙壁承受他的冲击。所以这后面的三句话几乎是一个意思，但是并不代表没有下一招。等他气散了，时过境迁，暗杀都可以。以前改朝换代的时候，夏朝灭亡了，商朝还给他们的皇族一块封地，不必称臣，就在那里祭祀祖先，那个地方就叫杞国，在周朝还是合法的封地，而商朝灭亡，周朝给的封地就在宋，这些朝代都没把前代斩尽杀绝，其实就是为了安抚前朝人的人心，时过境迁，很多人就忘了，然后就会发现突然有一天那些前朝的遗老遗少意外死亡，就算是这样，也不会引人注意了。这都是"归师勿遏，围师必阙，穷寇勿迫"，故示宽缓，后面则是惨烈的结局。摆出"归师勿遏，围师必阙，穷寇勿迫"的样子，只是为了麻痹当事人而已。

"饵兵勿食",人家给你一个诱饵,不要吞下去。细看那个饵,后面有钩,钩后面有线,线后面有竿,竿后面有一个老渔翁,老渔翁后面有一个老太太,老太太旁边还有一个情夫。人家的利诱,吃掉就会被卡住。敌人牺牲小部队,诱使大部队出来,这样的饵不要吃。

"锐卒勿攻",如果敌人是很强的部队,不要硬碰硬。"佯北勿从",假装败北,假装输,就像关云长的拖刀计一样,不要追他,因为前面有埋伏,不要跟随。"高陵勿向",人家占据制高点,还去强行进攻,就像登陆战一样,这样会牺牲惨重。高陵如同攻坚,不要从低处往高处攻,要尽量避免,因为人家占地势的优,一夫当关,万夫莫敌,少量的人就可以卡死你。"背丘勿逆","逆"是迎接的意思,敌人后面有靠山,千万不要打他,他可能很弱,但后面的靠山很强,而且人一旦后面有靠山,心里就有依托,不会有任何人会从后面打他,你要打击任何人,还要看他是谁的人,他后面是不是有非常坚强的靠山。要是迎战,你就得撞墙。很多人背水一战,心里就觉得比较坚实,后面不怕有问题。我们中国人在风水设计上,都讲究后面要有靠山,就是觉得心安。

另外,"穷寇勿迫"也不是固定的,不是大仁大义,而是在这个时候不适合完全消灭敌人,可是等到敌人气散了,越跑越累,就可以赶尽杀绝。但是毛泽东的兵法就不是如此,他是一个很有创意、不拘陈规的军事家,大家都讲穷寇莫追,他却说"宜将剩勇追残寇,不可沽名学霸王",沽名钓誉有什么用,楚霸王到手的江山因为鸿门宴上妇人之仁,把刘邦放走了,最后乌江自刎。所以不要沽名钓誉,要求实惠,该狠就要狠,现在已经把他打败了,也要追击到底,只要有余勇可鼓,那就追残寇,让敌人绝对没有办法喘息,永远没有复苏的机会,这也是"唯变所适,不可为典要"。

第十四章 有备无患

——九变篇第八

圮地、衢地、绝地、围地、死地

孙子曰：凡用兵之法，将受命于君，合军聚众，圮地无舍，衢地合交，绝地无留，围地则谋，死地则战。

《九变篇》的篇幅比较短，所谓的"九变"其实没有九变，至于孙子所说的九变为何？也没有人知道。对于这些考证，我们也只能放下，最要紧的还是从中学到兵法的精髓。

"孙子曰：凡用兵之法，将受命于君，合军聚众。"这跟《军争篇》的开头一样。像是作者常用的文辞，会固定在开头。

"圮地无舍，衢地合交，绝地无留，围地则谋，死地则战"，这里讲了五种地形，最后的"死地则战"，这是毫无疑问的，进入必死之地，只有拼命了，人就怕拼命，不拼也是死，武大郎服毒，吃也死，不吃也死。这时反而可以激发潜力，说不定还以打开一条血路。"围地则谋"，陷入被包围的境地，不一定等于死地，说不定人家"围师必阙"，又会发生什么戏剧性的变化，但是此时已经没有出路，全部被围上，这时就要好好谋划，不能硬碰硬，徐图脱困之策。"围地则谋，死地则战"，这都是受君命的大将职责之所在，部队如果陷在围地，要谋划突围，如果陷在死地，要置之死地而后生，杀出一条血路。

"绝地无留"，"绝地"指这个地方几乎没有任何存活的可能，很可怕，隐伏了很多的风险，如果非经过这种恶劣的地形不可，就要快速经过，千万不要逗留，尤其不要在这里扎营。"衢地合交"，"衢地"就是有多方势力交会的地方，也是货物集散地，这种四通八达的地方，错综复杂的多种势力并存，甚至可能是几不管地区。这时候因为有好多势力存在，因此要展开外交攻势，尽量争取朋友，拜码头，千万不要树敌。如果树敌，就会陷入多重包围。所以，在衢地，外交很重要。"圮地无舍"，"圮地"指地形地貌恶劣之地，不是风灾，就是地震，那种地方千万不要扎营。

这是五种地形，下面则是统兵的戒律，要根据作战的条件有所抉择，而那些抉择都必须正确。

统兵戒律

途有所不由，军有所不击，城有所不攻，地有所不争，君命有所不受。

这些戒律总共有五项："途有所不由，军有所不击，城有所不攻，地有所不争，君命有所不受。""途有所不由"，有点儿像《军争篇》中要达到目标，路线要迂回，有一些路明明可以走，但就是不走这条路，"途有所不由"，就有点儿"有所不为，有所为"的味道在其中，面对这种情况，作为大将，就要有判断、抉择，敌人认为你可能会走这条路，这条路你绝不选，一条路前面有很多分支，看起来好像都一样，有些路则是不归路，要走哪一条，这是必须要有的判断。"途有所不由"，他可以走这条路，为什么不走这条路呢？这就是大将的抉择。

"军有所不击"，看到有敌人，我可能很快就可以吃掉他，但是我避开不打。这样做，可能要抢时间，要快速行动，不能逗留，所以不跟敌人产生接触,这时就不要见猎心喜,碰到弱小的敌部,吃掉他是浪费时间,可以不打,这也是一个大将的抉择。

"城有所不攻",到了一座城池,如果不是特别重要的,无关大局,那就绕过去,不要攻克它。"地有所不争",也是如此,那个地方,对大局来讲,不需要花时间投入资源,绕道就好了,留下时间去找必争之地。可见,一定要"有所不",不能贪,什么都要。

"君命有所不受",这是比较有名的了。将在外,老板的命令有时很外行,外行指导内行,可以不听,可以拒不受命。注意,"有所不受",不是完全不受,他毕竟还是老板,就像讲"将能"一样,老板不要管,"将不能"老板才可以管。

可见,"有所不",并不是完全不,换句话说,其中一定有判断的基准,不是什么都要,要有全方位的复杂的考量。像二战的胜负逆转,美国是在中途岛战役之后,才出现节节胜利,原来是节节败退。在珍珠港事变之后,开始反攻了,原先麦克阿瑟在菲律宾狼狈逃亡,后来要反击。其实,那时候他们也有争议,要不要打菲律宾,可以不打,也就是"军有所不击,城有所不攻",菲律宾有所不攻,但是麦克阿瑟则认为非打回菲律宾不可。其实后来的那些岛屿争夺战,有很多是不必要的。当时的美军已经取得海空优势,那些荒岛,干吗要一个一个地打呢?结果那些守岛的日军负隅顽抗,牺牲惨重,其实完全没有必要,只要封锁,他就不敢出来,饿都可以把他们饿死。可见,美国人有时什么钱都要赚,不知道有的钱不要赚,如果赚这个钱会耽误了赚那个钱,或者耽误了整个发展,所以一定要"有所不",不要什么都要。

通九变之利

故将通于九变之利者，知用兵矣；将不通九变之利，虽知地形，不能得地之利矣；治兵不知九变之术，虽知五利，不能得人之用矣。

九变出现了，但是哪里来的九变呢？前面是地形的变化，每一种地形都有不同的战法应变，这是五变；后面是五种可以放弃的目标，要绕过而行，连老板的命令有时候可以假装没收到，也是五变。五加五是十，还多了一个，这个"九变"有点儿莫名其妙了。"故将通于九变之利者，知用兵矣"，大将懂得变化就能够获利的，就懂得有兵了，也即是说，真正的将领是很灵活的，穷则变，变则通，变了才能通。

"将不通九变之利者"，有些人就很固执，一定要维持最初的想法，不懂得因应变化的形势，采取通权达变的做法，就不能获利，是混凝土的脑袋，"虽知地形，不能得地之利矣"，即使了解地形，因为不懂得变通，再怎么确定的地形，还要看运用之妙，就是知道地形，也不能得到地形之利。

接着，又谈到管理士兵了，"治兵不知九变之术"，管理兵不知九变的方法，"虽知五利"，是哪五利？我们无从知道。虽然知道五种有利的方法，"不能得人之用矣"，有一些人还是不能让他发挥量才适性的用途，人才可能暴殄天物，庸才可能居高位，总的来说，就是没有活用人才，因为不懂得九变之术。换句话说，将领不可以太固执，要非常的圆融，该变就得变，不可以一成不变。

好，说到这里，我们对于九变真的是头疼了，如果真是掰手指头去数什么是"九变之利""九变之术"，真的是不知道，"五利"就更不知道在讲什么了，到底是前面那五个地形，还是后面那五个变化，无从得知。

不过，我们根据《易经》，也可以得到另外的看法，九是阳数之极，阴数之极为六，穷则变，物极必反，这条路走不通了，就要倒过来想想，换别的方式，所以九不一定是实质，很简单，《九变篇》和后面的《九地篇》，九变和九地，难道规定就只准有九种吗？那样岂不荒唐？"九"应该是千变万化的，阳九、阴六，九是数之极，变化之极。就像前面讲的"五"，哪里规定一定非五不可呢？五是一个基本的数字而已。

智者之虑，必杂于利害

是故智者之虑，必杂于利害，杂于利而务可信也，杂于害而患可解也。

要得地之利，又要得人之用，天时、地利、人和都得具备，要借着九变去充分掌握运用。后面的结论就很重要，确实是经典。"是故智者之虑，必杂于利害，杂于利而务可信也，杂于害而患可解也"，"信"就是伸，《易经》中的"信"大部分是如此，像《系辞传》中的"尺蠖之屈以求信也"，信就是伸，还有革卦（䷰）第四爻改朝换代，"改命吉，信志也"，大环境如果改了，个人的志向就可以得以伸张实现。信就是伸，任何一个人不能只考虑纯利的一面或者纯害的一面，一定要考虑可能的获利，也要考虑伴随的风险。

这就是有智慧的人，"必杂于利害"，不能只想纯利或者纯害，如果只想纯害的部分，思想太消极，如果净想获利，忘了可能的害、可能的风险，那就更糟糕了。"智者之虑"，一定是"杂于利害"。"杂于利"，人有积极的思考，在有利的情况下考虑不利的因素，"务可信"，做的事一定会实现。"杂于害"，因为考虑到了风险，考虑到了负面的不利因素，考虑到了可能的祸患，就可以提前准备解决祸患，会预留后手，会有应变方案，思维中考虑到害的一面，"患可解也"。如果没想到、没准备，发生的时候就手忙脚乱，甚至一败涂地。所以，一个人的思考，要充满智慧，一定要各方面都想到，这个道理其实很简单。

掌握对方软肋

是故屈诸侯者以害，役诸侯者以业，趋诸侯者以利。

"是故屈诸侯者以害，役诸侯者以业，趋诸侯者以利"，两个不同的"qū"，一个是委屈的屈，把它压下来；一个是趋吉避凶的趋，调度他的行动，还得快速听我的利诱来行动。这三句话不难理解，但是很实用。曾经有一位在生意场上很成功的老同学，我跟他讲到兵法时，他觉得最受益的就是这三句话。

春秋战国时期，诸侯国很多，一个国家的敌国有时也有很多，但是为什么有些国家能够称霸，能够伸张他的意志呢？首先是"屈诸侯者以害"，其弱点我完全掌握，他非屈服不可，不然他就得面对承受不了的害。为什么会讲害呢？因为"杂于利害"，要了解诸侯的弱点，什么会让他屈从你的意志，就要掌握他的要害，他就会屈服听从，不敢顽抗到底。

"役诸侯者以业"，"以业"就是让他疲于奔命，生出很多乱子来消耗其国力，然后让你们的差距自然而然拉近。他要忙着处理那么多事情，就没有办法全心全意对付你，这就是"役诸侯"，一定要让他有事情做，要是没事情做，他就一天到晚想着要对付你，让他忙得没有时间想到要对付你。

"趋诸侯者以利"，用利去引诱他，他就急急忙忙跑过去，而我正是要他跑过去，这里丢一块肉，那里丢一条鱼，他屁颠屁颠地跑来跑去，这样折腾他之后，完全达到了我的目的。利诱之所以成功，皆因人大多趋利避害，碰到害会屈服，碰到利就是半夜起来也要赶过去，这样一来，正好合乎我的战略企图。

这就是掌握对方的软肋，制造许多是非让其不得闲，抛出利益让其趋之若鹜，从而达到我方的战略企图。

关于"役诸侯者以业"，消耗敌人国力，这在历史上有很多著名的事例。有名的水利工程郑国渠就是如此。当时的韩国为阻止秦国东伐消灭各国，遣郑国赴秦，游说秦王嬴政，倡言凿渠溉田，图谋削弱秦国国力，使其无力征伐。秦王采取郑国建议，命其开凿引泾渠道。后来秦国察觉到韩国的用意，欲杀郑国。郑国坦诚相告："始，臣为间，然渠成，亦秦之利也。"秦王要杀郑国，郑国辩解说，修此渠不过"为韩延数岁之命"，为秦却"建万世之功"，秦王于是让他继续主持这项工程。令韩国始料不及的是，郑国渠的修建却使关中地区更加富饶，秦国更加强大。韩王的如意算盘落空了，"役诸侯者以业"不成，反而为秦国做嫁衣。

这些作为春秋战国霸主的权术，孙武虽然是从军事的角度提出，但是军事家作为政治家的工具，当然是为政治服务的，所以他谈军事也必须谈外交、谈政治，谈君将关系，甚至不得不谈经济。他说的这些没有唱高调，从一个人的人性人情种种的弱点到整个国家的弱点，他是平实立论，正因为这样，那些想要称雄的霸主，看了这样的理论就很觉得过瘾。这还是春秋末的时候，到战国末期的时候韩非子写的书，就更赤裸裸了，秦始皇看了之后就成为头号粉丝，他觉得写得太好了，非要见一下作者不可，最好给他弄到秦国来召开一个记者招待会，结果一见面不喜欢，最后把这个仰慕的作者害死了。

积极战备

故用兵之法，无恃其不来，恃吾有以待之；无恃其不攻，恃吾有所不可攻也。

"故用兵之法，无恃其不来"，用兵，不要说假设敌人不会来找你麻烦，这样做就太危险了。你把生命财产的安全建设在假设敌人不会来找你麻烦的基础上，那怎么可以呢？所以，一个国家一定要有战备，即"恃吾有以待也"，敌人要来，我做好准备等你来。如果没有战备，一个军人都不养了，的确可以省好多钱，可以大力发展经济，那么，敌人一来，岂不是毫无保障？这样的话，怎么可以把一个国家的生死存亡寄托在别人的善意上？国家总要有一定的实力，不能说他不会打我。他今天不打你，明天说不定突然想打你。

"无恃其不来"，千万不要这样想，现在可能是朋友，未来可能是敌人，不要寄托在人家的善意上，什么准备都不做。"恃吾有以待也"，真正可靠的还是自己的实力。

"无恃其不攻，恃吾有所不可攻也"，不要说敌人不会攻打我方，而是他要攻的时候，他要考虑考虑，没有那么容易得手，会付出惨重的代价。这样的道理，其实很简单，大国小国都通用。人会变，人际关系也会变，人家的善意可能变恶意。就是家人也会睽的，现在枕头旁边卿卿我我，三年后可能在《壹周刊》爆料你们的情事。

将有五危

故将有五危，必死可杀，必生可虏，忿速可侮，廉洁可辱，爱民可烦。凡此五者，将之过也，用兵之灾也。覆军杀将，必以五危，不可不察也。

"故将有五危"，前面讲的就是将领一定要懂得变，要懂得人情人性，懂得自保，然后不要思想僵硬，一成不变，不要认为自己很圣洁，这是人性最大的弱点，不适合做将领，这样很危险。那么，有哪五种危险呢？"必死可杀，必生可虏，忿速可侮，廉洁可辱，爱民可烦。"

"必死可杀"，有的人很勇敢不怕死，这样正中敌人的下怀，人家就会成全你。所以，有时选择壮烈的牺牲，缺乏弹性，也是不可取，甚至是愚蠢的。"必生可虏"，这种绝对不想牺牲的人，是朝秦暮楚的人，对于事奉不同的老板根本就无所谓，只要活着，以活着为第一要义，这样的将领好对付，既然必生，吓一吓就可以使之投降，变成我的俘虏。"必生"的人不会坚持战到一兵一卒，他只有一种选择，就是要活，活着就是王道，这种将领的行为模式完全在预料之中，我就可以针对这一个性的弱点来设计对付，造成对方非选择投降不可。

"忿速可侮"，"忿速"是指一个人的修养太差，很容易被激怒，动不动就暴跳如雷，这样的人搞不好都可以被活活气死。对于这样的将领，可以专门搞一些让其生气的内容来侮辱他。因为燃点很低，别人要一百度才能烧起来，这种容易生气的人二十度就可以烧起来了，要制造二十度的温度还不容易吗？

"廉洁可辱"，廉洁的人，可以利用其廉洁做文章，让其背上莫须有的贪污的名声，这样的侮辱可以让其方寸大乱。"爱民可烦"，爱民者，

224 | 孙子兵法新解

就有包袱，就制造难民问题。刘备爱民，撤退时，难民就成了包袱，撤退的部队走得像蚂蚁一样慢，这就被爱民给烦死了。现代战争，输出难民，就成了一种策略，谁敢收容？这时的假仁假义，就会给自己制造包袱。

这就是九变，人的思想不要单线条，那不是一个全方位的将领。《论语》中，孔子有四件事情绝对不干的："毋意，毋必，毋固，毋我。""毋必"就是不要什么事情非什么样不可；"毋意"就是不要猜测，要有证据；"毋固"就是不要太固执；"毋我"就是不要老是心中以我为主，有我，一定看不到事情真相。这就是"子绝四"，也是对人性的观察。人的个性、领导者的个性，常常决定个人或众生命运，《孙子兵法》讲出来，就是对将领们的警示。照讲，上述五种，有些还是美德，但是这些美德反而会成为弱点，会要了人的命。所以，为将者，要懂得九变之术，如此则无敌。

"凡此五者，将之过也，用兵之灾也。覆军杀将，必以五危，不可不察也"，这些话讲得真重，主将个人的弱点，想法不容易改，坚持某些原则，会造成很多人陪葬，以致国破家亡。将之过，是用兵之灾，不是美德。"覆军杀将"，就是因为这五种将领个人致命性的弱点，不懂九变，不懂得千变万化。所以，这五种危险，不能不警惕。

第十五章 行地无疆
——行军篇第九

在以冷兵器为主的古代，没有火药，尤其在孙武那个时代，战场地形、地物的形势判断，非常契合古代这种以陆战为主的法则。《行军篇》和《地形篇》已经完全进入到战术的层次，用《易经》中的话来讲，就是坤卦《彖传》所说的"行地无疆"。

《行军》与《地形》两篇，对于现代化的海陆空多兵种立体协调作战来讲，除非是纯粹的陆地作战，有很多可以借鉴以外，其他的已经关系不大。但是，这两篇比起前面几篇来说，其层次已经大不一样。这两篇是在古代战争的背景下，进行理论上的总结，可见孙武绝对不是书斋里面的学问，一是家学渊源，二是有实战经验，只有这样的人才写得出如此精彩的文章。

我读这两篇时，留下的印象比较深刻，也感到亲切，它所说的不要局限于不同地形的战斗方法，要像《易经》中的卦爻一样，触类旁通，也可以把它抽象化，适用于人生很多不同的境遇。在种种险恶的状况下，要怎样打这一场仗，如何趋吉避凶，都在这两篇有实际的体现。另外，这两篇虽然是以古代的陆战为主，但作者仍然会提升出很多抽象的大原则，放诸四海而皆准。兵法的名言，照样出自这两篇，孙子之所以能够传这么久，因为他没有局限于古代，他的理论属于高度抽象，不受时代环境的演变影响。如果他在文中谈的都是当时的战事，那我们现在就没有耐心去研究这些血淋淋的冷兵器之争了。只有这种高度概括兵法原则的理论，我们今天读起来依然很有兴味，《孙子兵法》的魅力就在这里，两千多年后的人们依旧可以从中汲取为人处世的智慧。

所以善于写作的人，想要传世，就要把眼光看远一点儿，立场要拉高一点，不然可能就是昙花一现。像戚继光也是军事家，打倭寇的民族英雄，但是他当时写的有关部队的操练，现在读还有什么意义吗？没有意义了，只能当作历史文献。孙武则不然，他具有高瞻远瞩的目光，他提到的那些最基本的原则，不管后世武器怎么变，永远有用。

处山之军

孙子曰：凡处军相敌，绝山依谷，视生处高，战隆无登，此处山之军也。

《行军篇》文字较多，但是也是一气呵成，比前面的篇章理解起来简单多了。如果受过军训的人，看了这篇会有熟悉的感觉。孙子曰："凡处军相敌"，"凡"代表作者认为这都是经验法则，很普遍的，也就是说，在战场上，有两件事情，一是"处军"，部队到一定要找地方安顿，所选的地方要稳妥安全、居于形胜之地，"处"就代表能安处的地方。二是"相敌"，把战斗资源摆在什么地方合适呢？这就要观察敌人的动态、意图，敌人的兵力优劣，战斗资源如何部署。这就叫"相敌"，给敌人好好看看相，冷静观察，不漏掉很多看似不重要但可能是关键的信息。可见，人生任何战斗只有两件事，即如何安顿部署，还要观察敌情，看敌人如何部署。《行军篇》里中有大量的、甚至达四五十个以前的古战场，根据自然环境的变化，判断敌方可能的意图，这样做是很必要的，要知道一个人不可能看到一件事情全部的真相，只能看到一部分自然流露出来的。由局部就要判断出整体，这也是我们《易经》训练的基本思维，即知机应变，由局部知道整体。

战场上一个接一个的大大小小的判断是否正确，都根据这些做决策、行动，犯的错误越少，就越容易取得胜利。"处军相敌"在《易经》中就是卦、爻的精神。乾卦（☰）的自强不息就是"处军"，如何把自己安顿好。坤卦（☷）就是"相敌"，这个世界除了你之外，还有很多其他的群众，那么，应该怎么观察众生呢？是要包容？还是要冲突？都要想清楚。任何一卦第一爻，像乾卦"潜龙勿用"，都是"处军"，要好好修自己，别的少管。第二爻"见龙在田、利见大人"，爻变同人卦（☰）就是"相敌"，在企业里面，上下前后左右要注意跟群众之间的互动。

接着就提到了以前陆战的经验法则："绝山依谷，视生处高，战隆无登，此处山之军也。"这句话讲了四种军职，"处山之军"，是山地作战的一些经验法则，后面还有"处水上之军"，即水上作战的经验法则。一个是艮卦（☶），一个是坎卦（☵），还有就是在沼泽之中——"斥泽"，沼泽地作战的经验法则，这是兑卦（☱），也是一个很难过的地形。还有就是"平陆之军"，平陆是平原作战。行军就是运动，军队要穿过，安全不安全，各种不同的地形，就如同人生各种不同的情境，那你应该怎么办？

好，我们回到文本。"绝山依谷"，"绝"是动词，就是跨越，从此岸到彼岸跨过去的壮举，也叫"绝"，"绝山"，要翻山越岭，穿过整个山地，"依谷"，即翻山的时候，一定要有水源，山谷才有水，不然怎么取得水呢？所以，一定要离水源很近，不然进入山地作战，没有水源，就不可随时取到水，那就很难存活。可见，"绝山"，一定要"依谷"，水源特别重要，不然穿越就成问题。

"视生处高"，"处高"就是占据制高点，就像瀑布一样，处得越高冲下来就越有力，位能转成动能。如果从下往上强攻就非常吃力，像攻城或者登陆战，往往牺牲惨重，所以最好站在比较高的地方，冲下来，就居优势，这是制高点的好处。也就是说，如果两军对敌，我方所处位置比敌方高一点，冲突的时候，先天就占优势。"视生"，讲得很抽象，就是保证军中不要有传染病，阳光充足的地势，身心比较健康，那是生机之所在。不要到那种憋气的、幽暗的地方，使人的体温等各方面的身心条件都受影响。"视生"，则视野开阔，身心舒服，如果老是在密林里面穿行，就会耗费体力，影响战力。所以要尽量选择比较舒服的、生机勃勃的自然环境，也就是整个大部队穿过的时候，随时要注意跟自然环境保持良好的互动。问题又来了，既要"处高"，又要接近山谷，就要找平衡点了，因为山谷一般来讲比较低，所以最好选择海拔比较高的位置。

"战隆无登"，就是不要强攻，"战隆"就是双方战事非常激烈，这时不要强攻，如果敌人"处高"，据守在山头，一夫当关，万夫莫敌，顶着火往上冲不是送死吗？这个道理不光是冷兵器时代的古代战争，就是以枪炮为主的近现代战争也是如此。像二战时期的诺曼底登陆，虽然是"战隆"，但还是得登，要抢滩，才能取得战略上的优势。"战隆无登"，就是为了避免付出太大的代价，已经居于比较低的位置，就不要往上强攻。

"此处山之军也"，这就是部队在山地作战的时候要注意的基本原则。

处水上之军

绝水必远水；客绝水而来，勿迎之于水内，令半渡而击之，利；欲战者，无附于水而迎客；视生处高，无迎水流，此处水上之军也。

那么涉水呢？"绝水必远水"，横渡江河，应远离水流驻扎。"绝"还是跨越，从此岸渡彼岸，有时候要穿过水，但穿过水之后要尽量离水远一点，一个是不知道什么时候山洪暴发，另外则是背水一战是不得已而为之。所以，一旦跨越一条河的时候，就不要停在水边，否则在这个时候和敌人产生冲突，那是绝对不利的，这就是"必远水"。既然通过了，远离为佳，不要给自己带来大的风险。"客绝水而来"，假如敌人渡水来战，"勿迎之于水内，令半济而击之，利"，意即不要在江河中迎击，而要等它渡过一半时再攻击，这样较为有利。敌军过到一半再攻打，这就是利用水的不确定性，敌人一半部队还在彼岸，一半部队已经在水上，那是高度不安全的，人会恐惧，趁他渡到一半，立脚不稳，就开始发动进攻，就会让敌人产生巨大的慌乱。《易经》中最后的两个卦既济卦（䷾）和未济卦（䷿），就说明，要么"既济"，要么"未济"，如果渡水渡一半，那才是最危险的时候。换句话说，等他过了一半，这是最好的时机，我们就趁敌最虚弱的时候攻打，千万不要自己跑到水里去迎战。利用自然的地势，强化我们的攻击力，加上心战，人过河过到一半时心理是最脆弱、最恐惧、最不稳定的，所以不要"迎之于水内"，令他渡到一半的时候而击之，对你绝对是有利的。

"欲战者，无附于水而迎客"，如果要同敌人决战，不要紧靠水边列阵。水的形势比较复杂，想要打敌人，不要堵在岸边去迎击，离水很近就是风险，让他过到一半的时候，找一个对自己相对有利的环境去伏击。"视生处高"，在江河地带扎营，也要居高向阳。像站在比较高的地方，冲锋就有力量，而敌人在水上或者在水边，一定是最低的地方，只有被动招架。"无迎水流，此处水上之军也"，不要面迎水流，这是在江河地带上对军队处置的原则。如果"迎水流"，说不定什么时候河川暴涨都不知道，所以千万不要面对不可测的水流扎营。一定要懂得自然环境可能的风险变化，尽量避开可能的危机，这就是面临水流之地军队作战的原则。

处斥泽之军

绝斥泽，唯亟去无留；若交军于斥泽之中，必依水草而背众树，

此处斥泽之军也。

　　说到沼泽了，沼泽的地形是很可怕的，喜欢看电影的都知道，沼泽几乎是死亡之地。那种地方，表面看很平静，实则陷阱万千。可是有时候偏偏要经过这种地方，像美国的佛罗里达州，好大一块地方几乎都是沼泽地，里面有很多鳄鱼，那种地方想着就怕。但是，军队行动有时候会经过那种地方。"绝斥泽"，即通过盐碱沼泽地带，"斥泽"就是沼泽，"绝"还是跨越。你前面是一大片沼泽地怎么办呢？没有别的地方可走，绕道已来不及，"唯亟去无留"，要迅速离开，不要逗留。这种地方不宜久待，如果在这种地方再受伏击，恐惧感比渡河时还厉害三倍，这种险恶的地形带来的种种的不利，都是对身心的巨大摧残。如果要跨越沼泽，就要赶快经过，还要祷告这一段时间没有别的事情。

　　如果运气不好呢？"若交军于斥泽之中"，如果同敌军相遇于盐碱沼泽地带，"必依水草而背众树，此处斥泽之军也"，那就必须靠近水草而背靠树林，这是在盐碱沼泽地带上对军队处置的原则。过沼泽地时，如果想赶快通过不要碰到敌人，就不要逗留。可是，刚好通过一半的时候碰到敌人了怎么办？还是有办法，因为你在沼泽中，敌人也在沼泽中，你怕，他也怕，"麻秆打狼——两头害怕"，在那个很糟糕的环境，还是要尽量争取比较有利的位置，"必依水草而背众树"，沼泽中有水草，背靠树林，不怕后面有敌，有一个依托，就有很大的心理功效。我们常常讲要有靠山，就是因为背后看不见，如果背后有森林，敌人不可能从那里来，就可以专心面对来敌，如果后面空空的，就得时刻提防敌人从后面砍一刀、射一箭，所以在沼泽中与敌遭遇，要抢占那种可以靠近水草、背靠树林的地方，有一个依托，心理上至少胜人一筹，也就取得了一定的优势。当然，这是没有办法中的办法。这个原则其实也适用于现实生活，上班族都知道，通常办公室也讲小风水，办公桌的摆置也是很重要的，如果后面空空荡荡，就没有依托，如果背靠着门更可怕。有些当官的很迷信，尤其是做秘书的，座椅一定是背靠着上司的办公室，心里才感觉踏实。这就是依托的重要，人脉也重视有没有靠山，朝中有人好做官。其实，这是很正常的，因为人在地球上活了几百万年，在某些方面也有那种兽性的残留，对于生存还是存在着某些恐惧，于是要寻求依托靠山。

处平陆之军

平陆处易而右背高，前死后生，此处平陆之军也。凡此四军之利，黄帝之所以胜四帝也。

最后是平原作战。"平陆处易而右背高，前死后生，此处平陆之军也。"在平原上应占领开阔地域，而右侧要依托高地，前要阻敌，后要给自己留条生路。这是在平原地带上对军队部署的原则。"易"就是平易，非危险地带，地势比较平坦，视野比较开阔。就像《易经》中的渐卦（䷴）第三爻和第六爻的"鸿渐于陆"一样，要有一个平台，还要找那种比较好的地方。"而右背高"，注意这一点，右边好像要有依托，这跟人习惯用右手有关，如果是左边有靠山，除非你是左撇子，否则就会觉得怪怪的，觉得不安全。"右背高"，还是靠山的意思。"前死后生"，指的是要给自己留后路，就不必担心，然后专心注意前面就好。总而言之，即便是在不那么险峻的平原地带，也要尽量抢占有利的地方。

"凡此四军之利，黄帝之所以胜四帝也"，以上四种部署军队原则的好处，就是黄帝之所以能战胜其他四帝的原因。黄帝距离孙武时代至少有两千多年，黄帝统一中原，也是打过不少仗的，其中大战蚩尤打得最惨烈。

但黄帝胜四帝，蚩尤不在其列，是哪四帝呢？四帝之说，古书说法不同。黄帝为中央天帝，《墨子·贵义》篇云："帝以甲乙杀青龙于东方，以丙丁杀赤龙于南方，以庚辛杀白龙于西方，以壬癸杀黑龙于北方。"此中四色龙正是四帝，主角"帝"乃上帝黄帝。《淮南子·天文》称："东方木也，其帝太皞，其佐句芒，执规而治春……南方火也，其帝炎帝，其佐朱明（即祝融），执衡而治夏……中央土也，其帝黄帝，其佐后土，执绳而制四方……西方金也，其帝少昊，其佐蓐收，执矩而治秋……北方水也，其帝颛顼，其佐玄冥（即禹疆），执权而治冬。黄帝遂为五帝之中央天帝。"这有点像金庸小说中的东邪、西毒、南帝、北丐、中神通。黄帝之所以能够大战四方都能获胜，就是因为他懂得上述四种特殊地形，总是抢占好的地形。所以，遇到一种环境，不要挑剔，没有绝对的好，只要比敌人相对的好，就有取胜的把握。

贵阳而贱阴

凡军好高而恶下，贵阳而贱阴，养生而处实，军无百疾，是谓必胜。丘陵堤防，必处其阳而右背之，此兵之利，地之助也。上雨，水沫至，欲涉者，待其定也。

"凡军好高而恶下"，这也是经验法则，大凡驻军总是喜欢干燥的高地，避开潮湿的洼地。士兵都有共同的心理，他们的好恶作为带兵的人一定要知道，如果士气高昂，觉得舒服，就比较有战斗意志，战力能得到很好的发挥；如果士兵觉得所处的环境很郁闷，人就不舒服，要他发挥战力就很困难。所以要了解群体行动中的心理状况，这是带兵的人需要注意的。"好高而恶下"，这是基本的原则，站的位置比较低，周遭的环境就看不清楚，站在比较高的地方，四方一览无余，心胸也会随之开阔。为什么有人喜欢爬山呢？就因为爬到比较高的地方，鸟瞰四方，视野开阔，会感觉心旷神怡，心中的阴霾一扫而空。如果在密不透风的地带，视野受限，内心会郁闷之极。

"贵阳而贱阴"，重视向阳之处，避开阴暗之地。阳光充足的地方，人人都爱，这是一定的。阴湿的地方，没有人爱待。"养生而处实"，行军时，士兵的健康是非常重要的。"而处实"，那个地方就牢靠实在，军需供应充足。"军无百疾，是谓必胜"，将士百病不生，这样就有了胜利的保证。自然环境不导致士兵生病，要尽量塑造这样好的环境。在行军必经的路线中，军队的健康非常重要，不然不要敌人打，光病号就挂掉一半。赤壁之战中，曹军号称八十万，为什么会输得这么惨？因为水土不服，瘟疫流行，加上北方以陆战为主的，光晕船就够这些当兵的难受。北方军队的大败，生病的因素占很大一部分，而且会传染，以致战力大打折扣。"军无百疾，是谓必胜"，这是当然的，这就是自然地形跟人的互动关系很重要。

"丘陵堤防，必处其阳而右背之"，在丘陵堤防行军，必须占领它向阳的一面，并把右侧背靠着它。丘陵，像一堵山一样的墙壁，右边要有依托，而且日照充足。这是在丘陵地，可以找到依托，最好的依托是在右手边，那样感觉比较好。"此兵之利，地之助也"，这些对于用兵有利的措施，是利用地形作为辅助条件的。

"上雨，水沫至，欲涉者，待其定也"，上游下雨，洪水突至，要徒步涉水的，应等待水流稍平缓以后。有过溪流、过河川经验的人就会知道，尤其在山里头，河川上游下雨，下游是看不到的，上游突然下雨，水量会大增，下游的人过水，就不要急着过，因为上游冲下来的水速度极快，后面不知道还有多大的水量，这个时候千万别过河。等到上游再也没有汹涌的水量，再过河。其实，孙武讲的是基本的常识，道理很简单。

伏奸之所处

凡地有绝（天）涧、天井、天牢、天罗、天陷、天隙，必亟去之，勿近也。吾远之，敌近之；吾迎之，敌背之。军旁有险阻、潢井蒹葭、山林蘙荟者，必谨复索之，此伏奸之所处也。

下面就有一些特别恐怖的地形出来了。这些地形都是自然形成的，有跋山涉水经验的人，多多少少会有这种残存的记忆。"绝（天）涧、天井、天牢、天罗、天陷、天隙"这六种自然地形，"必亟去之，勿近也"，要是碰到了这种地形，一定要经过，就得赶快通过，像过沼泽地一样，而且，能够不靠近或经过这种特别恐怖危险的地形，就不要靠近。经过险恶地形时，一定要赶快通过，不要逗留。像"绝涧"，这种断涧人一经过，就会不由自主地发抖，手软脚软。能不能离开这个地方，就得面对现实，这种天涧，没有任何东西可以攀附，可以走的路有时断掉。"天井"，可以想象那个井，深不可测。"天牢"，像监牢一样的，无法逃脱。还有"天罗"，也就是天罗地网。"天陷"，自然形成的陷阱，"天隙"就像一线天一样，两山之间就是一条线。这都是特殊地形，而且不稳定。遇到"天涧、天井、天牢、天罗、天陷、天隙"这些特殊地形，要赶快通过，最好不要靠近。万一发生事情只有挨打的分。"吾远之，敌近之；吾迎之，敌背之"，就是这个原则，这种地形如果离得远，敌人就可能撞上，把危险留给他。如果我们采取面对，敌人刚好就背对。这是相对论，要尽量站到优势的地方，把劣势留给敌人。商战、人生很多的竞争场合也是一样，各式各样复杂的情境，只要抓到比较好的，剩下坏的，敌人没得选，就很苦了，只有挨打的份。所以要尽量取得相对的优势。

"军旁有险阻、潢井蒹葭、山林蘙荟者，必谨复索之，此伏奸之所处也"，军队两旁遇到有险峻的隘路、湖沼、水网、芦苇、山林和草木茂盛的地方，必须谨慎地反复搜索，这些都是敌人可能埋设伏兵和隐伏奸细的地方。行军时旁边有险阻，包括"潢井蒹葭、山林蘙荟"这些地带，"潢井"是指地势低洼积水之地，"蒹葭"是指长满芦苇的地方，容易伏兵，而"山林蘙荟"是指树木丛生的地方。这些地方都可能有埋伏，所以经过时要特别注意，甚至在一定的半径内，有这种地形，一定要派搜索的部队，看有没有敌人的埋伏，"必谨覆索之"，一定要非常谨慎地，一遍又一遍地搜查，"此伏奸之所处也"。当然，你也可以利用这种地形做埋伏，让敌人看不到。所以，任何行动或者安顿的地方，一旦有这种特殊地形，都要进行地毯式的搜索。像《易经》同人卦（☰☲）第三爻"伏戎于莽，升其高陵，三岁不兴"就是如此，利用地形设埋伏。

详察敌情

　　敌近而静者，恃其险也；远而挑战者，欲人之进也；其所居易者，利也。众树动者，来也；众草多障者，疑也；鸟起者，伏也；兽骇者，覆也。尘高而锐者，车来也；卑而广者，徒来也；散而条达者，樵采也；少而往来者，营军也。辞卑而益备者，进也；辞强而进驱者，退也；轻车先出居其侧者，陈也；无约而请和者，谋也；奔走而陈兵者，期也；半进半退者，诱也。杖而立者，饥也；汲而先饮者，渴也；见利而不进者，劳也。鸟集者，虚也；夜呼者，恐也；军扰者，将不重也；旌旗动者，乱也；吏怒者，倦也；粟马肉食，军无悬甀，不返其舍者，穷寇也；谆谆翕翕，徐与人言者，失众也；数赏者，窘也；数罚者，困也；先暴而后畏其众者，不精之至也；来委谢者，欲休息也。兵怒而相迎，久而不合，又不相去，

必谨察之。

下面大概有关于侦察敌情的四十几个指标,孙武用他丰富的经验和判断力,像流水账一样,一一列出来。

"敌近而静者,恃其险也",敌人离我很近而安静的,是依仗它占领险要地形。也就是说,敌人已经逼近我们,但是很安静,这有点不合常理,平常来说,敌人离得近,一定会紧张鼓噪,可是超乎寻常的安静,说明他可能已经占据险要地势,心中有依靠。像诺曼底登陆战中,那些在碉堡内的,就比较沉得住气。那些冲击碉堡,要去攻击抢滩的,心里一定怕得要死,还得互相打气。

"远而挑战者,欲人之进也",敌人离我方很远但挑战不休,是想诱我方前进。如果敌人还离得很远,在那里叫阵,刺激我们挑战,就是希望我们被激怒之后,就离开基地,这样做刚好中了他的圈套。我们气喘吁吁地跑到那边,敌人以逸待劳,以静制动,我方就有吃败仗的可能。

"其所居易者,利也",敌人之所以驻扎在平坦地方,是因为对它有某种好处。"易"还是平坦之地,敌人驻扎的地方非常平坦,平坦的地方就没有任何依靠,没有任何险要,为什么敢在那边驻扎呢?一定有一些有利的因素,他想利诱我们,故意摆下诱兵之策,所以不要轻易进攻。兵是以利动的,所以要谨慎判断、再判断,要搞清楚虚实,表面上看到的现象不一定是真相,有违常理的布置,里面就可能有文章。

"众树动者,来也;众草多障者,疑也;鸟起者,伏也;兽骇者,覆也",没有看到敌人,但是看到前面的树在动,那是敌人隐蔽前来。草丛中有许多遮障物,是敌人布下的疑阵。草比人都高,要特别小心。鸟突然惊飞起来,是下面有伏兵。因为有人,干扰到鸟,鸟受惊飞起来,就给了我们一个信号,那里面有敌人的埋伏。除了飞禽,还有走兽也是战场的指标,野兽骇奔,是敌人大举突袭。走兽突然跑起来了,说明有大部队压过来了。

"尘高而锐者，车来也；卑而广者，徒来也；散而条达者，樵采也；少而往来者，营军也"，孙武的观察很细腻，光是人活动激起的灰尘，就可以分成四类。尘土高而尖，是敌人战车驶来；尘土低而宽广，是敌人的步兵开来；尘土疏散飞扬，是敌人正在搜柴而走；尘土少而时起时落，是敌人正在扎营。我们通常看到灰尘起来，能够把它当成一类就不错了。战车来了，才会激起高的灰尘，而且是尖的。覆盖面比较大，但是没有那么高的灰尘，那是步兵来了，步兵走路激起的灰尘比较低，步兵是一大片的，故覆盖面比较广，而车是单点的，故高而尖。灰尘不集中的，但是散的好像这里有一片，那里有一片，那是在打柴生火。打柴的是少数人，活动的地方就有灰尘，只是这里一片，那里一片，那是他们在拖曳柴火。如果发现灰尘少，没有扩散、推进，就是来来去去，那是在扎营。这些情况对于现代人来说，估计大多用不上，但是把这种情况抽象化，人生种种情境都要练到这种眼力，因为我们看到的东西是一个点，有果必有因，哪一些因造成这个果，就要有一个类型的判断。灰尘可以判断、鸟兽可以判断，观察要细腻深入、仔细。

再看敌方跟我们互动的态度，两国交战，不斩来使，有时候军事行动总是有一定程度的谈判："辞卑而益备者，进也；辞强而进驱者，退也；轻车先出居其侧者，陈也；无约而请和者，谋也；奔走而陈兵者，期也；半进半退者，诱也。"这些描述完全合乎情理，人情人性就是如此。敌方派代表来谈了，对我们的态度很客气，语气低调，我们千万不要掉以轻心，敌人是借此养我们的骄气，但是他们在谈判的同时加紧战备，一点也没有松懈，甚至更严谨，这是在麻痹我们，是准备进攻的前奏。派来的人特别客气，可是他的准备越来越紧张，越来越加强，我们就可以做出这样的判断，所谓的"辞卑"是假象。

"辞强而进驱者，退也"，措辞强硬而军队又做出前进姿态的，是准备撤退。如果他咄咄逼人，派来的人一副要吃掉我们的样子，同时又有大部队压境，这也是敌人在麻痹我们，其实他是想撤退，这样的敌人我们反而不用担心，这是色厉内荏，明明要退，故意装成要进的样子。前面的"辞卑"是以退为进，这里的"辞强"是以进为退。所以敌人的进退，我们不要从其外交辞令是强是卑来做想当然的判断，因为说不定正好相反。

"轻车先出居其侧者，陈也"，轻车先出动，部署在两翼的，是在布列阵势。那种非重装备的战车先跑出来，一般是在侧翼防卫。我们都知道任何部队的侧翼都是致命的弱点，所以部队主力行动，一定要有侧翼的掩护，不然敌人从侧面拦腰攻打，就可能被切成两段。踢足球或打篮球的人都知道，侧翼很重要。通常侧翼不是重装备出动，而是"轻车先出"，这是敌人在布阵，准备大战。

"无约而请和者，谋也"，敌人没有约定好而来讲和的，是另有阴谋。敌人事先并没有约好，突然想跟我们和谈，是真的要请和吗？说不定正在打什么鬼主意，所以要搞清楚其意图，说不定敌人正在谋划，是缓兵之计，绝对不是要和解，对方一定有阴谋。

"奔走而陈兵者，期也"，期就是约一个时间会战，敌人急速奔跑并排列阵的，是企图约期同我决战。敌方的阵营跑来跑去，而且在布阵，可能明天太阳出来的时候，就会按照约定的时间进行大会战，这还好，比较的透明，稍微有一点儿光明正大的决战。

"半进半退者，诱也"，敌人半进半退的，是企图引诱我军。半进半退，看不出是进还是退，一半一半，敌人就是要让我们认为可能是一个机会，给我们一个诱因，搞不清楚其真实意图。这一点对现代人来说，大有其用。不仅仅局限于战场，还可用于情场，谈恋爱的时候，很多女生会用这一招，"半退半进，诱也"，所以男生要会判断，有花堪折直须折，不然错失良机。

"杖而立者，饥也；汲而先饮者，渴也；见利而不进者，劳也。"敌军好像站不住了，拿着武器当拐棍，只要看到这个现象，就知道他饿肚子了，粮食供应不上，没吃饱。如果急急忙忙，军队一扎营，供水兵打水自己先饮的，那是干渴的表现。人的饥跟渴最不能忍耐，尤其是部队经过长期的忍饥耐渴，根据其自然的流露，就知道大概是什么状况。我以前上大学时和同学一起爬大山，长达十几个小时滴水都没有进，坚持要爬到山顶的六个人，最后只剩两个人坚持到最后，我是其中之一，爬到山顶一看到有前人丢下来的杨桃罐，两个人抢过来咕噜咕噜，似乎这一辈子没有喝过那么好的果汁。这都是人情常见的现象。

"见利而不进者，劳也"，敌人见利而不进兵争夺的，是疲劳的表现。明明有机会打我们，却没有动作，这是因为他们没力量了，太疲倦了。我们很疲倦的时候，明明看到很想要的东西，也没法要了。

"鸟集者，虚也；夜呼者，恐也"，前面讲鸟飞起来，因为下面有敌人的埋伏，如果敌人营寨上聚集鸟雀，鸟都不飞，下面肯定没有人，是空营。要不然鸟哪会那么安静？敌人夜间惊叫的，是恐慌的表现。这一点当过兵的人特别有经验。整日杀戮战场，白天累积很多的恐惧，军纪管理通常是压抑的，到了晚上睡觉的时候，有的时候会宣泄出来，这叫闹营。如果看到敌人的阵营到晚上也很不安静，大呼小叫，有人讲梦话，还有人起来梦游，说明他们的军心充满了恐惧。

"军扰者，将不重也"，如果军队纷纷扰扰，是大将的威信不够，压不住阵脚。军队纷扰不定，不是不动如山的军容，就代表将领约束不了部下，照样是纷纷扰扰的现象。"旌旗动者，乱也"，旌旗是号令，通常在军队中掌旗的不能随便动的，《军争篇》就讲"金鼓旌旗者，所以一民之耳目也"，如果旌旗乱动，就说明敌人阵脚已乱。"吏怒者，倦也"，吏是军中低阶的主管，高阶主管就是将，下面有很多低阶的管理者，像校尉等，他为什么会生气呢？因为人疲倦的时候容易生气，尤其作为一个管理者，下面的人不听话，屡劝不听，怎么喊也没有用，他就会生气，不会有太好的情绪，有时候就会生气发作，如果我们看到低阶的管理阶层都是怒气腾腾的时候，说明整个部队已经打得很疲倦了，不够冷静，情绪失控。

"粟马肉食，军无悬缻，不返其舍者，穷寇也"，用粮食喂马，杀马吃肉，收拾起汲水器具，部队不返营房的，是要流窜逃跑的敌人。这里的穷寇，不同于"穷寇莫追"之穷寇，这里是反常的现象，要找地方逃亡，穷寇莫追就是怕他拼命，但这里是无心恋战，把马喂饱，人可以吃的统统吃光，没有长远打算，很多迹象都看得出来，敌人有遁的迹象，打算流窜，伺机逃跑。

"谆谆翕翕，徐与人言者，失众也；数赏者，窘也；数罚者，困也；先暴而后畏其众者，不精之至也；来委谢者，欲休息也。""谆谆翕翕"，像老太婆一样婆婆妈妈，谆谆告诫。远看敌营，敌方的各级指挥官，讲话婆婆妈妈的，看其嘴一张一开的怪样，讲什么我们也不知道，但是我们知道"徐与人言者"，讲话不像军人那样慷慨激昂，威仪都不见了，"失众也"，说明他已经不能有效地掌握部属了，部属可能要哗变，所以他没有办法用威仪号令压住，只有低声下气跟部下商量。这样的话，军队岂不完蛋？何来智、信、仁、勇、严呢？一般的企业管理或者组织管理，一旦出现主管失去群众的拥戴支持，要求部属做事，还要讲道理，也不敢大声，那就完蛋了。对军队来说，就没有战力了，长官变成软蛋，凡事要看部下的脸色行事，那只有更糟，肯定"失众也"。

还有就是表现在不当的赏罚上："数赏者，窘也；数罚者，困也。"孙武站在一个职业军人的立场，认为这种情况已经是领军大将出问题了。动不动就赏，正好反映他正处在困窘的状况，要借着滥赏来维系大家勉强的忠诚。滥赏会失去激励人心的效果，不该赏的也赏，久了之后就没有其他东西可以维系。管理不是胡萝卜就是鞭子，胡萝卜给得太多，"窘也"，领导会陷入窘局，以致没有其他筹码维系管理。"数罚者，困也"，滥罚也是如此，今天处罚这个，明天处罚那个，会陷入困局。这也是失调，反映出他们不借着严刑峻法就没有办法维系。赏罚很重要，但是不能失控。

《韩非子·二柄》云：

> 明主之所道制其臣者，二柄而已矣。二柄者，刑德也。何谓刑德？曰：杀戮之谓刑，庆赏之谓德。为人臣者畏诛罚而利庆赏，故人主自用其刑德，则群臣畏其威而归其利矣。故世之奸臣则不然，所恶，则能得之其主而罪之；所爱，则能得之其主而赏之；今人主非使赏罚之威利出于己也，听其臣而行其赏罚，则一国之人皆畏其臣而易其君，归其臣而去其君矣。此人主失刑德之患也。夫虎之所以能服狗者，爪牙也。使虎释其爪牙而使狗用之，则虎反服于狗矣。人主者，以刑德制臣者也。今君人者释其刑德而使臣用之，则君反制于臣矣。故田常上请爵禄而行之群臣，下大斗斛而施于百姓，此简公失德而田常用之也，故简公见弑。子罕谓宋君曰："夫庆赏赐予者，民之所喜也，君自行之；杀戮刑罚者，民之所恶也，臣请当之。"于是宋君失刑而子罕用之，故宋君见劫。田常徒用德而简公弑，子罕徒用刑而宋君劫。故今世为人臣者兼刑德而用之，则是世主之危甚于简公、宋君也。故劫杀拥蔽之，主非失刑德而使臣用之，而不危亡者，则未尝有也。

韩非子认为，英明的国君要管理群臣，就是"刑德"二字，刑就是罚，德就是赏。古今中外有不同赏罚形式，但是不外乎这两者，不能失控。《易经》师卦（☷）最后一爻："大君有命，开国承家，小人勿用。"说的是建国后要酬庸，也就是赏赐不要被小人钻了空子，赏罚失当，后遗症会非常严重。如果赏不容易得到，大家就会重视，如果随便可以得到，像太平天国后期，动不动封王，统统有奖，那就完蛋了。

好，我们再回到《孙子兵法》。"先暴而后畏其众者，不精之至也"，"先暴"则更糟，前倨后恭，前后不一致，作为领导者，而且是军事管理的指挥官，刚开始对部下非常的严厉，可是严厉无效，"民不畏死，奈何以死惧之"。发现暴政不行，就开始怕部下了，又变成前面的"谆谆翕翕"，前后态度不一致，"不精之至也"，这种管理不及格到了极点。凡是当领导的，既然会怕部下，要跟部下商量着办，还有什么原则？先是严厉，威慑部下，时间长了，部下不吃这一套，领导没了筹码，马上换一个笑脸，如果是在军队中，这样的部队还有什么令出必行？

"来委谢者，欲休息也"，敌方来给我们谢罪，跟我们说好听的，因为他想争取喘息的时间，而不是说真的要跟我们和解。此乃缓兵之计也，也许在恢复战力，也许是等待援兵。到底要干什么我们不知道，但是一定要加强防范，去了解敌人为什么会这样。所以遇到这样的状况，一定要慎重对待，不能上当。

"兵怒而相迎，久而不合，又不相去，必谨察之"，敌人好像很有斗志，敌忾同仇，逼近我们，但是等了很久，又不真正交战，又不离开，我们一定要提高警觉，小心谨慎，想办法查清敌人的意图。"久而不合，又不相去"，敌人在等什么，还是出现什么状况，让他前后不一致？这是要弄清楚的。就像一些人本来要投资的，答应好下午就签合同，结果与开始一副拍胸脯、信誓旦旦的样子大不相同，半天没动静，可是也没说不同意签。这是什么状况呢？是不是中间有人灌水，出现了什么状况？是否原先准备投资的时候，大太太同意，小太太反对？这些情况都要摸清楚，才可应付事变。

令出必行

兵非贵益多也，惟无武进，足以并力、料敌、取人而已；夫惟无虑而易敌者，必擒于人。卒未亲而罚之则不服，不服则难用也。

卒已亲附而罚不行，则不可用也。故令之以文，齐之以武，是谓必取。令素行以教其民，则民服；令素不行以教其民，则民不服。令素行者，与众相得也。

"兵非贵益多也"，兵力贵精不贵多，兵多了有什么用呢？老鼠多了喂猫，兵多不精被人宰。"惟无武进"，就是不要躁进逞强，不该进的时候，一股蛮勇往前冲，死伤无数。这种冒进妄动，就像《易经》中的履卦（☱）第三爻"武人为于大君"，妄动则凶。可见，兵不贵多，而是利用精兵做有效的投入，绝对不要贸然行事。那么，怎样做才算有效的部署呢？"足以并力、料敌、取人而已。""并力"指集中力量，一旦要攻的时候，还要"料敌"，即料敌如神，算得很准，"取人而已"，取人不是取得敌人，而是取得自己人的拥护，即带兵要带心。取得群众由衷的支持，很重要，他们才愿意听从号令，水里来火里去。这样的话，才能进行有效的统治管理。"并力"是内部团结，完全听从号令，"料敌"是准确判断敌情，"取人"是将领能够深得部众的拥戴，得到部下的全力支持。如果这三个做不到，兵多就是一盘散沙。

"夫惟无虑"，没有仔细考虑，"而易敌者"，把敌人看轻，"必擒于人"，一定被敌人所擒获。也就是说，没有深谋远虑，而且轻敌，以致大意失荆州，被敌人擒获。关羽当年败走麦城，就是因为骄傲轻敌，没有深思熟虑，而且部下与其有嫌隙，最后因腹背受敌，被东吴吕蒙所擒杀。

"卒未亲附而罚之则不服"，士卒跟你不亲近，没有交心，就去处罚他，士卒不会服气。如果有深厚的感情基础，平常对他非常好，他犯错你照样罚他，他也会心服口服；如果没有"亲附"的感觉就罚他，他当然不服。这就是人心，"不服则难用也"，因为不服，就很难用他。这都是以前带兵的人特别要注意的，先要与士兵建立感情，然后该处罚时照样处罚。像家人卦（☲）第一爻先设门槛："闲有家，悔亡。"一旦有人犯错，就像第三爻："家人嗃嗃，悔厉，吉；妇子嘻嘻，终吝。"即使是一家人，该罚就罚，家法一样要行。如果在亲情的基础上，受罚的人也会心甘情愿。这是人性人情的特点，一般人愿意接受有感情基础的人对他们错误的行为进行纠正性处罚。如果是陌生人犯错，那就不客气了，人家一定不服。

"卒已亲附"，如果关系很亲密，"而罚不行"，到时候犯错了，就放过不处罚，这样做绝对不行。这样会使部下滋生骄纵之心，"则不可用也"，这是完全没用的，没有纪律，一般组织尚且如此，军事组织更加如此。所以既要有感情，又得该罚的时候照样严格执行。

"故令之以文，齐之以武，是谓必取"，因此，军中之令要有明文规定，平常的管理整齐划一，绝对要用军纪，这才是真正的取人之心，是取得部属支持的大道理。这个道理讲起来也是老生常谈，就是所谓的恩威并济。

"令素行以教其民，则民服；令素不行以教其民，则民不服"，即命令平常就能够贯彻，依此去教育训练士兵，那他们一定是服从的。这就是将领的素养，士兵的战力不是在战时，而是平时日积月累的功夫，就得"令之以文，齐之以武"，有感情，又有规矩。平常威令不行，乱七八糟，"以教其民"，管束部属，他当然不会服气。

"令素行者，与众相得"，即军令平常能贯彻的人，就是因为上下关系比较融洽。这样才能相得益彰，如鱼得水，这才是人际长期相处之道。如果是冷冰冰没有任何感情或者感情好到没大没小，那么都会完蛋。如果上下关系不相得，就会出事。不要像《易经》睽卦（☲）《彖传》所说"二女同居，其志不同行"，以及革卦（☱）《彖传》所说的"二女同居，其志不相得"。

第十六章 知天知地——地形篇第十

地之道：通、挂、支、隘、险、远

孙子曰：地形有通者、有挂者、有支者、有隘者、有险者、有远者。我可以往，彼可以来，曰通；通形者，先居高阳，利粮道，以战则利。可以往，难以返，曰挂；挂形者，敌无备，出而胜之；敌若有备，出而不胜，难以返，不利。我出而不利，彼出而不利，曰支；支形者，敌虽利我，我无出也；引而去之，令敌半出而击之，利。隘形者，我先居之，必盈之以待敌；若敌先居之，盈而勿从，不盈而从之。险形者，我先居之，必居高阳以待敌；若敌先居之，引而去之，勿从也。远形者，势均难以挑战，战而不利。凡此六者，地之道也，将之至任，不可不察也。

《地形篇》不难，只是一些常识。最开始是列举地形："地形有通者、有挂者、有支者、有隘者、有险者、有远者。"地形有"通""挂""支""隘""险""远"等六种。接下来就是解释这六种地形。

什么叫"通"的地形呢？"我可以往，彼可以来"，"彼"就是敌方，凡是我们可以去，敌人也可以来的地域，"曰通"，叫作"通"。这种地形我方去没有问题，敌人来也没有问题，就像《易经》中的泰卦（䷊）一样，"小往大来"，畅通无阻，交通线很顺畅。在这种"通"的战场地形中，不用想都知道，先到者占据优势地利。"通形者，先居高阳，利粮道，以战则利"，意思是说，在"通形"地域上，应抢先占开阔向阳的高地，保持粮道畅通，这样作战就有利。这种地形强调先机，补给线一定要畅通，要担保粮道源源不绝。后去的不仅没有抢到好地形，连粮道都是弱势，这样的话，后勤保障就有问题了。先占据居于高阳的有利地形，而且粮道很安全，后勤补给源源不绝，所以在"通形"的地方，先到的才有可能占有绝对的优势，才能够获利。可见，大家都可以去的地方，就得看谁先到，到了之后还要注意，资源补给线一定要畅通。市场也是如此，先抢占市场，把持渠道的通路，让别人进不去，还得有不断的资金支持，源源不绝，才能持久。

　　什么叫"挂形"呢？"可以往，难以返，曰挂"，谁都可以去，但不一定回得来。有去无回的地形，就是"挂"。去的时候跟回来不同，怎么会这样呢？去和返是不同的地形，其实到处都有，去时所看到的路线，跟回时的路线印象可能会完全相反，对于这种有去无回的地形，就要审慎了，这种地形不能随便出动，因为回来很困难，也可能永远回不来。既然没有后路，万一失败不利，就不能随便去，否则，难免全军覆没。"挂形者，敌无备，出而胜之；敌若有备，出而不胜，难以返，不利"，意思是说，在挂形的地域上，假如敌人没有防备，我们就能突击取胜；假如敌人有防备，出击又不能取胜，而且难以回师，这就不利了。碰到这种地形，敌人如果没有准备，这时候我方可以"攻其不备，出其不意"，把敌人打垮，至于回不回得来就不再是问题了，也不必留后路，那个地方就是我方新的据点。如果敌人有防备，那就不行了，回不来就很麻烦。拿破仑的大军去打俄国，以及二战时德军去攻打苏联，都是止步于莫斯科，这就是"挂形"的不利。如果他们能够趁俄国或苏联无备，直接攻占莫斯科，一下子打垮，或者迫其投降，那就可能获得胜利。所以远征军常常要想，自己是单向的，没有回头路，去了就得胜利成功，不成功就会被卡死，回不来。已经离开家乡很远，天时、地利人和都跟不上，这就是《易经》中的大壮卦（䷡），四阳在下，两阴在上，那是不可测的危机，难免陷入泥沼。

　　去可以，回不回得来，就很难说。商场有很多投资机会也是这样，很多人"挂"掉了，就是因为投资容易撤资难。投资就是烧钱，要是"出而不利"怎么办？要撤掉又心有不甘，下决心撤，善后也是个问题。可见，进场有门槛，出场也有门槛，"挂"的地形就是进的门槛很低，想去玩，随时欢迎，可是要想出来不容易，门槛超高，反被套牢，怎么出来？所以作为领头人要研判地形，千万不要让自己的队伍挂掉，最好不要陷入去易出难的境地，要给自己留条退路。这也是为什么《杂卦传》说大壮卦"大壮则止"，而且大壮卦的另外一面是遁卦（☰），要留退路。人生所有的进都要考虑退路，预留退路，才能在"挂形"中出入自如。前去要成功，就要看敌人有没有准备，不然只有不成功便成仁的打算了。

第三种地形是"支形"，这种地形就妙了，对双方都一样："我出而不利，彼出而不利，曰支。"我方如果动，一定不利，而敌方如果从他的阵地冲出来，也一定不利。也就是说双方都得窝在战壕里，谁都不敢先动，先动就吃亏。这有点儿像一战进入尾声时的壕沟战，同盟国和协约国的军队都躲在壕沟中，不敢出来，双方就这样干耗着。电影《西线无战事》讲的就是一战这种僵局的情形，即使是刮风下雨，泥泞不堪，也只能窝在那里，谁都不能出来，谁出来就对谁不利。这种地形就是"支"，陷入僵局，谁都不能够取得决定性的胜利，打消耗战。"支形"者怎么办呢？"支形者，敌虽利我，我无出也；引而去之，令敌半出而击之，利。"意思是说，在"支形"地域上，敌人虽然以利相诱，我们也不要出击，而应该率军假装退却，诱使敌人出击一半时再回师反击，这样就有利。敌人的利诱，就是希望我方部队出动。在这种情形下，我方不上当，不出来，但也不能干耗着，要想办法，那就"引而去之"，既然"无出"，还是僵局，就要假装我方部队好像要放弃这个没有办法突破的点，摆出要撤的样子，这个信号放出去，敌人可能会认为，我方后勤有问题，粮食、辎重接济不上，士气会涣散，所以我方放弃。这时，敌人认为机会来了，要追击我方，"令敌半出而击之"，等敌人出了一半再打击。敌人上当，我方的目的达到。这种情形下，双方拼的是耐性，看谁沉得住气，谁先出就会给自己带来不利。这不但是万人敌的兵法，一人敌的拳脚也是这样，假动作引人出手，再以全力击溃来敌。双方的钩心斗角，互相试探，最终以耐性好的人得胜。

第四种地形是"隘形"："隘形者，我先居之，必盈之以待敌；若敌先居之，盈而勿从，不盈而从之。"意思是说，在"隘形"地域上，我方抢先占领，并用重兵封锁隘口，以等待敌人的到来；如果敌人已先占据了隘口，并用重兵把守，我们就不要去进攻，如果敌人没有用重兵据守隘口，那么就可以进攻。"隘形"，顾名思义，就是非常狭隘的地形，这样的地方非常重要，有"一夫当关，万夫莫开"的作用，用极精简的兵力守住，千军万马都进不来。这种隘形，当然要先抢占，而且要快占，刚开始派出的是少数兵力，强调运动的速度，一部分人先抢占制高点，再把后续的兵力塞满，布置重兵防守，以逸待劳，等待敌人的到来。这样的地形，隘口很小，一下就塞满了，塞满了就没有敌人的机会了。如果敌人先占据，我方是否放弃，也要看情形而定，一个是敌兵多，我们就必须放弃，"勿从"，不要损耗自己的兵力。如果敌人还来不及或者未布置重兵防守，后续的兵力根本就没有，那么我方可以趁其大军未到，"从之"，说不定可以争过来。可见，对于敌人先占领隘口，也不要太早放弃，要看情形定夺。就像市场饱和，反应快的随时有新事业，一旦发现有新的，那就是掌控市场占有率，谁先抢到，谁得利。所以一定要抢占先机。为什么有些人还要跟进呢？因为市场没饱和，对方的产量、产能还没有办法把所有市场吃掉，没有盈，那就要试一试，挤都要挤进去。这就是"不盈而从之"，没有抢到第一，也有个第二，为什么要放弃呢？"隘形者，我先居之"，先把关口占满，对手知难而退了，放弃了，你就变成了唯一的厂商。如果没占满，就不要放弃，因为客户还有其他的选择，抢到手再说。

第五种地形是"险形"，特别险峻的地形，当然也要先占，这是一定的。"险形者，我先居之，必居高阳以待敌；若敌先居之，引而去之，勿从也"，意思是说，在"险形"地域上，如果我军先敌占领，就必须控制开阔向阳的高地，以等待敌人来犯；如果敌人先于我占领，就应该率军撤离，不要去攻打它。"险"跟"隘"又不一样了，隘要看"盈"否，险则谁先到谁赢。敌人如果先到，我就赶快放弃，千万不要去找死。换句话说，险形之地是谁到谁说了算，后来的只能望洋兴叹。

最后一个是"远形"："远形者，势均难以挑战，战而不利。"在"远形"地域上，敌我双方地势均同，就不宜去挑战，勉强求战，很是不利。"远"形就是这样，双方势均力敌，距离也很远，无法在极短的时间内，以冲刺的手段改变局面。距离实在太远，鞭长莫及，双方力量差不多，"难以挑战，战而不利"，这是一定的。

下面就作结论了："凡此六者，地之道也，将之至任，不可不察也。"这六种地形的论述，是利用地形的原则，这是将帅的重大责任所在，不可不认真考察研究。也就是说，这里涉及将帅的判断、权衡、取舍，不同的地形，判断各各不同。在人生种种的战场上，地形就如坤卦（☷）《大象传》所说："地势坤，君子以厚德载物。"对于战场基本的形势判断，心目中一定有竞争者，你与他之间行动的速度、节奏、虚实都得研究，这是一个为将者最重要的责任，绝对要深入体察。要知道，"兵者，国之大事也，死生之地，存亡之道，不可不察也。"

败之道：走、弛、陷、崩、乱、北

故兵有走者、有弛者、有陷者、有崩者、有乱者、有北者。凡此六者，非天之灾，将之过也。夫势均，以一击十，曰走；卒强吏弱，曰弛；吏强卒弱，曰陷；大吏怒而不服，遇敌怼而自战，将不知其能，曰崩；将弱不严，教道不明，吏卒无常，陈兵纵横，曰乱；将不能料敌，以少合众，以弱击强，兵无选锋，曰北。凡此六者，败之道也，将之至任，不可不察也。

接下来又讲了六种，这六种不是自然地形，属于内部管理的问题。同地形都一样，如果管理失控，暴殄天物，松弛不整，就会给军队带来灭顶之灾。

"故兵有走者、有弛者、有陷者、有崩者、有乱者、有北者"，军队打败仗是因为有"走""弛""陷""崩""乱""北"六种情况。像"走者"到处乱跑，不听号令，"弛者"纪律松弛，"陷者"陷入某种情形，不可自拔，"崩者"军心崩溃，"乱者"军营一塌糊涂，"北者"败兵溃散逃亡。

这六种现象，由"走"到"北"，有越来越恶化的征兆。"凡此六者，非天地之灾，将之过也"，这六种情况的发生，不关天时、地利，而是将帅自身的过错。也就是说，完全是人的问题，不要怪自然环境，这种结果的造成既不能怪天灾，也不是上文的六种地形之灾，完全是人谋不臧，事先没有谋划好，与天时、地利无关。

先看第一个："夫势均，以一击十，曰走。"与敌人势均力敌，可是用一倍的兵力去打敌人十倍的兵力，这就是"走"。这时你不逃走，还有什么选择呢？注意，孙武在兵法中所讲的数量优势，往往不是绝对优势，而是相对的时空优势。要造成以十击一的效果，结果以一击十，又没有奇策，那不是找死吗？一定败走，这就是指挥官的判断有问题。强度不够，以一击十当然是劣势，大家一定争相逃亡。这真的是将之过也。

第二个是"弛"："卒强吏弱，曰弛。"士卒强悍，军官懦弱，叫作"弛"。这是典型的上弱下强，"卒强"是基层能干，有战力，可是低阶主管能力不行，时间一长管理就会松弛。连长、班长太衰，没有威信，士兵不服，满心的不愿意，基层力量松散，根本就不会有战力。

再看第三个："吏强卒弱，曰陷。"下级军官强悍，而士卒懦弱，叫作"陷"。这句话说得很生动，如果低阶主管很强，可是下面的人太弱，那他这个小团体根本就站不住,"哗"就下去了。巧妇难为无米之炊,主管再强,下面的人不能用,没有办法贯彻上面的命令,基层就是立足的条件,如果是"陷",好像立足之地都塌下去了,小主管强也没有用。

第四个是"崩":"大吏怒而不服,遇敌怼而自战,将不知其能,曰崩。"偏将怨怼不服从指挥,遇到敌人擅自出战,主将又不了解他们能力,叫作"崩"。"大吏"是中阶主管,也就是所谓的偏将、副将,还不是领兵的大将。大吏也是情绪失控,动不动就生气,"怼"就是埋怨,一肚子怨气,这个不满意,那个也不满意。"自战"是不听号令,不服从上面的命令,自行其是,带着他手下的人擅自出战,这是绝对不可以的。为什么会有这样的举动呢?"将不知其能",这就是造成"大吏怒而不服"的原因,他对统兵的大将恐怕也不服气,就是大将也压他不住。因为有很多能干的中阶干部,提出很多的建议,但是大将不采纳,甚至排挤他们,所以他带着他子弟兵,自行出战。这就是大将对个人的才能缺乏了解,只想用自己的职权去排挤压制,而不是纳为己用,"曰崩",完蛋了。因为大吏所能够影响的范围很广,令出不必行,这也是常出现的事,一个组织中,最重要的就是人事的和与不和,如果中层管理人员抗命,拉着自己的一班人单干,组织就完了。作为领导者,下面出现这样的事,也要检讨自己对下属的了解不周。

第五个是"乱":"将弱不严,教道不明,吏卒无常,陈兵纵横,曰乱。"领兵的大将懦弱缺乏威严,治军没有章法,官兵关系混乱紧张,列兵布阵杂乱无常,叫作"乱"。领兵的大将太弱,没有威仪,训练部属时没有章法,下面的人搞不清楚训练的重点是什么,今天这样,明天那样,下面的人无所适从,也会觉得领导实在太弱,没有威信,下面那些干部和士兵,当然就"无常"。"无常"就是混乱,没有规矩可以守,忽而这,忽而那,今天这样,明天那样。一旦出战,列兵布阵,就是"陈兵纵横",整个都乱了。

第六个是最严重的:"将不能料敌,以少合众,以弱击强,兵无选锋,曰北。"这一句话的意思是，统兵大将不能正确判断敌情，以少击众，以弱击强，作战又没有精锐的先锋部队，因而落败的，叫作"北"。"北"就是败北，作为最高的指挥官，主要的职责就是能够料敌，又能够以少数兵力击溃敌人的大部队，又要以弱击强、以小博大。如果料敌准确，在某一瞬间以寡击众，再强大的敌人都可能被打退。还有，凡是要以寡击众，要争取在某一个集中的时间点要取得关键的胜利，一定要有精英的突击部队，也就是"选锋"。如果没有这种像尖刀一样在瞬间产生爆发力冲击的特种部队，那么，正面战场的死伤就不知道要增加多少。这就是"选锋"——精英中的精英，能在短时间造成突破的战果。如果不能料敌，又没有精英部队为先锋出奇制胜，去以少合众、以弱击强，非失败不可，此即"曰北"。

"选锋"是《易经》中哪一个卦的概念？就是萃卦（☱），出类拔萃，有示范效应，兵贵精不贵多，古今中外都一样。像间谍战，间谍人数最少，可他是取胜的关键——"三军之所恃而动"，一两个姜子牙、伊尹就可以决定改朝换代的战局，这种精英中的精英，才能突破敌军的战场防线和情报网络，可以快进快出，给敌人造成震撼性的打击，然后大部队跟进，取得绝对性的胜利。选锋的重要性在现代战争中十分重视，很多国家都有特种部队，实际就是"选锋"，他们是从各个不同的兵种中挑选出来的最强的人，然后再施以集中的魔鬼训练，让他们变成一个快速打击部队，兵力虽少，可是非常强。如果部队没有这种战力超强的特别队伍，在最前线或者在最危险的时候，就很难站住阵脚，非输不可，至于"以少合众，以弱击强"，那就不要想了。

精英的少数，就是所谓的八十、二十定律，中国的经济改革开始其实也是"选锋"，先选几个样板，进行试点，建立经济特区，选锋成功就带动全局成功。还有产业的布局也要抓重点，跑在时代的最前端，这就需要很强有力的研发队伍，这些人是高手中的高手，属于一流的精英，用这些人就是希望造成突破性的成果，不在乎"量"，而在乎匪夷所思的

"质"。像台湾地区产业的选锋是什么？就有点令人伤心了，大部分企业在代工，很少有自己的世界品牌。可见，"选锋"就是核心的竞争力，决定着军队的前景。

"凡此六者，败之道也，将之至任，不可不察也"，以上六种情况，均是导致失败的原因，这是大将的重大责任之所在，不可不认真体察。

料敌制胜

夫地形者，兵之助也。料敌制胜，计险隘远近，上将之道也。知此而用战者必胜，不知此而用战者必败。故战道必胜，主曰无战，必战可也；战道不胜，主曰必战，无战可也。故进不求名，退不避罪，唯民是保，而利合于主，国之宝也。

"夫地形者，兵之助也"，地形是用兵打仗的辅助条件。孙子讲了这么多有关地形的情况，但这些只是辅助条件，而真正重要的还是本身的战力。所以要善用这些"兵之助"。换句话说，要了解地形，因为它对我们有帮助，我们要占据地形的优势，把地形劣势的一面都留给敌人，但是那样做只是辅助条件，如果本身实力太差，什么地形也没有用。所以不要过分高估地形，要善用，说不定有时候胜负就差在善用地形与否上。得道多助，对你有利的因素，尤其是自然环境，一定要尽量运用。地形不是决定性因素，所以迷信风水的人，容易过分高估，不知道人杰才地灵，人不杰，地也不会灵。

"料敌制胜，计险隘远近，上将之道也"，正确判断敌情，考察地形险易，计算道路远近，这是高明的将领必须掌握的方法。这个道理很简单，料敌才能制胜，一定要好好算一算，《始计篇》称"地者，远近、险易、广狭、死生也"，和这里讲的险隘远近差不多，地形是险峻还是平易，是远还是近，"上将之道也"。"知此而用战者必胜，不知此而用战者必败"，懂得这些道理去指挥作战的，必定能够胜利；不了解这些道理去指挥作战的，必定失败。

下面又讲到军政关系了："故战道必胜，主曰无战，必战可也；战道不胜，主曰必战，无战可也。"意思是说，根据分析有必胜把握的，即使国君主张不打，坚持打也是可以的；根据分析没有必胜把握的，即使国君主张打，不打也是可以的。这里就涉及将领跟国君之间的矛盾了，一个负责任的大将，"将在外，君命有所不受"，国君的决定有时是绊脚石，主将要有判断，要对得起部属，不能让他们白白送死，如果上面的命令违反常识，可以抗命不听，战争是看结果，而不是由行政命令主导。如果军事专业判断认为这样打一定会赢，"主曰无战"，即使国君说不要打，"必战可也"，打完了再说。因为这是千载难逢的机会，国君远离战场，战场形势千变万化，他说不可以打，但主将根据实时战况照打不误。按理说，这是抗命，可是一旦确定国君的判断是错的，就不能听上令，要坚持打。如果取胜的一点机会都没有，"主曰必战"，他要你去送死，"无战可也"，就是抗命，也不要去送死。二战进入尾声时，很多纳粹的职业军人都知道德国必败，甚至就某一些区域性战场来讲，应该是战略性的撤退，不必牺牲惨重，可是到最后，发狂的希特勒依然让他们战死都不准退一步。那就是"战道不胜，主曰必战"，但是他们不敢抗命，结果就牺牲惨重，不懂"无战可也"。所以真正的军事领导人，在必要的时候要抗拒国君的命令，即使有无上的艰难，也要坚持。孙子把这一点看得很清楚，这种时候敢不敢坚持，就是统兵大将的专业精神如何了。

"故进不求名，退不避罪，唯民是保，而利合于主，国之宝也。"也就是说主战不是为了谋求胜利的名声，撤退绝不回避失利的罪责，目的只求保全百姓，维护国君利益，这样的将帅才是国家的宝贵财富。可见，大将决定进攻，不是为了个人的名望，如果觉得没有机会，决定要撤退，可能会被降罪，也没有关系，甘愿接受罪责，只要不让子弟兵去送死。其进跟退都是无私的，"唯民是保"，这是一个负责任的主管。"而利合于主"，其实最后是完全合乎国君的利益的。虽然大将没有听国君的命令，但是结果对国君也是有利的，这种大将可以说是国宝。

动而不迷，举而不穷

视卒如婴儿，故可以与之赴深溪；视卒如爱子，故可与之俱死。厚而不能使，爱而不能令，乱而不能治，譬若骄子，不可用也。知吾卒之可以击，而不知敌之不可击，胜之半也；知敌之可击，而不知吾卒之不可以击，胜之半也；知敌之可击，知吾卒之可以击，而不知地形之不可以战，胜之半也。故知兵者，动而不迷，举而不穷。

这一段讲的是带兵之道。"视卒如婴儿，故可以与之赴深溪"，这句话很有名，是说对待士卒像对待婴儿，士卒就可以同他共患难，再深的溪都跟你跳下去。这就是大将和士兵有感情，你要他去哪里，死也好，生也好，都跟你去。因为你把他当婴儿一样看待，人看到婴儿大概没有不爱的，你那么爱护部下，他怎么会不感恩呢？

"视卒如爱子，故可与之俱死"，意即对待士卒像对待自己的儿子，士卒就可以跟他同生共死。这就是《易经》中随卦（☳）上爻的境界："拘系之，乃从维之。"生死永相随，放弃一切就跟你走，没有第二句话。周朝八百年的江山，就是因为周太王有恩有威有感情，故能"王用亨于西山"。

"厚而不能使，爱而不能令，乱而不能治，譬若骄子，不可用也。"这句话的意思是，如果厚待士卒却不能使用，溺爱却不能指挥，违法而不能惩治，那就如同骄纵惯了的子女，是不可以用来同敌作战的。文辞很白话，这是溺爱不明，对士兵好得不得了，嘘寒问暖，捏在手上怕化了，讲话稍微重一点儿怕他哭，结果导致这种人完全不能用。作为大将，要爱士兵，但是要令士兵敢于赴汤蹈火，在所不辞。这就是将道的难。

"知吾卒之可以击，而不知敌之不可击，胜之半也"，对部卒的战力很有信心，认为他们绝对有攻击力，可是不知道敌人也是很强悍的，是不可以被攻击的，那就只有一半获胜的机会。我们有攻击的力量，但不要忘了敌人也可以抵挡，不可轻易击败，所以只看这一面，不晓得敌人那一面，这是不行的。对自己的实力有信心，对敌人的实力也要评估，如果敌人很强悍，那胜利的机会就不是全部了。

"知敌之可击，而不知吾卒之不可以击，胜之半也"，知道敌人的弱点，可是不知道自己的实力也有不强的地方，取胜的可能性也只有一半。敌人有弱点，可是我们自己连捡便宜的实力都没有，也就是说自己没有强点，那么要想取胜也只有一半的概率，绝对没有必胜的把握。《形》《势》《虚实》三篇都讲没有绝对的把握不要出手，"胜之半"的把握太低了。

"知敌之可击，知吾卒之可以击"，知道敌人出现弱点，这是好机会，也知道以自己的实力可以攻击敌人。"而不知地形之不可以战，胜之半也"，可是行军路线的自然环境形势是不可以进行战斗的，这样还是一半的胜算。到这里，《地形篇》进入了知彼知己的考量，《谋攻篇》说"知彼知己，百战不殆"，要考虑敌我双方。现在还有自然地形，周遭形势，敌人跟我方都在自然的平台上玩，地形有什么特殊不利的因素，也影响胜算，这个时候不能只考虑打击敌人会赢。要知道地形不是不变的，形势也不是不变的，环境说不定有剧变，像天灾，说不定有天险、天罗，这都不是用兵的场所，所以主客观都得全方位研究。"知敌之可击，知吾卒之可以击"，在某一个状况、某一个时间，应该可以出手了，但千万不要忘了客观环境——"而不知地形之不可以战"，结果还是"胜之半"。可见，地形也要列入胜负的考量，不能只顾敌我双方实力情况。

"故知兵者，动而不迷，举而不穷。"所以，懂得用兵的人，他行动起来不会迷惑，他的战术变化无穷。"动而不迷"，不像《易经》中的坤卦"先迷后得主"，他所有的动都不会迷，因为看得很准，一旦采取行动了，后招一定源源不断，不会只有第一招。这就是动则绝对正确，不会迷失方向，然后环境如果不如预期，应变的招式都准备好了。这才是真正的知兵者，不管任何情况下，都有源源不绝的招式应对。有些人就是动而不迷，选对了战场，选对了行业，如果遭遇一些状况或者一些变化，他是举了，但没有不穷。换句话说，很多事情要想得很远，要想到一系列的连锁反应，这些都要推演，这样才能"举而不穷"。像渐卦（䷴）的《彖传》称"止而巽，动不穷"，就是"举而不穷"，步步为营，每一步都不会失去胜算。

全天全地

故曰：知彼知己，胜乃不殆；知天知地，胜乃可全。

下面的结论非常重要，而且非常有发挥的余地。我学习兵法已经三十多年了，最近这几年有突破的地方，就是这一句。它比"知彼知己，百战不殆"的视野更宽广，运用更深远。这里是说，要了解自然环境，要有全算，还得知天知地，光是知彼知己还不行。

什么时候才能达到全胜的最高目标呢？全是保全，以最低的成本谋取最高的收益，不仅全己，而且全敌，敌人的资源可以转为我用，《谋攻篇》的主旨就是全胜。但是"知彼知己"，只是"胜乃不殆"，没有被淘汰出局而已，可是要想得到全胜，想兵不血刃，天下清焉，"不战而屈人之兵"，保全所有有用的资源，一定要了解自然环境，即"知天知地"，这个时候"胜乃可全"。"乃"字说明有难度，但是达到了"可全"，比"不殆"的级别就高多了。

我们都希望和平，《孙子兵法》中《形篇》《势篇》《谋攻篇》都讲到全胜，全胜就是保全自己，保全敌人，如果把这一思维推广，也要保全自然环境，要全天全地。21世纪如果爆发战争，这种现代战争对自然环境生态的破坏就会很可怕，远远超过冷兵器作战时代，没有人敢轻易发动战争的道理就在这里。越战的时候，美军用了化学武器，导致当地妇女生下很多畸形婴儿。所以，战争要替自然环境负责，那样子才是全胜。要保全敌方我方，尽量少用军事冲突的手段解决国际纠纷，还要保全自然资源生态环境，这是兵法的核心要求。孙子当时未必会想那么多，但是他的理论自然而然可以推广到以后的战争，像全胜的概念就不仅仅是全敌我双方，还要全天地自然。换句话说，我们所使用的武器，战争的规模，绝对不是无限制，无限制会让大家一起毁灭。像以前美苏冷战，核武器竞赛最后把苏联拖垮，没有一个用上，是不是巨大的浪费？如果当时真的爆发核战争，人类的毁灭早已发生。

"全天全地，胜乃可全"，这是《易经》中谦卦（☷）的概念，谦卦是天地人鬼神都得谦和，维持一个最佳的平衡点，故卦爻非吉则利。也就是说谦卦代表和平，但不只是解决人类的问题，也把环境生态这些永续的资源因素考虑进去，还有鬼神、历史遗迹不能随便破坏，这才是真正的全胜思维。有些资源一旦破坏，就永远不能再用，宇宙之间不只是有人，人以外还有众生，还有天地自然环境，还有有形无形的文明，像文明的遗产，统统属于鬼神的境界，不会有任何争夺，那才是完美。

第十七章 风雨同舟
——九地篇第十一

《九地篇》和《火攻篇》概说

《九地篇》几乎占了《兵法》十三篇五分之一的篇幅，是最长的一篇。随后的《火攻篇》很短，这两篇贯穿起来可以说是出生入死，尤其是《九地篇》，要了解《九地篇》，可以结合《易经》学中大过卦（䷛）、坎卦（䷜）、蹇卦（䷦）、睽卦（䷥）来理解，它充满了勇悍之气，气势非常强盛，而且通常是在一种近乎绝望的九死一生的情境下激发大家集体的心理。

《九地篇》主要讲的是远征军到别国作战，没有主场优势，又是去打人家，离故乡很远，补给很困难，作为侵略者，当地的老百姓是充满敌意的。在这种人生地不熟的情况下，恐惧心理普遍存在，有种"置之死地而后生"的感觉，就像大过卦一样，身心超负荷。但是在这种非常的状况下，人的潜能有可能被激发出来创造高绩效。也就是说，为将者有时候就要懂得这个道理，"置之死地而后生"，大家自动团结。

"九地"虽然说是九种地形，也不用看得太死，跟《九变篇》的"九"一样，有多数的意思。在任何环境中，领导者要善用团体的动力，打造成一支魔鬼兵团，激发出他们最大的潜能、拼命的招式，就像困卦（䷮）的"致命遂志"一样，因为困，才能激发出创意和狠劲。这就是《九地篇》的主旨。进行身心总动员，在非常极端的情况下，爆发出巨大的力量，这对将领来说，胆识、魄力不可或缺。《九地篇》虽然同于前面比较正规的篇章，但也是奇正相生，讲究形、势、虚实，注重兵家必争的地形、行军等，充满了特殊性。

《火攻篇》是一种特殊的战争，在冷兵器的时代，刀枪戈矛杀伤力有限，火攻是不得已而用之，因为不人道，所以不能随便使用，而且还小心玩火者自焚，就像现代的核武器、生化武器一样，通常是禁止使用的，除非万不得已，大规模的杀伤性武器一般不轻易启用。这种大规模的杀伤性武器极不人道，毁灭性非常大，违反孙子前面讲的全胜的思维。大火一烧，什么资源都没有办法再用，敌人不能用，自己也不能用，充满了毁灭性，所以《火攻篇》也如大过卦的格局，是一种非常状态。

何谓九地

孙子曰：用兵之法，有散地，有轻地，有争地，有交地，有衢地，有重地，有圮地，有围地，有死地。诸侯自战其地者，为散地；入人之地不深者，为轻地；我得亦利，彼得亦利者，为争地；我可以往，彼可以来者，为交地；诸侯之地三属，先至而得天下众者，为衢地；入人之地深，背城邑多者，为重地；山林、险阻、沮泽，凡难行之道者，为圮地；所由入者隘，所从归者迂，彼寡可以击吾之众者，为围地；疾战则存，不疾战则亡者，为死地。

"孙子曰：用兵之法"，这是他写文章的习惯，纲举目张，既然要讲九地，就把九地明细先报出来，自己再做解释发挥运用。"有散地，有轻地，有争地，有交地，有衢地，有重地，有圮地，有围地，有死地"，军事地理有散地、轻地、争地、交地、衢地、重地、圮地、围地、死地。显然，"轻地"跟"重地"是相对的，"圮地"前面的《九变》中出现过，泥石流多发地带，那种地方不能久待，很危险，不知道什么时候土质松软就滑坡。"围地"，陷入重围，"死地"，看到的是绝望，置之死地而后生。

下面就开始解释了。"诸侯自战其地者，为散地"，诸侯在本国境内作战的地区，叫作散地。还在国土内作战，因为离家乡近，怕死，想回家看老婆、孩子等，这样的话，无心恋战，逃兵可能有很多。人情一定是这样，离家那么近，干吗那么拼命呢？自古以来，军队就希望不要带家眷，除非是特殊的地方，一般来讲，战斗组织要远离人情包袱，免得有后顾之忧，出现纪律上的松弛，什么战力也发挥不出来。这就是"散地"的弊端，人心散漫松弛，无法集中作战的意志，心不在焉，比较涣散。换句话说，领军者在这种地方不要待太久，否则会没有战力。

"入人之地不深者，为轻地"，在敌国浅近纵深作战的地区，叫作轻地。这是离开自己的国土，到了别国，那不一样了，但是并没有深入，随时还可以溜回来，反正离自己的国境不远，那根线还牵绊着他。也就是说，虽然进入别国的市场，但是投资还没有完全套牢，可以随时撤资。这就叫轻地，必要的时候可以放弃，反正还没有深入。换句话说，轻地的战力还是没有办法专注集中，士兵三心二意，一样不好带。

"我得亦利，彼得亦利者，为争地"，我方得到有利，敌人得到也有利，叫作争地。"争地"就如《军争篇》所说的双方必争之地，要懂得迂回，以迂为直，有时比直线还近，谁先占到，谁就获利，谁慢一步就"后夫凶"，可能就没机会了。我得到这个地方，就获利，敌人得到这个地方，也获利。可见，"争地"是有排除性的，谁先占谁赢。既然是"争地"，大家当然想办法争先恐后。这种地方讲究的是节奏速度，快速还要禁得起打，不然一来一回，让竞争对手反击得胜，那就一败涂地了。

"我可以往，彼可以来者，为交地"，我军可以前往，敌军也可以前来的地区，叫作交地。这种地方四通八达，我可以去，人家也可以去，大家都行动自如，交通非常的畅通，这就有一点儿像《地形篇》讲的"通形"，"我可以往，彼可以来"，几乎是一回事，所以要"先居高阳，利粮道，以战则利"，不然就会像"挂形"，可以去，不一定回得来，就挂到那里了。

"诸侯之地三属，先至而得天下众者，为衢地"，多国相毗邻，先到就可以获得诸侯列国援助的地区，叫作衢地。"属"音 zhǔ，就是连接在一起，有一点儿像三不管或者三管地带，那个地方不仅仅是一两个国家的势力，好几个国家边界连到了一块，那就要面对多方的"匪寇婚媾"的问题，谁是主要敌人、谁是次要敌人、谁可能中立等，这种地方就要用到军事里面的外交手段。"诸侯之地"，尤其是春秋战国时候，犬牙交错，至少"三属"，谁一伸手都可以到，交汇的地方特别复杂，所以要"先至"，赶快拜码头，了解周边复杂的国际势力真正的意图，尽可能不树那么多敌人，避免出现鹬蚌相争，老渔翁出来捡便宜的事，越早去越好，"先至而得天下之众者"，早一点儿开始经营就可以得天下之众。这叫"衢地"，四通八达，像一个圆环一样，是多方势力的交汇点。以中国来讲，这种衢地有很多，陆地疆域北有蒙古、俄罗斯、中亚诸国，西南有印度、巴基斯坦、不丹等，东北有俄罗斯、韩国、朝鲜，光是疆土交界的地方就很敏感，所以那些地方都是要点，要做足功夫。现在当然不是只有陆疆了，还有海疆，海权都是带着空权的，黄海、南海、东海，随便就是好几个国家，因为错综复杂，很多国家都想占便宜，美国就利用这一点牵制中国。所以在这种衢地，对中国的外交斡旋是一种考验。

"入人之地深，背城邑多者，为重地"，即深入敌国腹地，背靠敌人众多城邑的地区，叫作重地。这下被套牢了，一路攻打敌人的城池，攻打下来了，但已经深入敌境，如果要守住攻下来的城池，往前推进的兵力就减少，那冲击力就有限，如果不守，敌人又把它拣回去了。这样一来，腹背受敌，"背城邑多"反而是重包袱，像鸡肋一样，食之无味，弃之可惜，不是随时可以丢的。这就是"重地"，包袱重，负担也重，不能随意丢。

"山林、险阻、沮泽，凡难行之道者，为圮地"，山林险阻沼泽等难于通行的地区，叫作圮地。这种地带不用怎么解释，反正很危险。

"所由入者隘，所从归者迂，彼寡可以击吾之众者，为围地"，这里指行军的道路狭窄，退兵的道路迂远，敌人可以用少量兵力攻击我方众多兵力的地区，叫作围地。这种地方，对方用极少数的兵力就可以以小博大、以弱击强、以寡击众，把我方庞大的远征军击溃。为什么呢？因为那个地方地形特殊，像口袋一样，进去的地方很狭隘，一夫当关，万夫莫敌，再大的部队也派不上用场，入口很窄，进不去，一旦进入那个口袋，就算是挤进去，回来还是狭窄，敌人要封锁一个狭窄的路口很容易。我方要回来也不是不能回来，可能要绕好大一圈回来，这样的损耗就相当大了。换句话说，这种地方是进得去，不一定出得来，进去随时可能陷入重重包围，对我方极度不利。《九地篇》中，多半是采取攻势，跨国远攻，碰到这种状况，被敌人瓮中捉鳖，从很狭隘的入口冲进去，不一定回得来，回来得绕大弯。这叫"围地"，要有被圈起来打的警觉。商场也是一样，再多的钱，市场很窄，人家资金不够也可以玩我们，对我们来讲深具威胁。

"疾战则存，不疾战则亡者，为死地"，迅速奋战就能生存，不迅速奋战就会全军覆灭的地区，叫作死地。这就是"置之死地"，几乎没有生存的希望，只能拼，不然就束手就擒。要"疾战"，不要考虑别的，迅速杀出一条血路，还有机会生存。如果连这种斗志没有，而是害怕、恐惧，那么只有死路一条。

九地应变之道

是故散地则无战，轻地则无止，争地则无攻，交地则无绝，衢地则合交，重地则掠，圮地则行，围地则谋，死地则战。

下面就教我们在这九种地形中如何应变，采取对应的策略。"是故散地则无战，轻地则无止，争地则无攻，交地则无绝"，前面这些策略都用"无"字表示要把风险降到零。

"散地则无战",处于散地就不宜作战。不要在散地打仗,即不要在自己国土内打仗,士兵不想打的,打什么都有可能破坏到自己家乡,没有人不恋乡的,所以要出去,过了山头,看不见家乡,心就狠了。老话说"隔了山就听不见孩儿哭",眼不见就不烦了,不要在自己的国家内作战。中国之所以有重新发展壮大的狠劲,也跟这一两百年的近代屈辱史有关,清末日俄战争在东北打,我们还只能观战,打坏了什么,不能要人家赔,所以在自己国家打有什么好处,一个不想打,另一个打坏的是我们自己的东西,怎么会有斗志呢?

"轻地则无止",处于轻地就不宜停留。如果进到了别人的地方,别停下来,因为士兵随时还可能抽腿就回去,赶快深入让士兵不能回头,义无反顾。千万不要停下来,停下来心里又有变化。《易经》中的巽卦(☴)初爻"进退,利武人之贞",就是还没有深入,所以在门外徘徊不定,为了"利武人之贞",赶快推进来,进来就如第二爻所说的"巽在床下,用史巫纷若,吉,无咎"。领兵的大将一定要懂得,进入"轻地"赶快深入,离家越远越好。

"争地则无攻",遇上争地就不要勉强强攻。那种双方必争之地,最重要的是抢先占据有利地位,有时候轻装疾行,让精锐部队先占位,中间不要跟敌人发生任何冲突,尤其不要主动攻击,否则就会被拖住。等到你打完了,那个有利的位置都是敌人的旗帜。所以千万不要主动采取攻势,最好避开所有敌人,先卡位再说。可见,"争地"主要是抢占战略要地,别把时间浪费在无用的攻击中。

"交地则无绝",遇上交地就不要断绝联络。"交地"就像"通形"一样,谁都可以去,谁都可以去的地方,就有交通线路的问题,"无绝"就是要确保交通线畅通无阻,要确保军队的补给线不要被切断,要维持畅通。如果我方被切断了,敌人没有被切断,就落入下风了。所以,到了这种交通线非常顺畅的地方,一定要确保不会被破坏,要留下一定的兵力维护交通线的安全畅通,不要让它断绝。现代海运的路线也是一样,如果一个国家要从国外进口石油，就要确保海上线路不被敌对势力掌握。交通线的畅通，要想办法维持，必要的时候用军队保驾护航，不要被人家切断。

前面的四种是要求"无"，后面的五种则要求要达到某种条件："衢地则合交，重地则掠，圮地则行，围地则谋，死地则战。"先看"衢地则合交"，进入衢地就应该结交诸侯。因为"衢地"有多国势力，这时要展开外交，尽量找合作对象，少树敌，不然双拳难敌四手。外交攻势就是比卦（☷）的功夫，"衢地"如果不用外交，那可就苦了，你有那么多部队吗？能跟每一个人为敌吗？就像中国，陆地边界线那么长，与这么多国家接壤，如果都是敌国，那处理得来吗？所以，要与边界上的国家结成友好邻邦，这样对自己、对别人都有利。

"重地则掠"，深入重地就要掠取粮草。已经深入敌区，军队的补给不能靠自己的国家了，要"因粮于敌"，掠夺别人的资源来补给自己。《军争篇》就提到进入敌人的地带，要"掠乡分众"，就地补给，就地生财。武装部队就是合法的强盗，抢夺人家的资源来补给自己。这是"重地"的生存法则。换句话说，深入到了一个地方，不要期待从基地寻求补给，要就地生财，要自己想办法就地找资源来充实自己。

"圮地则行"，碰到圮地就必须迅速通过。"圮地"不能久待，要快速通过。这个道理很简单，不用多说。

"围地则谋"，陷入围地就要设谋脱险。入口很窄，像一个口袋摆在那里，敌人虽然不多，但千万不能斗气，要动脑筋想一想到底该怎么办，因为这很可能是陷入重围的地方，是一个陷阱。

"死地则战"，处于死地就要力战求生。这就是置之死地而后生，没得选择，只有拼命，到了"围地"还可以动动脑筋，权衡要不要进去。陷入死地则有进无退，只有死拼，可能还可以杀出一条血路。

兵贵神速

古之善用兵者，能使敌人前后不相及，众寡不相恃，贵贱不相救，上下不相收，卒离而不集，兵合而不齐。合于利而动，不合于利而止。敢问敌众而整将来，待之若何？曰：先夺其所爱则听矣。兵之情主速，乘人之不及。由不虞之道，攻其所不戒也。

下面讲的好像跟前面的"九地"又没有什么关系了，我们还是先分析一下。善于用兵的人，"能使敌人前后不相及，众寡不相恃，贵贱不相救，上下不相收，卒离而不集，兵合而不齐"，这跟《虚实篇》描述的有一点像，让敌人备多力分，我方主动攻击，集中优势兵力，以十击一，让其救援都来不及。把他打散，针对局部的弱点，雷霆万钧击退，等到救兵到了，你也走了。

"能使敌人前后不相及"，善用兵的人，调动兵力就是这么灵活、快速、狠准，能够让敌人前后都不能够互相帮上忙。我方拦腰一冲，敌人后面的部队断了，前面的还不知道，他的力量被我打成好几段。

"众寡不相恃"，主力和小部队无法相互依靠，把他比较弱的吃掉，小部队吃掉了，大部队还在做梦，没有办法互相依靠，所以敌人有数量优势也没有用，因为我方动作快。

"贵贱不相救，上下不相收，卒离而不集，兵合而不齐"，意即官兵之间不能相互救援，上下级之间不能互相联络，士兵分散不能集中，合兵布阵也不整齐。这样一来，没有办法守望相助，完全离散了。古今中外用兵有一条非常重要的原则，那就是集中兵力，要形成瞬间的爆发力、冲击力，把敌人冲散，让敌人产生巨大的恐慌，人再多也没有用，"离而不集"。"兵合而不齐"，勉强凑到一起，还是不完整，不能打，也不能结阵。一个将领善用兵者,"合于利而动,不合于利而止",考虑什么时候采取行动,合于利益才动,不合于利益说什么也不动,绝对不会感情用事。因为"兵以诈立,以利动",需要很冷静,遵守利益的原则。如果没有利益,就别动。

"敢问敌众而整将来,待之若何",下面抛出一个问题来了,"敢问"有一点突兀,本来是叙述体,突然冒出这两个字。"敢问"是吴王问孙子、孙子回答,还是学生问、孙子回答呢?反正就突然间冒出来了。这就是这一章有一点怪怪的地方,不过这样的情形前面的《虚实篇》也有过:"以吾度之,越人之兵虽多,亦奚益于胜哉。"插入这一段,好像回到了历史的时间。很多学问就是建构在问答上,《论语》和《孟子》都是问答体。这里就问了,有一种情况,"敌众而整将来,待之若何?"意思是说,敌人兵员众多且又阵势严整向我发起进攻,那该用什么办法对付它呢?敌人多,而且军容壮盛、坚实,这样一个很有秩序的部队要压过来打我们,我们要怎么应付?

"曰:先夺其所爱则听矣。"这就是所谓的"小老婆战术"。利用对方最大的弱点,先把他最爱的抢来,他的心就乱了。"先夺其所爱",那就是他的要害,"则听矣",再怎么强的部队,也没有办法。他被你牵制住了,什么都听你摆布了,要给赎款,就给赎款,要订城下之盟,就订城下之盟。

"兵之情主速,乘人之不及。由不虞之道,攻其所不戒也。"用兵之理贵在神速,要乘敌人措手不及的时机,走敌人意料不到的道路,攻击敌人没有戒备的地方。这就是速战速决,少花钱,出其不意,攻其不备,奇袭就能够成功。二战时,德军不顾跟苏联订的互不侵犯合约,几百万大军突然展开行动,攻入西伯利亚,苏联刚开始就慌得一塌糊涂,因为德军"由不虞之道",绝对想象不到的路线,来打苏军没戒备松弛的地方,而且"乘人之不及",苏军来不及调度、准备。德军在刚开始发动战争的时候可谓是席卷欧洲,其闪电战一下就把法国打下,整个法国就被征服了。闪电战就是快,快会给敌人造成很大的心理震撼,什么也来不及准备就被击溃。快速所耗费的粮食少，钱也少，这就是"兵闻拙速，未睹巧之久也"。

跨国作战之道

凡为客之道，深入则专，主人不克，掠于饶野，三军足食。谨养而勿劳，并气积力，运兵计谋，为不可测。投之无所往，死且不北。死焉不得，士人尽力。兵士甚陷则不惧，无所往则固，深入则拘，不得已则斗。是故其兵不修而戒，不求而得，不约而亲，不令而信，禁祥去疑，至死无所之。

下面好像又有一点儿回应《九地篇》前面的入人之地浅深的地方了。"凡为客之道"，远征军就是客人，防守的敌人就是主人。"凡为客之道"，就是讲跨国作战的道理。像美国几乎都是在做这样的事，跑到地球的另一端，通过海陆空的快速运输把兵力投射过去。

"深入则专，主人不克，掠于饶野，三军足食"，意思是说，越深入敌国腹地，我军军心就越坚固，敌人就不易战胜我们，在敌国丰饶地区掠取粮草，部队给养就有了保障。远征作战，补给线是最脆弱的地方，而且打人家，得不到当地民众的支持。既然深入敌境，大家没法回头，就专心致志，只能打。先深入再说，不然永远是门外汉，永远是进退不定。学问事业做久了，就丢不掉了，变成了你的专业，没有别的想法。"主人不克"，一旦没有三心二意，专业精神一出来，竞争力就出来了，原来防守的主人就没有办法赢过你。因为我这种有进无退的精神，勇往直前，进入一个陌生的领域，比别人更加倍努力，最后玩过那个行业中的行家。

这就是"深入则专"的精神，也就是萃卦（☷）精英深入的概念，就是不要回头。"掠于饶野"，到那些富饶的地方，搜刮敌人的粮食物品，"三军足食"，部队怎么会不够吃呢？这就是"因粮于敌"，就要有这种"强盗"精神。

"谨养而勿劳"，远征军长途奔袭作战，非常累，一定要重视身心的调养，不要劳累过度，尤其出门在外，要看医生都不知道去哪里。"并气积力"，把所有的力气都集中省下来，到该攻击、该发挥战力的时候再用，千万不要虚耗掉。"运兵计谋"，部署兵力，巧设计谋，使敌人无法判断我军的意图。也就是说，不能只斗力，还要斗智，尤其是在别人的土地上，"为不可测"，"运兵计谋"出来的结果，产生的行动，让敌人完全猜不着。

然后注意，"投之无所往，死且不北"，将部队置于无路可走的绝境，士卒就会宁死不退。把战力资源投到那种没有办法回头的地方，士兵没有选择，只能拼命。

"死焉不得，士人尽力"，士卒既能宁死不退，他们就会殊死作战。不怕死的兵，才能把所有的潜力都发挥出来。因为已经切断了他们所有的选择，他们要活，在一个陌生的地方要活，就不得不拼命。

"兵士甚陷则不惧，无所往则固；深入则拘，不得已则斗"，意思是说，士卒深陷危险的境地，就不再存在恐惧，一旦无路可走，军心就会牢固；深入敌境军队就不会离散，遇到迫不得已的情况，军队就会殊死奋战。前面讲的"投之无所往"就是这个意思，士兵没有地方走，就只能死心塌地跟你干，人到那时候就超越了害怕，这就是"置之死地而后生"。那将领也是故意让军队深陷到敌境，造成军队的不害怕，不害怕就勇气百倍，为了自己都要拼了。这就是所谓的"债多不愁"，欠一千万的时候天天想着要还钱，好难过，等到欠一千亿的时候，就想何必要还钱，反而不愁了。这就是"甚陷则不惧"，到哪里都觉得自己像财主，每个人都怕你，都不敢催账，这不就是坎卦（☵）《象传》所说的"险之时用大矣哉"吗？要去就去水最深的地方，半吊子没用。真正不害怕了，就可以"独立不惧,遁世无闷",这就是大过卦(☱)的状况。大过卦可怕,可是在非常的情况下,只有不怕才会创造奇迹。负债转资产,光脚的赢过穿皮鞋的,这是领兵官故意造成的,让士兵进入那种情境,变成勇士,再孬的兵在那种情况下,"甚陷"就会变勇士,"无所往"就固。"入深则拘",一旦深入了,就行动不能自如,什么都被绑住了,就没得选,力量就集中了。"不得已则斗",杀气是被不得已的形势逼出来的,所以人在特别恐惧的时候,力量有时候超过平常很多倍,道理就在这里。人有很多潜力,太松散,太舒服,太安逸,永远出不来,有时候也要有适度的压力,完全没有压力怎么成长?"不得已则斗",故意造成一个不得已的环境,让人只有奋争,停不下来。

"是故其兵不修而戒,不求而得,不约而亲,不令而信,禁祥去疑,至死无所之",因此,不须整饬就能注意戒备,不用强求就能完成任务,无须约束就能亲密团结,不待申令就会遵守纪律,禁止占卜迷信,消除士卒的疑虑,他们至死也不会逃避。这就是形势代替了接管指挥,根本不用要求,士兵都按照大将所希望的干。"不修",就是不必调整,"而戒",每一个人都会保持戒备、遵守军纪。"不求而得,不约而亲",不必三令五申、约法三章,完全像战场上的袍泽兄弟,比什么都亲。战场上的关系有时就是生死之交,尤其是打过大战的,生存下来的一辈子忘不掉跟他一起同生死而且已经早走的人,这就是人性、环境造成的。故意塑造这样一个环境,"不令而信"。"禁祥去疑,至死无所之",这是指严戒迷信,免得扰乱军心。我在开始时提到过,兵法家都是敢作敢当的,脑筋特别清晰,有时利用迷信,但自己绝不迷信,尤其是军心必须凝聚的时候,绝不允许有人妖言惑众、骚扰军心。一旦有了疑惑,战力就打折扣。祥瑞有时云山雾罩,也要绝对禁止,"去疑",让大家不再有任何疑惑。疑惑就是障碍,"至死无所之",不然哪里都不去了。

齐勇如一，刚柔皆得

吾士无余财，非恶货也；无余命，非恶寿也。令发之日，士卒坐者涕沾襟，偃卧者涕交颐，投之无所往，诸、刿之勇也。故善用兵者，譬如率然。率然者，常山之蛇也。击其首则尾至，击其尾则首至，击其中则首尾俱至。敢问兵可使如率然乎？曰可。夫吴人与越人相恶也，当其同舟而济而遇风，其相救也如左右手。是故方马埋轮，未足恃也；齐勇如一，政之道也；刚柔皆得，地之理也。故善用兵者，携手若使一人，不得已也。

"吾士无余财，非恶货也；无余命，非恶寿也。令发之日，士卒坐者涕沾襟，卧者涕交颐，投之无所往，诸、刿之勇也。""诸、刿之勇"是有典故的，"诸"是指专诸，吴公子光（即吴王阖闾）欲杀王僚自立，伍子胥把专诸推荐给公子光。公元前515年，公子光乘吴国内部空虚，与专诸密谋，以宴请吴王僚为名，藏匕首（鱼肠剑）于鱼腹之中进献，当场刺杀吴王僚，专诸也被吴王僚的侍卫杀死。专诸刺僚后，阖闾才得以登基。刺杀国君之后，专诸就得牺牲，这是需要勇气的，荆轲刺秦王也是一样。

"刿"呢？一般说是曹刿。曹刿，据说又名曹沫，《史记·刺客列传》载："曹沫者，鲁人也，以勇力事鲁庄公。庄公好力。曹沫为鲁将，与齐战，三败北。鲁庄公惧，乃献遂邑之地以和，犹复以为将。齐桓公许与鲁会于柯而盟。桓公与庄公既盟于坛上，曹沫执匕首劫齐桓公。桓公左右莫敢动，而问曰：'子将何欲？'曹沫曰：'齐强鲁弱，而大国侵鲁亦以甚矣。今鲁城坏即压齐境，君其图之！'桓公乃许尽归鲁之侵地。"这里的曹刿是否为《左传》上的"曹刿论战"之曹刿，还有和《史记》中的曹沫是否为同一人？为此，大多史料沿袭旧说，语焉不详。我们切莫去费心思考证了，只要知道曹刿是勇士就行。

"诸、刿之勇"是拿孙武之前或者当时的勇士作为标准，他的勇气从哪里来？怎么不怕死呢？因为"投之无所往"。这就是人情的分析。

"吾士无余财，非恶货也"，大家没有多的钱，不是他不爱钱。人怎么会不爱钱呢？"无余命，非恶寿也"，士卒置生死于度外，也不是不想长寿。也就是说，士兵不是不想多活些时日，而是形势所逼，活着是奢想，想也没用的，还不如不要想呢，走一步算一步，豁出去了。

"令发之日，士卒坐者涕沾襟，卧者涕交颐，投之无所往，诸、刿之勇也"，意思是说，当作战命令颁布之时，坐着的士卒泪沾衣襟，躺着的士卒泪流满面，但把士卒置于无路可走的绝境，他们就会像专诸、曹刿一样勇敢。军令下来，必须服从，士兵们还来不及跟亲人道别，人到那种情况下，大概知道是最后的时刻了，只有拼命，故勇气百倍。这时，不能说他不爱钱，那种情况下爱钱能怎样？惜命又能怎样？都一样。

"故善用兵者，譬如率然。率然者，恒山之蛇也。击其首则尾至，击其尾则首至，击其中则首尾俱至。"善于指挥作战的人，能使部队自我策应如同"率然"蛇一样。"率然"是常山那个地方的一种蛇，打它的头部，尾巴就来救应；打它的尾，头就来救应；打它的腰，头尾都来救应。"恒山"就是常山（后来的版本中，改为"常山"，当时大概是为避汉文帝刘恒的讳），到底是否北岳恒山很难讲，不过也无所谓，反正就是那个地方，那地方有一种蛇称作"率然"，就是突然来突然去，来无影去无踪，一下尾巴扫到了，一下头咬了你。兵力的调度、部署就像恒山蛇那样灵动，这种蛇看起来不会很短，但是非常灵活，"击其首则尾至，击其尾则首至，击其中则首尾俱至"。换句话说，前面讲的集中兵力打人家局部，让人家"上下不相收"，完全失效。但是恒山这种蛇，你打它任何一个局部，它就马上召集全体力量反击，首尾相救，所以你捡不到便宜。他比你还快，蛇本来就是一体的，又这么灵动，这么多的军队也可以像蛇一样调度灵活,那就不容易了,这真的是善用兵的人。不管他的战力在战场上散布多广,跟集中在几个点上没有什么差别。

"敢问兵可使如率然乎",试问:可以使军队像"率然"一样吧?"敢问"可能又是吴王,或者学生问。那是一条蛇,再长也是一条蛇,兵法也有一字长蛇阵,我们的兵散布那么广,怎么可以瞬息间相互救援呢?"曰可","可"就是因为还有人情上的运用,和《九地篇》的主题一样——风雨同舟,人在那时对袍泽会爱惜,帮助伙伴就等于帮助自己。

接着作者马上列举吴越之间的关系:"夫吴人与越人相恶也,当其同舟而济而遇风,其相救也如左右手。"意思是,那吴国人和越国人是互相仇视的,但当他们同船渡河而遇上大风时,他们相互救援,就如同人的左右手一样。这就是骞卦(䷎)经常提的风雨同舟。即使是世仇,但是当有共同的敌人时,在一条船上的人都被逼着要合作,不可能在船上斗,要不然都得翻船,所以要同舟共济,共度险难。吴人和越人是世仇,互相讨厌对方到极点,有共同的敌人就得合作,"其相救如左右手",救他就等于救自己,就像左手右手互救一样。在面对共同的敌人时,这种情况下就能造成"率然",击之首,尾至;击之尾,首至;击中,首尾俱至,像左右手一样,救援很快就来。因为是生命共同体,都是一条蛇,蛇断了,生存马上就成为问题。这也是在特殊状况中的人情,孙武了解得很清楚。

"是故方马埋轮,未足恃也;齐勇如一,政之道也;刚柔皆得,地之理也。"所以,想用缚住马缰、深埋车轮这种显示死战决心的办法来稳定部队,是靠不住的。要使部队能够齐心协力奋勇作战如同一人,关键在于部队管理教育有方。要使强弱不同的士卒都能发挥作用,在于恰当地利用地形。故善用兵者,携手若使,大家手牵手,像一个人一样那么团结,不是他们真的那么相亲相爱,形势逼着他们非手牵手不可,叫不得已也。"方马埋轮",以前出战时结方阵,一个方阵一个方阵,约束所有的人马资源,不让他们乱,像金城汤池一样坚固,这时这些都不足以依靠,依靠的是互相救援的情谊,即战时的情谊,那个才重要。人的力量,在特殊情况爆发出来的力量，比其他物质上的要求来得可靠。"齐勇若一"，像一个人一样，多么的勇敢，这就是管理到位，"政之道也"。"刚柔皆得，地之理也"，要了解天文地理，要掌握任何地，"九地"都有其道理，"刚柔皆得"，懂得刚柔相济，才可生生不息。

"善用兵者，携手若使一人，不得已也"，所以善于用兵的人，能使全军上下携手团结如同一人，这是因为客观形势使然，不得不这样。这里又强调了"不得已"，这跟孙子的主张是一致的。不要要求一个人有神仙一样的表现，利用人之常情，用形势来造成他非这样不可，一样可以做到。《势篇》说不要求于人，要求之于势，任势而不求人："故善战者，求之于势，不责于人，故能择人而任势"。只要造成那个势，他非这样做不可，不是说这些事真了不起，而是环境逼就如狼似虎的势。

静幽正治

将军之事，静以幽，正以治，能愚士卒之耳目，使之无知；易其事，革其谋，使民无识；易其居，迂其途，使民不得虑。帅与之期，如登高而去其梯；帅与之深入诸侯之地，而发其机。若驱群羊，驱而往，驱而来，莫知所之。聚三军之众，投之于险，此谓将军之事也。

"将军之事"，将军要做什么，他的职责是什么。"静以幽，正以治"，领导的将军要做到考虑谋略沉着冷静而幽深莫测，管理部队公正严明而有条不紊。这样"能愚士卒之耳目，使之无知"，要能蒙蔽士卒的视听，使他们对于军事行动毫无所知。能够愚弄士兵的耳目，欺骗自己的部属，让他完全不知道自己干什么，这是必要的。然后才是"易其事，命其谋"，变更作战部署，改变原定计划，使人无法识破真相。这样的大将很有风范，而且士兵也不知道他心中想什么，什么都管理得井井有条，什么情况下都镇定如恒，部属只需听命行事，不必知道那么多，这样才能够愚弄士卒的耳目，使他无知，就算是前面下达命令，后面突然转变，为什么要转变，士兵也不必知道。

"使民无识"，绝对不让下面知道到底什么意思，因为军中就是听命令。"易其居"，本来在这边扎营，突然又拔营，"迂其途"，本来直线行军，下一步就到站了，突然又绕弯到山里头去，"使民不得虑"，让士兵根本连想的空间都没有，听到命令就得行动，调度来调度去，搞得头昏眼花，完全不知道将军在干什么。

"帅与之期，如登高而去其梯"，将帅向军队下达作战任务，就像使其登高而抽去梯子一样。拿梯子才能登高，登到高处之后把梯子踢掉，就下不去了，这就是不得已，被绑上了战车，非听话不可，不然就下不来。《三十六计》有一计，就是"上屋抽梯"，《三国演义》里面就曾出现这一计，第三十九回"荆州城公子三求计"云：

> 次日，玄德只推腹痛，乃浼孔明代往回拜刘琦。孔明允诺，来至公子宅前下马，入见公子。公子邀入后堂。茶罢，琦曰："琦不见容于继母，幸先生一言相救。"孔明曰："亮客寄于此，岂敢与人骨肉之事？倘有漏泄，为害不浅。"说罢，起身告辞。琦曰："既承光顾，安敢慢别。"乃挽留孔明入密室共饮。饮酒之间，琦又曰："继母不见容，乞先生一言救我。"孔明曰："此非亮所敢谋也。"言讫，又欲辞去。琦曰："先生不言则已，何便欲去？"孔明乃复坐。琦曰："琦有一古书，请先生一观。"乃引孔明登一小楼，孔明曰："书在何处？"琦泣拜曰："继母不见容，琦命在旦夕，先生忍无一言相救乎？"孔明作色而起，便欲下楼，

只见楼梯已撤去。琦告曰："琦欲求教良策，先生恐有泄漏，不肯出言；今日上不至天，下不至地，出君之口，入琦之耳：可以赐教矣。"孔明曰："疏不间亲，亮何能为公子谋？"琦曰："先生终不幸教琦乎！琦命固不保矣，请即死于先生之前。"乃掣剑欲自刎。孔明止之曰："已有良策。"琦拜曰："愿即赐教。"孔明曰："公子岂不闻申生、重耳之事乎？申生在内而亡，重耳在外而安。今黄祖新亡，江夏乏人守御，公子何不上言，乞屯兵守江夏，则可以避祸矣。"琦再拜谢教，乃命人取梯送孔明下楼。孔明辞别，回见玄德，具言其事。玄德大喜。

这就是"上屋抽梯"。"帅与之期"，本来约好在某一个地方见面，约的地方进去之后，来得去不得，就得听其摆布，因为回路断掉了，想要下来就得听他的。士兵都得听将领的，就是如此。

"帅与之深入诸侯之地，而发其机"，将帅率领士卒深入诸侯国土，要像弩机发出的箭一样一往无前。也就是说，远征军一旦深入敌境，就好像扳机一样，有去无回。杀机一动，没有退路，像赶羊一样，"若驱群羊，驱而往，驱而来，莫知所之"，如驱赶羊群一样，赶过去又赶过来，使他们不知道要到哪里去。"聚三军之众，投之于险，此谓将军之事也"，集结全军，把他们置于险境，这就是将军要做到的。所以，当将军的心要狠，没得商量，又要保持机密。士兵只有听从命令，尤其这种《九地篇》的情况下，没有别的选择，像被赶羊一样赶来赶去。本来就正常人的感情来说，这样带部属，是说不过去的，但是在《九地篇》所说的特殊环境中，为将者必须冷静、成熟、残忍、不可测。

屈伸之利

> 九地之变，屈伸之利，人情之理，不可不察也。

"九地之变"，九地也是有变化的，不是一成不变的。刚开始是"轻地"，隔一段时间就变"重地"，所以它是不断变化的。光是了解静态的分类，有哪九种地，是不行的，要懂得变。"屈伸之利"，什么时候缩头，什么时候伸头，如果缩头有利就缩头，伸头有利就伸头。大丈夫能屈能伸，就如《易经·系辞下传》第五章说咸卦（䷞）第四爻"屈伸相感而利生焉"，人就在一屈一伸之间里面来评估利弊。"九地之变"，兵就是以利动，合于利则动，不合于利则止，就这么简单，不要感情用事，不要背离获利的原则。"人情之理"，更重要就是人情之理，人在正常状况下会有什么反应，在特殊状况下会有什么反应，而且不是一个人，是一大群人。照这样看，孙武对自己这一点充满了自信，他了解自己能够驱使这些人，因为充分掌握他们的喜怒哀惧爱恶欲，"不可不察也"，会如此洞悉，也是因为下了深入考察的功夫。"人情之理，不可不察"，要明辨，不可似是而非，一定要抓得准。

深则专，浅则散

> 凡为客之道，深则专，浅则散。去国越境而师者，绝地也；四彻者，衢地也；入深者，重地也；入浅者，轻地也；背固前隘者，围地也；无所往者，死地也。是故散地吾将一其志，轻地吾将使之

属，争地吾将趋其后，交地吾将谨其守，衢地吾将固其结，重地吾将继其食，圮地吾将进其途，围地吾将塞其阙，死地吾将示之以不活。故兵之情：围则御，不得已则斗，过则从。

"凡为客之道"，还是一样，你是入侵的军队。"深则专"，深入敌境则军心稳固。这和前面讲的"凡为客之道，深入则专"好像有一点儿重复，甚至有些人怀疑这一段不是孙武写的，因为有一点儿杂乱无章。"浅则散"，浅入敌境则军心容易涣散。这就不用再详细解释了。

"去国越境而师者，绝地也；四彻者，衢地也；入深者，重地也；入浅者，轻地也；背固前隘者，围地也；无所往者，死地也"，意思是说，进入敌境进行作战的称为绝地；四通八达的地区叫作衢地；进入敌境纵深的地区叫作重地；进入敌境浅的地区叫作轻地；背有险阻前有隘路的地区叫围地；无路可走的地区就是死地。这等于是又讲了一遍，可是这一遍跑出来一个"绝地"，前后不统一，"轻地、重地、衢地、围地、死地"是一样的，没有圮地、争地、交地，跑出一个"绝地"。这也是以前很多研究诟病的地方，我们且莫管它，反正传下来了。"去国越境而师"，越境作战去打仗，这就叫绝地，不是很怪吗？只要在国外作战都叫绝地，"绝"到底是什么意思呢？前面有断绝的意思，如"交地则无绝"，交通线不要被人家切断，还有前面更多的是"跨越"的意思，如"绝山依谷"，"客绝水而来"。如果是跨越倒比较合理，因为跨越国境线，那实质上是离开家乡，心理上也是不能再回头的点，跟旧的东西就断了联系，故称为"绝地"。这个意思看起来还比较接近，但是定义不明。也许是去了，就要做可能永远不能回来的打算。换句话说，过河的卒子，只能向前，回头也没有意义。去了就好好面对，再苦也要咬牙往前走，越深入越好，不要回头。"四彻者，衢地也"，"彻"就是通，很彻底，通到底。四通八达，为衢地，理解起来没有问题。"入深"是"重地"，"入浅"是"轻地"，很容易理解。"背固前隘者，围地也"，"围地则谋"是对策，现在又换一个说法讲围地"背固前隘"，后面没有办法动，前面唯一的出路很窄，要是人家卡住了，就是进入人家的口袋阵地。这种形势就叫围地。"无所往"，哪儿都去不了，死路一条，就是"死地"，没路只有拼命，多杀一个就赚一个。

下面又讲一遍策略，严格讲是有一点儿重复了："是故散地吾将一其志，轻地吾将使之属，争地吾将趋其后，交地吾将谨其守，衢地吾将固其结，重地吾将继其食，泛地吾将进其途，围地吾将塞其阙，死地吾将示之以不活。"在散地的时候大家心志散漫，不容易团结，想溜号，想回家。所以在散地的时候，一定要统一大家心中的想法，意志要坚定。如果完全放任，士兵一恋家，就集中不了。"轻地"呢？刚刚入别人之境，还可以往后跑，"属"就是连在一块，在陌生的地方不能失去联系，要串成一气，不可以脱队。"争地吾将趋其后"，在争地，要迅速出兵抄到敌人的后面。"趋"就是赶，因为必争之地速度要最快，千万不能慢，越多的部队送到那个地方卡位，就越有机会，所以一定要赶，不断地赶。

"交地吾将谨其守"，在交地，就要谨慎防守。因为那个地方是交通路线，到处都是通的，面向四面八方，我可以往，彼可以来的，所以所有的部队要特别谨慎守备，因为很容易各方都遭受攻击。"衢地吾将固其结"，有多方面的势力，要进行外交攻势，孤立主要敌人，所有的结交对象一定要稳定，像韩国的"天安舰事件"到底是真还是假，或者是美国导演的，但是至少获利了，"固其结"，韩国、日本、美国借这个机会又串起来了，美国又重回亚洲。"固其结"就是交朋友，有些以为很稳，其实不稳，一转身就出卖了，所以一定要很有把握，有很稳固的交情。

"重地吾将继其食"，粮食不够了，不能让后方补给，要"掠于饶野"，粮食补给不能中断，这是第一要义。"圮地吾将进其途"，圮地赶快通过，不能待。"围地吾将塞其阙"，陷入围地，就要堵塞缺口。在围地的时候，敌人可能放了一条生路，网开一面，那是陷阱，让你没有斗志，大家都往那面跑，敌人在前面设了埋伏，把你吃光光。所以干脆自己堵上好了，不要上当，跟敌人干到底。这就是决心了，不配合敌人的想法，自己把缺口堵上。"死地吾将示之以不活"，到了死地，就要显示死战的决心。死地就得拼命，表现出这种不怕死的勇气，置之死地而后生。这种背水一战的精神很重要，敌人看了就怕。

"故兵之情，围则御，不得已则斗，过则从"，意思很简单，一旦陷入重围了，当然要防御，不能等死。不得已就斗了，再孬的士兵都变勇士。"过则从"，超过身心负荷，只有遵命的份，也不能质疑，不能再选别的路。强力要求，非听不可，那是唯一可能的生路。在部队中常常是如此，没有什么合理不合理的，合理不合理都是磨炼，听命就对了。有时候过火了，部属反而乖了；如果说无可无不可，反而不听话。

信己之私，威加于敌

是故不知诸侯之谋者，不能预交；不知山林、险阻、沮泽之形者，不能行军；不用乡导者，不能得地利。四五者，一不知，非霸王之兵也。夫霸王之兵，伐大国，则其众不得聚；威加于敌，则其交不得合。是故不争天下之交，不养天下之权，信己之私，威加于敌，则其城可拔，其国可隳。

"是故"这一段，又是重复了。原来在《军争篇》有这一段，《九地篇》又重现了，是错简吗？还是后面有发展？不得而知。"不知诸侯之谋者，不能预交；不知山林、险阻、沮泽之形者，不能行军；不用乡导者，不能得地利。"不了解诸侯列国的战略意图，就不要与之结交；不熟悉山林、险阻、沼泽等地形情况，就不能行军；不使用向导，就无法得到地利。

所以，要预先展开外交攻势，"衢地吾将固其结"，首先要知道战略意图，要交往就要交到手，每一个国家都是自私自利的，像梁惠王初见孟夫子，就说孟子不远千里而来，"何以利吾国者乎？"梁惠王当时拥有一个强盛的魏国，却尽吃败仗，当然想富国强兵，看到孟老夫子来了，就以为一定带了对魏国有利的策略来了。这就是"诸侯之谋"，每一个人都替自己的国家谋、自己的公司谋，每一个人都谋己。在这种错综复杂的关系之中，想拉谁打谁，都得知道。苏秦、张仪能够耍得开，就是知道"诸侯之谋"，才能展开外交攻势，投其所好或者威逼利诱，掌握对方心理上的弱点，所以他们一下子就能打通关节。这一点很重要，不知道别人想什么，就不能盲目交往。评估有限，怎么交往？

"四五者"，"四五"是什么，不是很清楚，有人说四加五等于九，就是"九地"。"一不知，非王霸之兵也"，必须全知，有一个漏算，有一个观念不具备，都不是王霸之兵。我们知道称王、称霸是不同的。《易经》中的师卦（☷）和比卦（☷）都是霸道，同人（☰）、大有（☰）才是王道，它们是相错的卦。先霸而后王，没有称霸的实力，王道就是空中楼阁，没有强大的武力，就不会有终极的和平。王霸之兵就是天下雄师，像现在美国的军力大家都怕，那他一定要知道"四五者"，一个不知道都不行，然后就得知道何谓王霸之兵。

下面则讲的气势十足，确实有取法之处。"夫霸王之兵，伐大国，则其众不得聚；威加于敌，则其交不得合。"意思是说，凡是王霸的军队，进攻大国，能使敌国的军民来不及动员集中；兵威加在敌人头上，能够使敌方的盟国无法配合策应。"王霸之兵"的定义，好可怕，谁都惹不起。"伐大国"，还不是打小国，不欺负弱小，专挑硬的打，专挑有实力的国家去打，"其众不得聚"，大国人多势众，但是来不及动员，就被打垮。这说明王霸之兵雷霆万钧，有强大的实力突破大国，而且让大国的所有资源来不及调度，就被击溃。"威加于敌，其交不得合"，大国旁边一定有很多人朋友、盟邦，但王霸之兵可以让旁人都不敢插手救援，谁敢帮他，谁就毁灭，那些好交情的兄弟姐妹、帮手，个个都噤若寒蝉，不敢惹。也就是说，王霸之兵一出，大国有盟邦也没有用。如果碰到王霸之兵，谁都不敢去履行攻守同盟，都害怕惹火烧身。因为他"威加于敌"，绝对可以孤立强大的对手，第一个让他来不及动员，第二个所有的朋友没有一个人敢帮他。

"是故不争天下之交，不养天下之权，信己之私，威加于敌，则其城可拔，其国可隳"，因此，没有必要去争着同天下诸侯结交，也用不着在各诸侯国里培植自己的势力，只要施展自己的战略意图，把兵威施加在敌人头上，就可以拔取敌人的城邑，摧毁敌人的国都。实力到"王霸之兵"，根本就不用一天到晚花那么多外交预算去抱这个大腿、抱那个小腿，这就是实力原则。如果有超强的实力，根本就不用卑躬屈膝，花很多钱，拼命争取盟友，这就是"不争天下之交"。自己的实力超强，充满了自信，也了解人家盟邦之间的脆弱性，根本就不争，一般人会去"争天下之交"，因为没自信。"不养天下之权"，到处去交这个朋友，交那个朋友，进口这个国家的食物，进口那个国家的机器，就叫"养天下之权"，这不是去供养他吗？"养天下之权"，把自己生产的东西有些白白给人，养了还不一定有用，所以"王霸之兵"这些都不干，不会汲汲营营去讨好那些国家。冷战的时候，很多国家不是靠苏联就是靠美国，这就叫"养天下之权"，都得交保护费。台湾地区就经常买一些破铜烂铁。

"信己之私"，"信"即伸，以前是一个字，蛇吐信，就是伸出舌头，火药拉出来一条曰引信。自己有什么图谋，最合乎利益的叫"私"，私心、私欲扩张伸展，没有人挡得了，要什么就一定要到，不要什么，塞给我，我也不要。"信己之私"，自己的想法完全可以伸张。一旦自己有什么意图，合乎自己的利益，一定"威加于敌"，而且可以"拔城隳国"。

并敌一向，千里杀将

施无法之赏，悬无政之令。犯三军之众，若使一人。犯之以事，勿告以言；犯之以害，勿告以利。投之亡地然后存，陷之死地然后生。夫众陷于害，然后能为胜败。故为兵之事，在顺详敌之意，并敌一向，千里杀将，是谓巧能成事。

"施无法之赏，悬无政之令"，施行超越惯例的奖赏，颁布不拘常规的号令。这是不按照牌理出牌，因为赏罚是激发动力，可是《九地篇》是非常状况，不能拘泥于常法，照常法打不开局面，没有办法达到激励效果。"无法之赏、无政之令"，都是没有前例的，没有前例不要紧，只要能够解决问题就好，这就是《九地篇》的精神，不必自己束缚自己。

"犯三军之众，若使一人"，指挥全军，就如同使用一个人一样。用冒犯的犯，对人很不客气，想干什么就干什么，但是结果能够杀开一条血路，能够把大家都救出困局，所以大家都听他的，像命令一个人一样。这就是调度自如，没有第二句话。照讲这些都没有前例可循，但是产生了效果，这就突破了。所以人不要有混凝土的脑袋，在特殊环境要有特殊的机制、特殊的做法，才能够发挥效果。

"犯之以事，勿告以言"，向部下部署作战任务，但不说明意图。还是用冒犯的"犯"，一切都不在乎，最后是看结果。交代做这事做那事，有时突然看不顺眼，又干涉不要这样做，但是他不会告诉你到底怎么做。真正保密的不会跟你讲，但是经常就出手干涉或者交代任务。

"犯之以害，勿告以利"，只告知危害，而不指出利益。不从正面的诱因去鼓励你，而是告诉你，如果不这样做，后果不堪设想，死路一条。也就是说，只告诉你负面的东西，告诉你风险，告诉毁灭性的结果，好消息都不说，任何正面的消息都可能被封锁。

"投之亡地然后存，陷之死地然后生。夫众陷于害，然后能为胜败。"将士卒置于危地，才能转危为安；使士卒陷于死地，才能起死回生。军队深陷绝境，然后才能赢得胜利。目的也不过就是前面所说的"甚陷则不惧，无所往则固，不得已则斗"，这就是在特殊况下的特殊做法，非这样子做不可，否则没有活路。大家都像坎卦（䷜）一样陷在里头，才能决定战局的胜败，士气、斗志才上得来，身心才能总动员，创造奇迹。

从"王霸之兵"一直过来，我们就知道为什么孙子说"上兵伐谋，其次伐交，其次伐兵，其下攻城"了，不伐谋就不能伐交，要外交，要先搞清楚、研究透彻敌情和周边势力，才能纵横捭阖，对方的企图或者利用，如果没有萌出念头，就让他死了那个念头。如何洞悉人家的想法，这就是"上兵伐谋"，就是知道"诸侯之谋"，下面才是"伐交"，才是"预交"。

"故为兵之事，在于顺详敌之意，并敌一向，千里杀将，是谓巧能成事者也。"所以，指导战争的关键，在于谨慎地观察敌人的战略意图，集中兵力攻击敌人一部，千里奔袭，斩杀敌将，这就是所谓巧妙用兵，实现克敌制胜的目的。也就是说，要有一股勇悍之气，勇往直前，敌人的意图一定要判断清楚，有时候将计就计都可以，只要搞清楚敌人心中想什么就可以利用或者反利用，然后让敌人猝不及防，"并敌一向"，一旦逮到机会了，就是"千里杀将"，集中你的力量，一下子打到其弱点，因为你知道他的想法和步骤，这就是"巧能成事"，不是真正的一板一眼打赢的，而是借着巧劲成事，可以千里杀将，可以擒贼擒王。快速打击部队就是"顺详敌之意"，"并敌一向，千里杀将"，就是快进快出。

始如处女，后如脱兔

是故政举之日，夷关折符，无通其使，厉于廊庙之上，以诛其事。敌人开阖，必亟入之，先其所爱，微与之期，践墨随敌，以决战事。是故始如处女，敌人开户；后如脱兔，敌不及拒。

"是故政举之日"，照讲用"是故"连接也是有问题的，"是故"一定是由前面的因何以推到后边的果。切莫管它，分析再说。"政举之日"，等到决定要有大行动的时候，"夷关折符，无通其使"，外交谈判在那之前还做，到动武的时候，那些统统都收回来，都暂停，外交的信物不要了，"折符"，放弃外交谈判，下面唯有一战，把所有关口全部封锁，不通往来。谈判的窗口关起来了，下定决心了。"厉于廊庙之上"，指出兵都要到宗庙中去上告祖先，然后讨论有没有胜算，再誓师，这样激励士气，这样宣告，咬牙切齿的样子，"以诛其事"，开始宣告敌人多少多少罪状，激励士气。从夏商周三代开始，都是这样，要自己的部队配合领导的意志，就要声明敌人有多坏多坏，我们为什么要这样。下面如果不听令，不但要杀掉你，还要杀掉你的家人，都是这一套。这就叫"厉于廊庙之上"，然后每个人把遗嘱写好，"以诛其事"，下定决心干。当然也不是盲目打，还是要判断等有好机会的时候进去，即"敌人开阖"，等他一开一关的时候，有一个入口，"必亟入之"，快速冲进去。

"先其所爱"，先打他最重要、最不能失去的地方，让他慌乱，"微与之期"，期就是期约，双方决定什么时候会战，隐微不显，"践墨随敌，以决战事"。这几句话的意思是：首先夺取敌人战略要地，但不要轻易与敌约期决战，要灵活机动，因敌情来决定自己的作战行动。"践墨随敌"，就是随机应变，想要决战，第一个要事先有计划，按照既定的计划走，不然就没有《始计篇》了，"墨"指木匠做房子要用墨线盒拉线，然后按照墨线做，称"践墨"，这样才不会偏离施工计划。预先有周密的计划，但要"随敌"，因为敌人是活的，所以不能被自己的计划绑住，那只是一个大要，该变的时候立刻就得变。战前的预备就是"践墨"，也就是《易经》中豫卦（䷏）的"利建侯行师"，"随敌"就是它的下一卦随卦（䷐），必要的时候就要变："官有渝，出门交有功。"既要有计划，又不能太僵硬，计划可能还有很多的提案，要变马上就得变，战场是活的，"践墨"加上"随敌"才能决战，少一个都不行。人生就是这样，人生任何一个阶段，尤其年轻的时候，都会眺望未来，天天拉墨线，搞计划，花了一天拟计划，第二天照着做，第三天就不做了。以前拟的计划都可以编成一本书，后来发现没有几件照做，人生常常是这样，没有多少事情是按原先的想法完成的，中间一定会有很多变数，尤其像战争这种事情。所以，要有计划，又不能被计划绑死，这样才能进行人生种种的决战。"有意栽花花不发，无心插柳柳成荫"，原先想的东西，跟后来真正完成的可能天差地远，其实无所谓，因为人生就是如此。

"践墨随敌，以决战事"，就如我的人生，以前打死都不会想到自己会教书一辈子，当时还发过誓，说这一辈子绝不教书，教书匠没出息，现在真的"没出息"，细想自己好像也是随敌，你不想做，就让你做。所以，千万不要赌咒，千万不要下定决心，到时都是反过来。

"是故始如处女，敌人开户；后如脱兔，敌不及拒。"因此，战争开始之前要像处女那样显得沉静柔弱，诱使敌人放松戒备；战斗展开之后，则要像脱逃的野兔一样行动迅速，使敌人措手不及，无从抵抗。这就是有名的"静如处女，动如脱兔"（这里只是各改了开头一个字）。中国武术最讲究这一点，兔子跑起来很快，不动如处女般安静，等敌人把门户打开，还来不及关门，一瞬间就冲进去了。后面的文字虽然有一点乱，但是大致都是一种非常情境下的心得，对我们的启发也是很大的。

第十八章 慎重其事

——火攻篇第十二

火攻有五

孙子曰：凡火攻有五，一曰火人，二曰火积，三曰火辎，四曰火库，五曰火队。行火必有因，因必素具。发火有时，起火有日。时者，天之燥也。日者，月在箕、壁、翼、轸也。凡此四宿者，风起之日也。

《火攻篇》很短。"孙子曰：凡火攻有五。"孙子说，火攻也分五种，这五种是指攻击的目标。"一曰火人"，烧敌人的部队，消灭敌人的有生力量。"二曰火积"，二是焚烧敌军粮草。"三曰火辎，四曰火库，五曰火队"，三是焚烧敌军辎重，四是焚烧敌军仓库，五是火烧敌军运输设施。积和辎，前面都讲过的。《军争篇》说"军无辎重则亡，无粮食则亡，无委积则亡"，"委积"就是军队暂时储存的粮草等物资，随时就可以取用，移防的时候带着就走，既然"无辎重则亡，无粮食则亡，无委积则亡"，我们当然要烧对方这些东西。敌人积存的物资，包括辎重，都是火力攻击的对象。辎重一般是存在库房，库房是永久性的，不像"委积"是露天的、暂时性的。"火队"的说法比较多，就是交通线、必经之路，把那些线路烧断，切断敌人的道路。在一战、二战乃至现代，就用飞机轰炸，把它切断，让那条路线不能用。白天炸，晚上炸，没有人敢再走那条路线。

"行火必有因"，讲完火攻的五个目标，就要讲实施火攻必需的具备条件。然后"因必素具"，火攻器材必须随时准备。平常准备好，用兵时就起大用。

没有火的因，就不会有火烧起来的果，平常就要准备好。火在《易经》中是离卦（☲），离为附丽，火没有附着的东西，烧得起来吗？一定是纵横交织的线，串烧起来。所以"行火必有因，因必素具"。

"发火有时，起火有日"，放火要看准天时，起火要选好日子。你看孙子讲得多详细，一是告诉你目标；二是告诉你如何起火，平常就得准备好；三是要看时机，时很重要，在那个比较落后的时代，也都有这些判断。

"时者，天之燥也。日者，月在箕、壁、翼、轸也"，这里的"时"是指天时，气候干燥，月亮行经箕、壁、翼、轸四个星宿位置的时候，就是起风的日子。"时者，天之燥也"，风干物燥的时候烧火才可怕，不能等下雨天火攻。"日者"，要选哪一天呢？要看星象，这不是迷信，确实是那时观察天象的法则，因为月亮行经二十八宿中某一个星的时候，这一天风特别大，所以诸葛亮借东风，说其装神弄鬼，其实不然，那是仰观天象得出的。像我们现在的气象预报也一样，看月亮的行经路线也可以看得出来。

"凡此四宿者，风起之日也"，月亮经过这四个星宿的时候，就是起风的日子。观察这四个星宿，判断何日刮风，现在当然用不上，现在的气象观察比这个精确得多。但是一定要选对时间，不是每天都可以烧的。

掌握"五火"之变数

　　凡火攻，必因五火之变而应之。火发于内，则早应之于外；火发而其兵静者，待而勿攻，极其火央，可从而从之，不可从则止；火可发于外，无待于内，以时发之；火发上风，无攻下风；昼风久，夜风止。凡军必知五火之变，以数守之。故以火佐攻者明，以水佐攻者强。水可以绝，不可以夺。

"凡火攻，必因五火之变而应之"，凡用火攻，必须根据五种火攻所引起的不同变化，灵活部署兵力策应。注意"五火"，不是静态的分类，是有变化的，而且怎么变化，就得怎么策应，这才是火攻，有相当的随机调整弹性。

"火发于内，则早应之于外"，在敌营内部放火，就要及时派兵从外面策应。这是里应外合，如果渗透到敌人的阵营中，把火烧起来，人是天生怕火的，火在敌营内部烧起来了，在外面围伺的虎视眈眈的军队就要呼应，这样的里应外合，会令敌营更慌乱。里应外合，加深敌人的恐惧。里面放火，外面立即有采取相应的军事行动，其摧毁的能力会更强大。

"火发而其兵静者，待而勿攻，极其火央，可从而从之，不可从则止"，火已烧起而敌军依然保持镇静，就应等待，不可立即发起进攻，待火烧完后，再继续加把火，再根据情况作出决定，可以进攻就进攻，不可进攻就停止。照讲，火烧起来，人都得喧哗，或者紧急救火，如果发现敌人超级冷静，必定有鬼，再不然就是派进去放火的间谍被捕获了，放火只是假信号，敌人自己放的都有可能，所以在外面暂时不要采取任何行动，搞清楚再说。敌人没有反应，不骚乱，就很怪，这时不要攻，小心上当。"极其火央"，有人说"央"是一个错字，应该是"力"，其实没有关系，"央"是尽的意思，汉朝有个未央宫，取意"长乐未央"，就是快乐无尽。也就是说，火可能会烧完的，要不断地添油加火，"极其火央"就是让它烧得红红火火，说不定前面烧的已经被敌人扑灭了，下面再继续。因为之前的安静，说不定是火烧得不猛，看用什么方式加强火力，看敌人能够忍耐到什么程度。"可从"，下面就判断敌人的反应，如果加大火力，可以攻进去，就进去。"不可从"，如果敌人的反应出乎意料，觉得不能冒进，就不要去，"止之"。这就是在火攻的时候对于敌情的判断，少安毋躁，火发如果"敌兵静"，不要攻，"极其火央"，火不够大，再烧大一点儿，然后再进一步判断，不要冒险。

"火可发于外，无待于内，以时发之"，火可从外面放，这时就不必等待内应，只要适时放火就行。从里面烧火就有一个问题，因为你不知道到底发生什么状况，只是看到火烧起来，没有绝对把握，还得进一步测试，才确定外围的主力部队要不要攻进去。假定火可以从外面烧，就不要依靠内部举火为号这种不可靠的放火，"火可发于外"，可以直接从外面烧到里面，就"无待于内"，不必在里面安排。但是外面直接烧进去，"以时发之"，一定要选一个好的时机。

"火发上风，无攻下风"，从上风放火时，不可从下风进攻。从上风烧火，这是基本常识，从下风烧火，搞不好烧到自己，会玩火自焚。火可没长眼睛，随风向转的，有时候风还会变向，所以火烧赤壁连环船，曹操原先认为绝对不会有问题，因为那时不会刮东南风（上风），结果东南风真被诸葛亮给"借"来了。在上风放火才有效，不然风一吹烧到自己人，我们做事要占上风，就是抓住发动的源头，小心反噬。

"昼风久，夜风止"，有时候要搞清楚，是昼战，还是夜战。"久"字多半有问题，如果是这样的话，意思就是白天刮的风会刮得很久，晚上的风一刮就停，真的吗？夜风也有长时间的。"久"字应该是"从"字，就是呼应前面的"可从而从之"，采取行动打进去。白天如果风对，什么都看得清清楚楚，就可以杀进去，晚上就算有风，不知道有没有埋伏，最好停下来，也就是"不可从则止"，这就是"夜风止"。

"凡军必知五火之变，以数守之。故以火佐攻者明，以水佐攻者强。水可以绝，不可以夺。"军队都必须掌握这五种火攻形式，等待条件具备时进行火攻。用火来辅助军队进攻，效果显著；用水来辅助军队进攻，攻势必能加强。水可以把敌军分割隔绝，但却不能焚毁敌人的军需物资。"五火之变"，军队一定要知道有五火之变，"以数守之"，多几次火攻的经历，就变成了经验，现在所谓的兵棋推演，就是要累积一些参数，掌握一些

第十八章　慎重其事——火攻篇第十二　│　299

基本的参数，在古代就叫数，量、质、方向等经验数值都留下来，所以要掌握"五火之变"的数，才不会出意外或者玩火自焚。"以火佐攻者明，以水佐攻者强"，火攻跟水攻都是互相辅助的，"明"就是离卦的概念，就是智慧，因为火不一定听控制的，要很聪明、很有智慧才能够发动火攻，也就是要看得很准。但是水跟火不一样，"水可以绝，不可以夺"，火可以把东西烧得干干净净，水办不到，水可以切断，即"绝"，不可以夺，有时不会毁灭一切。

安国全军之道

夫战胜攻取而不修其功者，凶，命曰"费留"。故曰：明主虑之，良将修之。非利不动，非得不用，非危不战。主不可以怒而兴师，将不可以愠而致战。合于利而动，不合于利而止。怒可以复喜，愠可以复说。亡国不可以复存，死者不可以复生。故明主慎之，良将警之。此安国全军之道也。

"夫战胜攻取而不修其功者，凶，命曰'费留'"，凡打了胜仗，攻取了土地城邑，而不能巩固战果的，会很危险，这种情况叫作"费留"。"费留"这一句也是历代以来最费解的地方。"战胜攻取"是指打了胜仗，但是如果"不修其功"，也就是巩固战果，这种情况就是"费留"，即耗费过大，军队要待很久，还不敢撤走。就像美军在阿富汗、伊拉克，那是典型的"费留"，花费的是天文数字的金钱，而且不能抽身。从单纯的战争角度来看，明明是打赢，但是还是"费留"，军费一点也没有省，还得海外驻军，好久还摆不平。这就违反了速战速决的原则，一旦拖下去，损耗是巨大的。还好，美国暂时还勉强支撑。不然诸侯趁其弊而起，吃不完兜着走。

赢得了战争，不能赢得和平，这就是"费留"。战争最终的目的是要获得和平，主导局势。结果没有办法，成了"费留"。所以打仗一定要想到会不会到这个地步，赢了战争，不能赢得民心，不能赢得和平，也可能不是正义之战，而可能是掠夺之战。再不然就是战后的收拾民心、重建秩序的工作做得不好，或者没有在战果上面扩张，就不能巩固苦战得来的成果。"修其功"，在别的版本，像敦煌的版本是"随其功"。意思是说，前面战胜了，后面一定要跟上，还有很多战后的工作要做。战后论功行赏，"大君有命，开国承家"，但是这绝对不只是赏罚，还有很多战后和平的工作，那个更重要。像美国就"不修其功"，所以凶，命曰费，利曰留，走不了，战果失色，没有获得真正的成果。

"故曰：明主虑之，良将修之"，所以说，明智的国君要慎重地考虑这个问题，贤良的将帅要严肃地对待这个问题。这对政治人物、军事领袖来讲都很重要，必须要深思熟虑，不然战争就白打，赢了也等于是输，所以，后续跟进扩大战果的工作，甚至追击残寇的工作，一定要在原先胜利的基础上尽量扩大，而且要全方位巩固。军事政治的领袖领导人都要考虑到这一点。

"非利不动，非得不用，非危不战"，没有好处不要行动，没有取胜的把握不能用兵，不到危急关头不要开战。战争造成的破坏非常大，火攻的破坏更大，这种特大规模杀伤武器绝不能轻用的，轻用就很难"修其功"，伤到当地人的感情，破坏了自然生态。所以，万一要用到这种瞬间毁灭的火攻武器，一定要绝对是赚的才能做。

"主不可以怒而兴军，将不可以愠而致战"，意思是说，国君不可因一时愤怒而发动战争，将帅不可因一时的气愤而出阵求战。这里是专指火攻，可以把它一般化，反正战争都不好，不要因为个人情绪一时转不过来，就劳师动众。

"合于利而动，不合于利而止"，合国家利益才用兵，不符合国家利益就停止。愤怒还可以重新变为欢喜，气愤也可以重新转为高兴，但是国家灭亡了就不能复存，人死了也不能再生。这一句话像念咒一样说了无数遍——"怒可复喜，愠可复说（悦）"，人的情绪总是变来变去，一时的特殊的激动，酿成不可弥补的灾难。

"亡国不可以复存，死者不可以复生"，符合国家利益才用兵，不符合国家利益就停止。"故明主慎之，良将警之，此安国全军之道也"，国家灭亡了就不能复存，人死了也不能再生。所以对待战争，明智的国君应该慎重，贤良的将帅应该警惕，这是安定国家和保全军队的基本道理。我们前面强调孙子全胜的思维，不仅要团结全军。全己、全敌、全天、全地、全鬼神。火攻那么大的杀伤力，破坏力最大的，"必以全争于天下，故兵不顿而利可全"，"知彼知己，知天知地"胜乃可全，这里是安国、全军，保全资源，不然一烧掉就没有了，所以"明君慎之，良将警之，此安国全军之道"，所以，对待战争，明智的国君应该慎重，贤良的将帅应该警惕，这是安定国家和保全军队的基本道理。这里再次出现"全"字，这是兵法中最需要发扬光大的地方。天地破坏到这个地步，生态如此脆弱，故要尽量减少损失，爱惜人命、爱惜物资。我们现在知道天地太脆弱了，经不起再破坏，所以我们要全天全地，保护自然生态。没有天地就不会有人，我们会反受其害。

兵法讲到这里为止，我想可以用《易经》的几个卦可以总结，由师卦（☷☵）、比卦（☵☷）的破坏斗争，变成同人（☰☲）、大有（☲☰）的保全，同人、大有全己、全敌，到了谦卦（☷☶）还要全天、全地，才算是圆善有终，谦卦可以知天、知地推广到全天、全地，还有鬼神。孙子是反鬼神的，我们可以引申为文物古迹、宗教信仰，这也是全鬼神，到谦卦就更完美，一切都吉。所以，全胜的思维不仅面对人，面对一切人的资源、人文资源、自然资源，还有历史上所有文明的成就都要尊重。

这才是真正意义上的全胜，人类的文明要尊重，这在《孙子兵法》

上就是保全，任何战争，都要保全这些人类的文明成果。不要像以前的十字军东征，宗教与宗教之间互相毁灭各自的神迹，这场战争进行了上千年，现在还在打。那有什么意义呢？保全国家，保全文明，这才是真正的安国全军。国是政治的层次，军是军事的层次，要把全胜的思维贯彻始终，保证资源的永续性。为什么对这些宗教文明古迹要尊重，不喜欢都要尊重保全，不可以毁灭？就是因为资源的永续，那是过去的人创造的成果，凭什么把它毁掉，那不是在累积仇恨吗？不但不修其功，还造下很大的业。《火攻篇》就有这个意义，不要出现毁灭性的事情。

第十九章 消息盈虚
——大易兵法的建构

以《易》证兵

　　十三篇的内容全部讲完了。最后就要从《武经七书》或者中国其他一些有名的兵论来印证孙武的思想。主要是把十三篇孙武主要的论点、兵法的精髓摘出来，寻找其他兵书的英雄所见略同之点。

　　《孙子兵法》十三篇的全文讲述，融入了《易经》理气象数的架构、观点来做印证、分析，而且我们研修十三篇的时候，针对每一篇都有算过卦，卦象也提供给大家参考，从卦象中去看《易经》怎么捕捉十三篇的经义（详见拙著《刘君祖易断全书》）。当然不是说只有占卦，兵法千变万化，灵活得不得了，"不可为典要，唯变所适"，这跟《易经》里面的变易、不易、简易完全可以沟通。讲兵法不是在考古，而是把它拉回来印证我们当下这个时代以及往后会不会有战争，和平可不可期望，全世界几个重要冲突的地区往下会如何？学了兵法，就要有孙子的睿智，要高瞻远瞩，要有充满灵气的直观和严密的分析能力，面对今后这些问题。尤其是再结合《易经》的话，应该是如虎添翼，分析力、预测力都很强大。

　　全球在未来几个非常有可能爆发战争，或者是区域冲突的地区的卦象，在兵法学完之后讲述这些，也算是非常重要的应用。世界爆发冲突，会影响到每一个人。

　　先看伊拉克宣布结束战争，这是奥巴马片面宣布，近乎自欺欺人，他撤了一个战斗旅，源于压力太大，花钱无底洞，把纳税人的钱统统往里面砸，又实在是没有任何可以称道的成果。七年的战争，超过二战的耗费，花掉一万多亿美金，这么贵，没有成果，死亡四千多美军，受伤三万多，伊拉克平民大概死了十几万，还是一片废墟，也没有建立民主制度。这对伊拉克来说，完全是一场噩梦。战争是前任总统发动的，后任总统也不好批评，但是象征性地宣布结束，其实就是抽身离开，之后留下残破的伊拉克，未来如何，天知道。

《孙子兵法·作战篇》云"兵闻拙速，未睹巧之久也"，《火攻篇》讲"战胜攻取，而不修其功者，命曰'费留'"，费不费呢？花了不少钱。留不留呢？待了七年，还拔不了脚，一无所成。所以美国的霸权主义，再一次遭到重挫。朝鲜战争、越南战争、伊拉克战争，还有一个阿富汗战争，伊拉克掏空之后，原来平衡的伊朗又蠢蠢欲动，要发展核武器，朝鲜也如此，这些全部都跟美国有关。美国一年的军费占全球一半以上，七千亿美金，这七千亿美金要来改善美国经济恐怕要实惠得多，所以这已经犯了兵法中不知道多大的忌，有这样的结果一点儿都没有什么好奇怪的。自己说战争结束了，什么都没有完成，怎么结束？赢了战争，没有赢得和平，结果依然一塌糊涂。由此可见，孙武的思维不但过去有用，到现在有用，到未来还可以作为借鉴。

美国下一步要怎么办呢？军备上花这么多钱，不用也不行，下一个目标是哪里？是中国？是朝鲜？还是伊朗？只有破坏，没有任何建设。从兵法上看，我们发现美国几乎通不过兵法中那些要点的任何检验，不吃败仗、不灰头土脸都不行，丢脸丢透，伊拉克战争超过历代参加战争的总开销，时间拖那么久，比以前的什么战都要花钱，所以真是奇怪。

好，下面我们通过《易经》的占卦来求证当代世界的一些涉及军事争端的问题。

问题1：21世纪，中美是否难免一战？

21世纪，中美是否难免一战？这是大家关心的问题，美国霸权的失落感，快速崛起的中国，中国不像前苏联突然崩溃，而是越来越强，美国越来越衰，然后其主要盟友英国和日本是全世界大的欠债国家。这种种的因素会不会触发战争呢？所以，这个时候的《孙子兵法》，不管是判断大势，还有个人运用，都是很活的思维、很珍贵的文明遗产。如果没有这种智慧，就会像美国现在这么惨，世界也被它拖得这么惨。

中美意识形态不同，但是你中有我，我中有你，关系密切，会不会爆发战争？这是人人关心的问题，我们占到的卦象跟我原先的预期是一样的，答案是不会。卦象是不变的大有卦（䷍），大有卦就是消弭所有战争的可能。第一爻"无交害"，第二爻"大车以载，有攸往，无咎"，大车子载东西，还得经贸往来。第四爻"匪其彭，无咎"，根本就不允许有战争产生。照这样看，是不容易爆发冲突，这两大国非合作不可。《焦氏易林》的断词很有趣，当然，它有很多断词是不准确的，针对中美这个问题，占到大有卦本来是不必担心开战的，但是《焦氏易林》写的四言诗中居然有两句是有征伐行动的，即"白虎张牙，征伐东华"，白虎在西方，代表美国，"东华"就是东方的中华，不过最后还是打不起来："朱雀前驱，赞道说辞。敌人请服，衔璧而趋。"其实不算卦，根据常识判断结果也差不多是这样，喊打喊杀是一回事，美国连那几个小国都打不下来，何况是中国，伤人不是也伤己吗？

全而不破，"必以全争于天下，故兵不顿而利可全"，这就是《孙子兵法》的智慧，也是《易经》的判断。"大有"，好坏大家都有，练习和平共存吧。

问题 2：伊拉克战争的本质及后续影响？

伊拉克战争的七年，这一战争的本质及后续影响为何？结果是大过卦（☱）初爻动，刚好是宜变之爻，爻变就是决战的夬卦（☱）。伊拉克战争形势悬殊，美国打赢了，夬卦代表决战，而这一压倒性优势的决战，像高空中的瀑布，强大的水积满了冲下来，也就是《形篇》中所说的"若决积水于千仞之溪者，形也"。夬卦从哪里变来的呢？是从大过卦初爻变来的，大过卦的初爻"藉用白茅，无咎"，找了一个好像不惹眼的借口就发动战争。白茅看着不起眼，却是一些原始部族出去猎人头前的兴奋剂，可以拿白茅下酒。"藉用白茅"到后来发现，美国发动战争全是栽赃，伊拉克没有毁灭性的武器，什么也没有，那么，这样的战争是非常规的、不合理的，是想在险中要捞取利益的。

这一战争的本质就是赤裸裸的霸权，大过卦的初爻，爻变变成夬卦，这就是它的本质，但是也正因为这种本质，后续的影响绝对不是说战争结束就结束了，下面的伊拉克会往哪里走？结果是害人害己，这就是损人不利己。《焦氏易林》关于大过第一爻爻变也有议论，它是这么说的："旁多小星，三五在东。早夜晨兴，劳苦无功。"这七年一晃就过去了，"劳苦无功"，这就是伊拉克战争，也是历史上第二次海湾战争，结果是如此灰溜溜地收场。

问题 3：阿富汗的未来？

要应付国内民意，伊拉克游戏暂时结束了，美国在阿富汗的战争还在继续，连伊拉克每一天都还有死人。那么阿富汗的未来呢？结果是需卦（䷂）第三爻，"需于泥，致寇至"，陷入泥沼，整个套牢，抽身都很困难。阿富汗则是美国连撤军都不敢撤的地方，甚至还要增兵。前苏联在阿富汗吃尽苦头，就像美军的越战一样。美军初期在军事上耀武扬威，一下子把阿富汗也征服了，没想到也陷入泥沼，重蹈覆辙，不管它未来是要增兵还是减兵，都是自己粉饰太平。

换句话说，阿富汗想要太平，连门都没有。需卦第三爻爻变是节卦（䷻），《焦氏易林》称："鸟鸣蒑端，一呼三颠。动摇东西，危栗不安，疾病无患。"那种动荡还会持续。阿富汗是个很特殊的地区，自1747年建立统一的阿富汗王国以来，就没有被人彻底征服过，现在的征服者在那里讨不到任何便宜。在动荡中继续，这就是阿富汗的未来，只是苦了阿富汗的人民。

问题4：伊朗的未来？

在20世纪80年代开始的、持续八年的两伊战争中，伊拉克除了从苏联获得了很大外交和军事上的支持外，美国也偏向伊拉克，向其提供武器和经济援助。但自1985年起，美国在出售给伊拉克武器的同时也出售给伊朗。可见，美国这种民主自由包装的霸权国家之可怕。原先伊拉克可以制衡伊朗，现在伊拉克自身难保，伊朗当然就要趁机坐大，那么，伊朗的未来呢？卦象是明夷卦（䷣），三爻、五爻动，三与五同功而异位，齐变有屯卦（䷂）的象，"屯，难也"，"动乎险中"，明夷卦则更不用讲了，是《易经》中最痛苦的、最黑暗的一个卦，"利艰贞"。第三爻"明夷于南狩"，隐伏很久，不动则已，一行动就可能山河变色，第五爻"箕子之明夷"，是最深层的痛苦，三与五，艰难到极点。明夷卦的病灶之所在，就是第六爻，五爻、三爻的"狩"都跟第六爻有关，第六爻是指谁？美国的政策致使伊朗采取极端手段。

第二十章 以兵证兵

李靖之"五事"

我在前面的《作战篇》和《谋攻篇》篇末都引用了其他兵家的论证，这里就不再重复，下面就其余篇章引用历代兵家来论证，以期以兵证兵。

《始计篇》中的计是全方位的，大致来讲有四个重点：第一是"五事"，道、天、地、将、法；第二是"五德"，智、信、仁、勇、严，这是大将必须具备的五种本领；第三是千变万化，即出其不意、攻其不备等种种兵不厌诈的愚弄敌人的办法；第四是获得民意支持。军队从哪里来？从老百姓来。治军、治民关键还是民意，"令民与上同意"，是最根本、最重要的道，一定要民意赞同，取得民意认同支持才是"和民"。我在十几年前用《易经》占问《计篇》，整篇精神的卦象就是无妄卦（☷），其四个阳爻全动，齐变成坤卦（☷）。坤卦代表的就是民众，对于广土众民，要顺势用柔，绝不可以脱离现实妄想，轻启战事。这就是无妄卦四爻齐变变成坤的含义，不能动妄念，不能起妄想，不能脱离现实、轻举妄动，必须"和民"之后才可以做大事。

关于道、天、地、将、法这五事，《唐太宗李卫公问对》中重新解释了一遍：

> 太宗曰：兵法孰为最深者？
> 靖曰：臣常分为三等，使学者当渐而至焉。一曰道，二曰天地，三曰将法。夫道之说至微至深，《易》所谓聪明睿知神武而不杀者是也。夫天之说阴阳，地之说险易。用兵者，能以阴夺阳，以险攻易，孟子所谓天时地利者也。夫将法之说在乎任

人利器，《三略》所谓得士者昌，管仲所谓器必坚利者是也。

——《唐太宗李卫公问对·卷下》

　　什么叫道？其实是《易经·系辞传》的话，李靖直接拿来用，最高的兵法的道，是"聪明睿知神武而不杀"，出自《系辞上传》第十一章，"睿知"，最高的智慧。"神武"，最高的武德。"睿知神武"是不要流血的，这是全胜，兵不血刃，不战而屈人之兵，这是兵家追求的目标。当然要有超高的智慧、最高的武德。很多武侠小说里的高手，就很少出手。不出手就能使敌人屈服，这是兵法追求的最高目标。在《孙子兵法》中说要争取民意支持就是道。如果人民不同意，就寻找机会让人民同意，像珍珠港事变，就激发了民意支持，美国得以参战；还有阿富汗战争，因为"九一一"事件，伤到了美国人的自尊心，一下子全国上下支持所谓的反恐，出兵阿富汗。这就是"令民与上同意"，就叫道。至于后来的局势如何，那就是苦果自尝了。还有，民意的走向像流水一样，如果说现在再投一次票，就算纽约再遭一次攻击，恐怕也没有那么高的支持率去打一仗了。"令民与上同意"很实用，但是李靖把这个道再升华到"不杀"，这是兵法追求的最高境界，不只是"令民与上同意"，不只是为何而战、为谁而战了。

　　"天地"，指天时地利，即要善用自然环境的形势来击败敌人，争取胜利。孙子的解释是从天时地利入手，而李靖将天时、地利再扩展，这完全是《易经》的观念："夫天之说阴阳，地之说险易。用兵者，能以阴夺阳，以险攻易，孟子所谓天时地利者也。"阴阳、险易本来就相对，以柔克刚，以小博大，以弱击强，以阴夺阳，运用地理纵深，让强大的敌人死无葬身之地。就像大壮卦（☰），上面两个阴爻就收拾了下面四个来势汹汹的阳爻。这是典型的"以阴夺阳"，"阴"比较弱，但可以诱敌深入，利用焦土抗战，让"阳"不能"因粮于敌"，根本找不到敌人，到最后补给线一拉长，就成强弩之末，这种"以阴夺阳"根本就不与你对垒，而

第二十章　以兵证兵 | 313

是利用自然环境消耗你的有生力量，"以险攻易"也是如此，善用自然环境助攻，"地形者，兵之助也"。其实不只是大壮卦才有那么生动的兵法在其中，《易经》中的十二消息卦都有精湛的兵法，都可以体系化，因为它们不是阴消阳长，就是阳消阴长。这种对立，就像两国相争，不一定是有实力的才会赢。像大壮卦，阳爻和阴爻四比二的实力，阳入阴中能讨到便宜吗？没有，大壮卦的第四爻就给完全套牢，进退两难，就进入第六爻"羝羊触藩，不能退，不能遂"的状况，还有第五爻的"丧羊于易"，这都是下面四个阳爻的下场。泰卦（☷）阴阳实力三比三，一样可以看成是下面三个阳爻冲进上面三个阴爻，结果好不好？一样不好。泰卦第六爻是国破家亡的象，阳入阴中、以大欺小的最后结果就是"城复于隍"。复卦（☷）一阳在下，上面五个阴在上，如果阳爻一直攻上去，最后一爻是大凶："迷复，凶，有灾眚。用行师，终有大败。以其国君凶，至于十年不克征。"唯一的上爻还能够保全还不错的只有君临天下的临卦（☷），临卦的上爻"敦临，吉，无咎"。

阳入阴中是通畅的，可是到最后善终者寡，怎么回事？因为十二消息卦是典型的兵法消长。刚才我是讲一阳复、二阳临、三阳泰、四阳大壮来分析的，倒过来看，一阴姤（☷）、二阴遁（☷）、三阴否（☷）、四阴观（☷）、五阴剥（☷）的上爻是什么状况呢？比起阳入阴中好多了，这才是"以阴夺阳，以险攻易"。老子说："天下之至柔，驰骋天下之至坚。"这就是柔能克刚。像泰卦第六爻为什么"城复于隍"，本来下面三个阳爻实力不可欺，怎么到最后变成了以阴夺阳，为什么呢？因为第五爻"帝乙归妹"，有倾城倾国的美女，如妲己、妹喜，所以绝色佳人倾城倾国。

"夫将法之说在乎任人利器"，这个不用怎么解释，意思很明了。主将的任用，选对人比什么都重要，主将是一切的灵魂，国家的辅佐，人民的性命都悬在他手里，敌人的性命也悬在他手里。《孙子兵法》十三篇中"将"的重要性比"法"大，先任用好人，再健全组织管理，也就是法，所有的组织都是利器。

再论吴起之"五德"

　　《六韬》非姜太公所作,是后人汇编的,《龙韬·论将》中,也提出将领要有五种本事:"将有五材十过……所谓五材者,勇、智、仁、信、忠也。"这里的五德和《孙子兵法·始计篇》中的"智、信、仁、勇、严"基本相似,但是重点不大一样,"勇"排在第一,这样的见识当然就不如孙武了,将最重要的不在"勇",而"智"排在了第二,另外讲了一个"忠",跟"严"有区隔,《六韬》成书如果是在《孙子兵法》十三篇之后,也有抄袭的嫌疑,原创性就不够了。

　　《六韬》在这一点上水平不够,但《吴子兵法》也讲"将有五德",这个五德就比较值得咀嚼玩味了。吴起虽然没有百战百胜,但生平无败绩。他是既有理论,又有实战经验的,在春秋战国时期确实是名将。在魏国的时候,他在魏国辅佐魏文侯,让三家分晋之后的魏国变成天下第一强国。魏国后来之所以衰弱,就是在梁惠王手下衰弱的,那是一个败家子。《吴子兵法·论将第四》称:"故将之所慎者五:一曰理,二曰备,三曰果,四曰戒,五曰约。理者,治众如治寡。备者,出门如见敌。果者,临敌不怀生。戒者,虽克如始战。约者,法令省而不烦。"这里也是讲一个大将要具备五个条件,即"理、备、果、戒、约"。理和《孙子兵法·势篇》开头讲的完全一样,是领导统驭的管理功夫,多多益善,像韩信带兵一样,"治众如治寡,分数是也;斗众如斗寡,形名是也"。吴起在孙武之后,对于兵法的见解有相似之处,即办事情讲究化繁为简、以简驭繁,也就是治众如治寡。像玉匠雕刻玉,玉里面的纹理千头万绪,但是他就可以处理得非常好。《易经》屯卦（䷂）的《大象传》说"君子以经纶",就是理。这是最重要的管理才干,带兵的人必须有这种本事。

　　"备",指战备、戒备,任何一种状况下,不会说没准备,就像豫卦（䷏）一样,要有事先的防备,"出门如见敌",这是天生的战将,一离开大本营，对任何事物都持不信任的态度，就像进入战阵一样，始终有危机感，处处防备。吴起认为"出门如见敌"，他的一生活得也很辛苦，随时都得准备刀枪，任何时候都得有随扈，像活在丛林里头一样。这么一个"出门如见敌"的谨慎之人，最后还是没躲过，死在乱箭之下。可见，吴起锋芒毕露、杀气腾腾的本色，照样有其限制，凡事以结果论，其过程再怎么辉煌，结果才是盖棺定论。春秋战国时代，乃至后世，法家、兵家的人物得善终的有几个？商鞅被车裂，李斯被腰斩，韩非被毒死……除了孙武、李靖，没有几个得善终，即使是"出门如见敌"的吴起，最后也不得善终。

"果"，果敢、果决、果断，尤其是修武道的人不能文绉绉，"临敌不怀生"，真的碰到了敌人，逃也逃不掉，必须面对，不存生还的想法，不怕死，力量才会大增。"果"有时就变成了组织化，二战的时候，很多士兵在上战场前，都写好遗书，免除后顾之忧，这就是"临敌不怀生"。越怕死的人，越容易死，不怕死的人，即使面对枪林弹雨，想死还真死不掉。

"戒"，戒慎恐惧，"虽克如始战"，虽然赢了，但还得像战争刚开始一样保持戒慎恐惧。所以赢得战争，不一定赢得了和平，美国的灾难就在于其百战百胜之后开始。《火攻篇》云："战胜攻取而不修其功者凶，命曰'费留'。"太真切了吧！美国是典型的"费留"，打仗花那么多钱，虽然战胜了，要赢得和平则无上艰难，"虽克如始战"，每一个人都是在庆功宴的时候出问题，《易经》的最后一卦未济卦（䷿）"震用伐鬼方"，在最后一爻摆庆功宴，"有孚于饮酒，有孚失是"，打赢了，但没有戒心，喝酒出问题了。

"约"，约法章程。一个管理者，一定有很多的法规章程，"约者，法令省而不烦"。《易经》讲的"简易"真的是无上的法门，化繁为简，以简驭繁，法如牛毛没有用，刘邦攻入咸阳约法三章就凝聚了人心，为建立一个朝代提供了基础。每一个法令的颁布只要落实就行，不一定要规定那么细。好，以上就是吴起的五德，当然不只是适用于军事管理者，任何领域的管理者都要有这个本事。

深入无形

用间很重要，是所有军事斗争领域中绝对的重点项目，孙膑就说"不用间不胜"，没有用间就不可能赢，这和《孙子兵法·用间篇》的主旨大体相同。荀子虽为大儒，但讲起兵法来，一点儿都不外行，他也强调用间的重要性。《荀子·议兵》说："窥敌观变欲潜以深，欲伍以参。"要窥探敌人的情况，需要派卧底，要隐藏得很深，而且是参伍错综，纵的横的，各个情报管道来的资讯，一定要各方面参考。间谍出生入死搜集来的情报有时并非全部真确，所以判断情报很难，就像《易经》的占卦，演卦容易断卦难，上智之间才是价值连城，这就是"欲伍以参"，要错综比较，就像错卦、综卦一样，要参考比较。再了不起的情报来源，都有可能不准确。要"潜以深"，深潜到底，才不会被人家耍，所以要多方面求证情报的来源。

荀子接着说："遇敌决战必道吾所明，无道吾所疑：夫是之谓六术。"人一定要发挥真正懂的东西，半懂不要拿出来用，免得丢人现眼。否则在高手前面，完全像没穿衣服一样。彻底明白的东西，才能够得心应手，自己都还有疑惑，还敢用兵，不是找死吗？21世纪中美可以和平共存，其中有一点就是中国一定不能跟着美国走。要是跟着走，中国的招式还没出来，美国就知道下一招是什么了。中美文化竞争，当然要从中国文化入手，"必道无所明，无道吾所疑"，中国人读那些美国的东西，读得再通都不会比美国人通达，要竞争，所有的招式都跟别人学，能够对付得了他吗？不可能。反过来，美国人一讲中国文化，头更晕。所以"必道吾所明,无道吾所疑",要发挥自己的长处,独门的东西别人不可能彻底明白,这样才能天下无敌。

《淮南子·兵略》那一篇都在讲兵,关于间谍就说道:"善用间谍,审错规虑,设蔚施伏,隐匿其形,出于不意,敌人之兵无所适备,此谓知权。"意思是,善于使用间谍侦察敌情,使用反间之计,然后措施审慎周密,规划行动慎重,设置疑阵、布置伏兵,隐藏部队的形迹,行动出乎敌人的意料,使敌人的部队难以适应和防范,这就叫"知权"。这就是用间让敌人完全没有办法防备。我讲过关于《用间篇》的占卦就是丰卦(䷶)的三爻、四爻,两爻动有复卦(䷗)的象。"复"就是深入敌方得到情报之后,还活着回来,即"生间"。丰卦"明以动",所有的东西一定要明了才能动,整个《用间篇》就是要造成这样的局面,也就是要有非常丰富而精确的情报知识。另外,三爻、四爻都是人位,"必取于人",就得出生入死,而且"三多凶、四多惧",间谍生活就是这样,这一步不能省,任何高精科技仪器或者推算都不能取代。丰卦的三爻"丰其沛,日中见沫",四爻"丰其蔀,日中见斗",都是日食的象,可以在里面浑水摸鱼,这正是间谍的手段。

生间是间谍高手中的高手,待遇要特别高,就像萃卦(䷬),要一流的出类拔萃的人才,就要高配,要"用大牲,吉"。鼎卦(䷱)代表国家政权,下卦巽(☴),一个政权的基础是巽,要扎得很稳,要深入无形,每一个领域都有细胞。不然耳不聪目不明,如何治国?深入无形就像间谍,如同鼎卦的象,下卦巽代表深入了解治理下的内卦、下卦所有的情况,这是在敌人的民间,叫"乡间"。明夷卦(䷣)的第四爻"入于左腹,获明夷之心",那就是"生间"的象,打入敌方心腹,再大摇大摆走出门庭,这就是"生间者,反报也"。如果是"死间",就留在里面牺牲了。第四爻是在敌人的朝廷做官,是高级官僚的位置,混到敌人高官阵营。

明夷卦第四爻爻变就是明以动的丰卦,也就是说,间谍工作就是让你看清楚再采取行动。很简单,"三军之所恃而动",要获得这么丰富的情报，当然要"明夷"，要"必取于人"，要打入核心，出生入死，不然哪里来的正确的第一手的情报呢？要"获明夷之心"，要了解对方最高领导人心中起心动念的企图，花钱不能手软。曾国藩一介书生，在晚清的时候能够扫平太平天国，靠的就是爱才如命、挥金如土，即不拘一格用人才，高薪聘用人才。很多人说曾国藩不是一般的读书人，他的顶子是血染红的，但是在乱世没有这种狠劲儿，绝对不能建功立业。

势险节短

《孙子兵法·势篇》说"其势险，其节短。势如彍弩，节如发机"，外面是平和的，其实正是埋伏了杀机，正是要下手的前兆。《六韬》中有一段正是如此，这一段很有名："故道在不可见，事在不可闻，胜在不可知，微哉微哉，鸷鸟将击，卑飞敛翼，猛兽将搏，弭耳俯伏。圣人将动，必有愚色。"一方面是谦卦（䷎）的和平姿态，另外一面正是豫卦（䷏）的备战。"鸷鸟将击，卑飞敛翼"，姿态超低，翅膀收起来，但是正是暗藏杀手的表现，猛兽也是一样，要捕食猎物前多低调，圣人一定是看起来笨笨的。可见，聪明外露，不懂得收敛，没有任何好处，只有引发人家嫉妒。聪明的人都是大智若愚。要麻痹对方，要出其不意，就要懂得积形造势，"势如彍弩，节如发机"，关键时候，一击即中。

兵以诈立

《孙子兵法·军争篇》说"兵以诈立，以利动，以分合为变"，这几乎像一个哲学命题，整个兵学建立在"诈"的基础上，有利才动，不是感情动，所有军事中的千变万化都是分跟合，分合如《易经》中的噬嗑卦（䷔），"刚柔分，动而明，雷电合而章"，先分后合，才创造出那么丰富的变化，在噬嗑的斗争中取胜。噬嗑卦下卦是动，上卦是明，先动后明，三阴三阳刚柔分明，最后"雷电合而章"，是一个合的动作。

　　荀子是儒家本色，但谈兵的时候一点儿都不迂腐，《荀子·议兵第十五》中，临武君与荀子议兵于赵孝成王前，临武君说"上得天时，下得地利，观敌之变动，后之发，先之至，此用兵之要术也"，这个观念在我们《军争篇》是"后人发，先人至"的"迂直之计"，这就是随卦（䷐）的初爻，"出门交有功"，"官有渝，贞吉"，才可立于不败之地，随是因应环境变化随机应变，虽然后发，但是因为掌握先机，出手比人家快。虽然起步慢，但是抢在人家前头，从一人敌的拳法，到万人敌的兵法，都是如此。"兵之所贵者势利也，所行者变诈也。善用兵者，感忽悠暗，莫知其所从出，孙、吴用之，无敌于天下，岂必待附民哉！"这是临武君接着说的，不是荀子讲的，属于专业兵家的观点，深得孙武的诀窍，可是荀子认为不然，他也讲了一大堆而且是比临武君高明的观点，不像孟子那样唱高调，我们摘取一段仅供参考：

　　　君之所贵，权谋势利也；所行，攻夺变诈也，诸侯之事也。仁人之兵，不可诈也。彼可诈者，怠慢者也，路亶者也，君臣上下之间滑然有离德者也。故以桀诈桀，犹巧拙有幸焉。以桀诈尧，譬之若以卵投石，以指挠沸，若赴水火，入焉焦没耳。故仁人上下，百将一心，三军同力，臣之于君也，下之于上也，若子之事父，弟之事兄，若手臂之捍头目而覆胸腹也，诈而袭之，与先惊而后击之，一也。

网开一面

《孙子兵法·军争篇》说"围师必阙",如果敌人说网开一面,这时反而要把缺口塞起来,这样斗志才不会溃散。所有兵法都可以两面想,人家用这个攻,你就要懂得怎么防。《尉缭子》说:"凡围必开其小利,使渐夷弱,则节各有不食者矣。众夜击者惊也,众避事者离也。待人之救,期战而蹙,皆心失而伤气也。伤气败军,曲谋败国。"凡围困敌人,一定要网开一面,因为逃生有门,他绝没斗志,慢慢就虚弱下去了,如果把所有的生路都堵死,变成困兽犹斗,就很难拿下来了,这就是"必死则生,必生则死",《孙子兵法·九地篇》不也是利用这个整自己人吗?《六韬·虎韬》说:"审知敌人别军所在,及其大城别堡,为之置遗缺之道以利其心;谨备勿失。敌人恐惧,不入山林,即归大邑,走其别军。车骑远要其前,勿令遗脱。中人以为先出者得其径道,其练卒材士必出,其老弱独在。车骑深入长驱,敌人之军,必莫敢至。慎勿与战,绝其粮道,围而守之,必久其日。"给敌人留一条生路,他就认为好像有一个机会了,就借机征服其心。

性格决定命运

《孙子兵法·九变篇》说"将有五危,必死可杀,必生可虏,忿速可侮,廉洁可辱,爱民可烦",这五种毛病,"覆军杀将,必以五危,不可不察也"。一个将领绝对不可以有以上偏执的五种过分鲜明的个性,那会要命。太清廉不行,太勇敢不行,太贪生不行,太想死不行,太爱老百姓也不行。领导人性格上的弱点,教训会不断。

《淮南子·兵略训》就提到，真正的管理者，就是要了解所有的对手，包括自己的部属个性鲜明的部分，只要个性鲜明就可以拿来做巧妙的运用，因为人的性格决定命运。其中有一段说："任天者可迷也，任地者可束也，任人者可迫也，任人者可惑也。夫仁勇信廉，人之美才也，然勇者可诱也，仁者可夺也，信者易欺也，廉者易谋也。将众者有一见焉，则为人禽矣。"有些人就是什么都相信老天，相信天时，"任天者可迷也"，这种人好对付。"任地者可束也"，受地的约束，太迷信地形地物。"任时者可破也"，有时间压力的，就在时间上缩短一段，他非出错不可。"任人者可惑也"，只相信某人，利用这一点，让其迷惑。"夫仁勇信廉，人之美才也"，照讲都是美德可是会致命的，"勇者可诱也，仁者可夺也，信者易欺也，廉洁者易谋也"，像讲诚信的人，以为世界上所有人都跟他讲诚信，太好对付了，廉洁的人因为一介不取，反而被人算计。一个指挥官要是出现上面的毛病之一，一定被别人擒住，他的美德太明显，就是弱点太明显，会葬送他的前程。

精英部队

《孙子兵法·地形篇》有一个观念，就是一定要有精英部队，"兵无选锋，曰北"，要是没有特殊的魔鬼兵团，就准备输。关于"选锋"，在吴起的时候就称"练锐"，那是练出来的精锐。他说："故强国之君，必料其民。民有胆勇气力者，聚为一卒。乐以进战效力以显其忠勇者，聚为一卒。能逾高超远轻足善走者，聚为一卒。王臣失位而欲见功于上者，聚为一卒。弃城去守，欲除其丑者，聚为一卒。此五者军之练锐也。有此三千人，内出可以决围，外入可以屠城矣。"一个强国的君王一定要了解老百姓，精神、气力、习性都得懂，军队里面也是一样，要有特殊严格训练的特战部队,即"军之练锐",分为五种,每一种都是精挑细选出来的精英。精英中的精英,"若此之等,选而别之",不要跟一般的编到一起,要有特殊编制,"爱而贵之",对他的待遇也不同,"是谓军命",整个战争的命运几乎就系于这些练锐身上,这就是孙子所谓的"选锋"。

这么选还有一个好处,就是《尉缭子·战威第四》所说的"武士不选,则众不强",要不是有一个严格挑选精英标准,并给他某种荣誉,整体的战力一定下滑。因为见贤思齐,这些精英部队是其他人的英雄,他也希望做到。如果没有精英做榜样,群众力量也是一盘散沙。像萃卦(䷬)就是精英领导群众,所以有一种经不起考验的平等观,就是不鼓舞精英,这是脑筋坏掉的,没有精英,往上进取的动力从哪里来?大家都平庸,那有什么用,一堆都是老鼠,喂猫的。要是培养出一只袋鼠,猫看到就跑了。"武士不选",整体的战力不强,平等有什么用?

在《孙膑兵法》里中,孙膑把祖宗的"选锋"改了一个名字叫"篡卒",他说"兵之胜在于篡卒",篡卒即选卒,特别挑选出来的,就像吴起那时给魏国训练士兵的时候,特种部队都是要严格考核的,要练到锋芒毕露,故魏武卒威震天下。没有这种特殊的训练,战力不容易彰显,就没有带动全军的效果。

· 读懂中华文化　构建中国心灵 ·
──────── 道善书院国学新经典丛书 ────────

毓老师说论语（修订版）	爱新觉罗·毓鋆　讲述
毓老师说中庸	爱新觉罗·毓鋆　讲述
毓老师说庄子	爱新觉罗·毓鋆　讲述
毓老师说大学	爱新觉罗·毓鋆　讲述
毓老师说老子	爱新觉罗·毓鋆　讲述
毓老师说易经（全三卷）	爱新觉罗·毓鋆　讲述
毓老师说（礼元录）	爱新觉罗·毓鋆　讲述
毓老师说吴起太公兵法	爱新觉罗·毓鋆　讲述
毓老师说公羊	爱新觉罗·毓鋆　讲述
毓老师说春秋繁露（上、下册）	爱新觉罗·毓鋆　讲述
毓老师说管子	爱新觉罗·毓鋆　讲述
毓老师说孙子兵法（修订版）	爱新觉罗·毓鋆　讲述
毓老师说易传（修订版）	爱新觉罗·毓鋆　讲述
毓老师说人物志（修订版）	爱新觉罗·毓鋆　讲述
忧患：刘君祖讲易经忧患九卦	刘君祖
乾坤：刘君祖讲乾坤大智慧	刘君祖
新解论语（上、下册）	刘君祖
刘君祖完全破解易经密码（全六册）	刘君祖
四书的第一堂课	刘君祖
易经的第一堂课（全新修订版）	刘君祖
新解冰鉴	刘君祖
新解黄帝阴符经	刘君祖
一代大儒爱新觉罗·毓鋆	许仁图
说孟子	许仁图
哲人孔子传	许仁图
毓老师讲学记	许仁图
子曰论语（上下册）	许仁图
百年家族的秘密——林乾讲曾国藩家训	林　乾

·化成整体生命智慧·
────── 道善学苑·国学音视频精品课程 ──────

已上线课程：

《详解易经六十四卦》	刘君祖
《孙子兵法：走出思维的迷局》	严定暹
《史记100讲》	王令樾
《曾国藩家训18讲》	林乾
《醉美古诗词》	欧丽娟
《唐宋词的情感世界》	刘少雄

即将上线课程：

《解读孙子兵法》	刘君祖
《解读心经》	刘君祖
《论语精讲》	林义正
《中庸精讲》	黄忠天
《韩非子精讲》	高柏园

规划中课程：

《详解大学》	黄忠天
《详解庄子》	敬请期待
《公羊春秋要义》	敬请期待
《春秋繁露精讲》	敬请期待
《详解易经系辞传》	敬请期待

更多名家音视频课程，敬请关注我们的公众号
在这里，彻底学懂中国传统文化